F. DOMELA NIEUWENHUIS

LE SOCIALISME EN DANGER

PARIS

P.-V. STOCK, ÉDITEUR

LE SOCIALISME
EN DANGER

Ouvrages déjà publiés
dans la Bibliothèque Sociologique :

1. — LA CONQUÊTE DU PAIN, par *Pierre Kropotkine*. Un volume in-18, avec préface par *Elisée Reclus*, 5e édition. Prix 3 50
2. — LA SOCIÉTÉ MOURANTE ET L'ANARCHIE, par *Jean Grave*. Un volume in-18, avec préface par *Octave Mirbeau*. (*Interdit*. — Rare). Prix . . . . 5 fr.
3. — DE LA COMMUNE A L'ANARCHIE, par *Charles Malato*. Un volume in-18, 2e édition. Prix 3 50
4. — ŒUVRES de *Michel Bakounine*. Fédéralisme, Socialisme et Antithéologisme. Lettres sur le Patriotisme. Dieu et l'Etat. Un volume in-18, 2e édition. Prix. 3 50
5. — ANARCHISTES, mœurs du jour, roman, par *John-Henry Mackay*, traduction de *Louis de Hessem*. Un volume in-18. (*Épuisé*.) Prix. . . . . 5 fr.
6. — PSYCHOLOGIE DE L'ANARCHISTE-SOCIALISTE, par *A. Hamon*. Un volume in-18, 2e édit. Prix. 3 50
7. — PHILOSOPHIE DU DÉTERMINISME. Réflexions sociales, par *Jacques Sautarel*. Un volume in-18, 2e édit. Prix. . 3 50
8. — LA SOCIÉTÉ FUTURE, par *Jean Grave*. Un vol. in-18, 6e édition.
9. — L'ANARCHIE. Sa philosophie. — Son idéal, par *Pierre Kropotkine*. Une brochure in-18. 3e édition. Prix . [illegible]
10. — LA GRANDE FAMILLE, roman militaire, par *Jean Grave*. Un vol. in-18, 3e édition. Prix 3 50
11. — LE SOCIALISME ET LE CONGRÈS DE LONDRES, par *A. Hamon*. Un volume in-18, 2e édit 3 50
12. — LES JOYEUSETÉS DE L'EXIL, par *Charles Malato*. Un volume in-18. 2e édit. Prix. 3 50
13. — HUMANISME INTÉGRAL. Le duel des sexes. — La cité future, par *Léopold Lacour*. Un volume in-18, 2e édit. Prix 3 50
14. — BIRIBI, armée d'Afrique, roman, par *Georges Darien*. Un volume in-18, 2e édition. Prix 3 50
15. — LE SOCIALISME EN DANGER, par *Domela Nieuwenhuis* Un vol. in-18, avec préface par *Elisée Reclus*. Prix. 3 50
16. — PHILOSOPHIE DE L'ANARCHIE, par *Charles Malato*. Un vol. in-18. Prix. 3 50
17. — L'INDIVIDU ET LA SOCIÉTÉ, par *Jean Grave*. Un vol. in-18. Prix 3 50

Sous Presse :

L'EVOLUTION, LA RÉVOLUTION ET L'IDÉAL ANARCHIQUE, par *Elisée Reclus*.
L'ETAT, par *Pierre Kropotkine*.
SOUS L'ASPECT DE LA RÉVOLUTION, par *Bernard Lazare*.

BIBLIOTHÈQUE SOCIOLOGIQUE — N° 15

F. DOMELA NIEUWENHUIS

LE SOCIALISME EN DANGER

PRÉFACE PAR

ÉLISÉE RECLUS

— TROISIÈME ÉDITION —

PARIS
P.-V. STOCK, ÉDITEUR
(Ancienne Librairie TRESSE & STOCK)
8, 9, 10, 11, GALERIE DU THÉATRE-FRANÇAIS
PALAIS-ROYAL

1897

PRÉFACE

L'ouvrage de notre ami, Domela Nieuwenhuis, est le fruit de patientes études et d'expériences personnelles très profondément vécues ; quatre années ont été employées à la rédaction de ce travail. A une époque comme la nôtre, où les événements se pressent, où la rapide succession des faits rend de plus en plus âpre la critique des idées, quatre ans constituent déjà une longue période de la vie, et certes, pendant ce temps, l'auteur a pu observer bien des changements dans la société, et son propre esprit a subi une certaine évolution. Les trois parties de l'ouvrage, parues à de longs intervalles dans *la Société Nouvelle*, témoignent des étapes parcourues. En premier lieu, l'écrivain étudie les « divers courants de la Démocratie sociale en Allemagne »; puis, épouvanté par le recul de l'esprit révolutionnaire qu'il a reconnu dans le socialisme allemand, il se demande si l'évolution socialiste ne risque pas de se confondre avec les revendications anodines de la bourgeoisie libérale; enfin, reprenant l'étude des manifestations de la pensée sociale, il constate qu'il n'y a point à désespérer, et que la régression d'une école, où l'on s'occupe de commander et de discipliner plus que de penser et d'agir, est très largement compensée par la croissance du socialisme libertaire, où les compagnons d'œuvre, sans dictateurs, sans asservissement à un livre ou à un recueil de formules, travaillent de concert à fonder une société d'égaux.

Les documents cités dans ce livre ont une grande importance historique. Sous les mille apparences de la politique officielle — formules de diplomates, visites russes, génuflexions françaises, toasts d'empereurs, récitations de vers et décorations de valets, — apparences que l'on a souvent la naïveté de prendre pour de l'histoire, se produit la grande poussée des prolétaires naissant à la conscience de leur état, à la résolution ferme de se faire libres, et se préparant à changer l'axe de la vie sociale par la conquête pour tous d'un bien-être qui est encore le privilège de quelques-uns. Ce mouvement profond, c'est là l'histoire véritable, et nos descendants seront heureux de connaître les péripéties de la lutte d'où naquit leur liberté!

Ils apprendront combien fut difficile dans notre siècle le progrès intellectuel et moral qui consiste à se « guérir des individus ». Certes, un homme peut rendre de grands services à ses contemporains par l'énergie de sa pensée, la puissance de son action, l'intensité de son dévouement ; mais, après avoir fait son œuvre, qu'il n'ait pas la prétention de devenir un dieu, et surtout que, malgré lui, on ne le considère pas comme tel! Ce serait vouloir que le bien fait par l'individu se transformât en mal au nom de l'idole. Tout homme faiblit un jour après avoir lutté, et combien parmi nous cèdent à la fatigue, ou bien aux sollicitations de la vanité, aux embûches que tendent de perfides amis! Et même le lutteur fût-il resté vaillant et pur jusqu'à la fin, on lui prêtera certainement un autre langage que le sien, et même on utilisera les paroles qu'il a prononcées en les détournant de leur sens vrai.

Ainsi voyez comment on a traité cette individualité puissante, Marx, en l'honneur duquel des fanatisés, par centaines de mille, lèvent les bras au ciel, se promettant d'observer religieusement sa doctrine! Tout un parti, toute une armée ayant plusieurs dizaines de députés au Parlement germanique, n'interprètent-ils pas maintenant cette doctrine marxiste précisément en un sens contraire de la pensée du maître? Il déclara que le pouvoir économique détermine la forme politique des sociétés, et l'on affirme maintenant en son nom que le pouvoir économique dépendra d'une majorité de parti dans les Assemblées politiques. Il proclama que « l'Etat, pour abolir le paupérisme, doit s'abolir lui-même, car l'essence du mal gît dans l'existence même de l'Etat! » Et l'on se met dévotement à son ombre pour conquérir et diriger l'Etat! Certes, si la politique de Marx doit triompher, ce sera, comme la religion du Christ, à la condition que le maître, adoré en apparence, soit renié dans la pratique des choses.

Les lecteurs de Domela Nieuwenhuis apprendront aussi à redouter le danger que présentent les voies obliques des politiciens. Quel est l'objectif de tous les socialistes sincères? Sans doute chacun d'eux conviendra que son idéal serait une société où chaque individu, se développant intégralement dans sa force, son intelligence et sa beauté physique et morale, contribuera librement à l'accroissement de l'avoir humain. Mais quel est le moyen d'arriver le plus vite possible à cet état de choses ? « Prêcher cet idéal, nous instruire mutuellement, nous grouper pour l'entr'aide, pour la pratique fraternelle de toute œuvre bonne, pour la révolution ! », diront tout d'abord les naïfs et les simples comme nous. — « Ah! quelle est votre erreur! nous est-il répondu : le moyen est de recueillir des votes et de conquérir les pouvoirs publics ». D'après ce groupe parlementaire, il convient de se substituer à l'Etat et, par conséquent, de se servir des moyens de l'Etat, en attirant les électeurs par toutes les manœuvres qui les séduisent, en se gardant bien de heurter leurs préjugés. N'est-il pas fatal que les candidats au pouvoir, dirigés par cette politique, prennent part aux intrigues, aux cabales, aux compromis parlementaires? Enfin, s'ils devenaient un jour les maîtres, ne seraient-ils pas forcément entraînés à employer la force, avec tout l'appareil de répression et de compression qu'on appelle l'armée citoyenne ou nationale, la gendarmerie, la police et tout le reste de l'immonde outillage? C'est par cette voie si largement ouverte depuis le commencement des âges, que les novateurs arriveront au pouvoir, en admettant que les baïonnettes ne renversent pas le scrutin avant la date bienheureuse.

Le plus sûr encore est de rester naïfs et sincères, de dire simplement quelle est notre énergique volonté, au risque d'être appelés utopistes par les uns, abominables, monstrueux, par les autres. Notre idéal formel, certain, inébranlable est la destruction de l'Etat et de tous les obstacles qui nous séparent du but égalitaire. Ne jouons pas au plus fin avec nos ennemis. C'est en cherchant à duper que l'on devient dupe.

Telle est la morale que nous trouvons dans l'œuvre de Nieuwenhuis. Lisez-la, vous tous que possède la passion de la vérité et qui ne la cherchez pas dans une proclamation de dictateur ni dans un programme écrit par tout un conseil de grands hommes.

Elisée RECLUS.

I

LES DIVERS COURANTS DE LA DÉMOCRATIE SOCIALISTE ALLEMANDE

LES DIVERS COURANTS

DE LA DÉMOCRATIE SOCIALISTE ALLEMANDE

Au Congrès des démocrates-socialistes allemands tenu à Erfurt en 1891, une lutte s'est engagée, qui intéresse au plus haut degré le mouvement socialiste du monde entier, car, avec une légère nuance de terminologie, elle se reproduit identiquement entre les différentes fractions du parti socialiste.

D'un côté (à droite) était Vollmar, l'homme que l'on s'attendait à voir sous peu se mettre à la tête des radicaux, comme, du reste, il l'avait déjà fait pressentir au Congrès de Halle. Il fit un discours qui, sous plus d'un rapport, était un véritable chef-d'œuvre, démontrant qu'il était parfaitement en état de se défendre. De l'autre côté il y avait Wildberger, montant à la tribune comme porte-parole de l'opposition berlinoise. Et entre eux Bebel et Liebknecht, pris entre l'enclume et le marteau, apparaissaient comme de tristes témoignages d'insexualité.

Une lecture consciencieuse du compte-rendu du Congrès — dont nous avons attendu la publication pour ne pas baser notre jugement sur des extraits de journaux — nous remplit d'une certaine pitié envers des hommes qui, durant de longues années, ont défendu et dirigé le mouvement en Allemagne et qui, à présent, occupent le « juste milieu » et ont été attaqués des deux côtés à la fois.

Vollmar disait ne désirer « aucune tactique nouvelle », il ajoutait qu'il « se réclamait de la ligne de conduite suivie jusqu'ici, mais qu'il en voulait la continuation logique ». Et pourtant Bebel lui répondait que : « Si le parti suivait la tactique de Vollmar, en concentrant toute son agitation sur la lutte pour ces cinq articles du programme [1] et abandonnait provisoirement le véritable but, cela ferait une agitation qui, d'après mon opinion (dit Bebel), aboutirait fatalement à la décomposition du parti. Cela signifierait l'abandon complet de notre but final. Nous agirions dans ce cas tout à fait autrement que nous ne le devrions et que nous l'avons fait jusqu'ici. Nous avons toujours lutté pour obtenir le plus possible de l'Etat actuel, sans perdre de vue pourtant que tout cela ne constitue qu'une faible concession, *ne change absolument rien au véritable état des choses*. Nous devons maintenir l'ensemble de nos revendications, et chaque nouvelle concession n'a pour nous d'autre but que d'améliorer nos bases d'action et nous permettre de mieux nous armer ».

Fischer alla plus loin et dit : « Si nous admettons » le point de vue de Vollmar, nous n'avons qu'à sup» primer immédiatement dans notre programme les » mots : « parti socialiste-démocrate », pour les rem» placer par : « programme du parti ouvrier alle» mand »... La tactique de Vollmar tend à obtenir la » réalisation de ces cinq articles — qu'il considère

1. Ces cinq points sont : 1° législation ouvrière ; 2° droit de réunion ; 3° neutralité des autorités dans les conflits entre patrons et ouvriers ; 4° interdiction des kartel-ls et trusts ; 5° suppression des impôts sur les denrées alimentaires.

» comme les plus nécessaires — comme étant eux-
» mêmes le but final ; nous tenons au contraire à dé-
» clarer que toutes ces réformes que nous réclamons,
» ne sont désirées par nous que parce que nous pen-
» sons qu'elles encourageront les ouvriers dans la
» lutte pour la conquête définitive de leurs droits.
» Elles ne sont pour nous que des moyens, tandis que
» pour Vollmar elles constituent le but même, la
» principale raison d'existence du parti... Le Congrès
» doit se prononcer, sans la moindre équivoque, soit
» pour le maintien des décisions prises à Saint-Gall,
» soit pour l'adoption de la tactique de Vollmar, la-
» quelle — qu'il le veuille ou non — aura comme
» conséquence une scission et concentre toutes les
» forces du parti sur ces cinq revendications qui,
» suivant nous, n'ont qu'une importance secondaire
» à côté du but final. »

Liebknecht est du même avis lorsqu'il dit : « Voll-
» mar a le *droit* de proposer qu'on suive une autre
» voie, mais le parti a le *devoir*, dans l'intérêt même
» de son existence, de rejeter résolument cette tactique
» nouvelle qui le conduirait à sa perte, à son émas-
» culation complète, et qui transformerait le parti
» révolutionnaire et démocratique en un parti socia-
» liste-gouvernemental ou socialiste-national-libéral..
» Bref, le succès, l'existence même de la social-démo-
» cratie exigent absolument que nous déclarions
» n'avoir rien de commun avec la tactique que Voll-
» mar a préconisée à Munich et qu'il n'a pas re-
» jetée ici ».

Cependant, dans son journal, *Die Münchener Post*, Vollmar avait réuni quelques citations, prises dans des discours prononcés au Reichstag par différents membres socialistes,, et il les avait comparées avec certaines de ses propres assertions pour prouver que les mêmes principes, actuellement par lui défendus, avaient toujours été suivis par des députés socialistes sans qu'on les eût attaqués pour cela, et il déclarait que loin de proposer nullement une tactique nouvelle, il ne faisait que suivre l'ancienne.

Voici quelques-unes de ces citations mises en regard des assertions de Vollmar :

Si nous avions été consultés, nous aurions certainement fondé autrement l'unité allemande en 1870-71. Mais puisque maintenant elle existe telle qu'elle, nous n'entendons pas épuiser nos forces en d'interminables et infructueuses récriminations sur le passé, mais, acceptant le fait accompli, nous ferons tout notre possible pour améliorer cette œuvre défectueuse.

S'il existe un parti ouvrier qui a toujours rempli et remplira encore les devoirs de fraternité internationale, c'est certainement le parti allemand. Mais ceci n'exclut pas pour nous l'existence de tâches et de devoirs nationaux.

C'est un symptôme heureux de voir que nous avons en France des amis socialistes, qui combattent les tendances chauvines.

Mais pourquoi nier que les sphères dirigeantes dans ce pays, par leur chauvinisme néfaste et leur répugnante coquetterie avec le czarisme russe, sont pour beaucoup la cause de l'inquiétude et des

L'annexion de l'Alsace-Lorraine est un fait accompli, et ici, dans cette enceinte, nous avons, de notre côté, déclaré de la façon la plus catégorique que nous reconnaissons comme de droit l'état actuel des choses.

Auer, Séance du 9 février 1891.

Personne, aussi enthousiaste qu'il soit pour des idées internationalistes, ne dira que nous n'avons pas de devoirs nationaux..

Liebknecht. Congrès de Halle, 15 octobre 1890.

Je reconnais que l'Allemagne est décidée à maintenir la paix. Je suis persuadé que ni dans les sphères les plus élevées, ni dans aucune autre couche de la société, le désir n'existe de lancer l'Allemagne dans une nouvelle guerre. En tout cas, nous vivons ici dans des conditions indépendantes de notre volonté. En France, on peut le désapprouver ou le armements constants de l'Europe ?

regretter, mais dans les milieux prédominants, on pense, aujourd'hui comme jadis, à faire disparaître les conséquences de la guerre de 1870-71. L'alliance entre la France et la Russie a été motivée par ces faits. Que cette alliance ait été contractée par écrit ou non, elle existe par une certaine solidarité d'intérêts entre ces deux pays contre l'Allemagne, et elle continuera d'exister.

BEBEL. Séance du 25 juin 1890.

Nous n'avons pas besoin de dire que la diplomatie et ses œuvres ne nous inspirent que très peu de confiance. Néanmoins, nous devons nous prononcer pour la triple alliance dont la raison d'être est le maintien de la paix et, par conséquent, est utile.

Si la triple alliance a pu être conclue... elle l'a été, parce que les intérêts des trois puissances, en face de l'entente franco-russe, sont nécessairement solidaires, en dehors des rapports mutuels des différents peuples de ces pays...

Je suis convaincu qu'aucun homme d'Etat, ni en Autriche, ni en Italie, ni en Allemagne, ne voudra, tant que cette situation durera, se détacher de cette alliance, car il exposerait, par cela même, son pays à un grand danger, dans le cas où les deux autres puissances alliées seraient vaincues dans une guerre.

BEBEL. Séance du 25 juin 1890.

Si jamais quelque part à l'étranger, l'espoir existe qu'en cas d'une attaque contre l'Al-

Nous avons déclaré déjà bien souvent, et, pour moi, je renouvelle cette déclaration, que

lemagne on pourrait compter sur notre abstention, cet espoir se verrait complètement déçu. Dès que notre pays sera attaqué, il n'y aura plus qu'un parti, et nous autres, démocrates-socialistes, nous ne serions certes pas les derniers à remplir notre devoir.

nous sommes prêts à remplir envers la patrie exactement les mêmes devoirs que tous les autres citoyens... Je sais qu'il n'y a personne parmi nous qui pense différemment à ce sujet.

AUER. Séance du 8 décembre 1890.

Il a été dit... que le Reichstag allemand ne travaille pas avec autant d'ardeur à la défense de la patrie que le Parlement français.

Eh bien, moi je déclare que quand il s'agit de la défense de la patrie, tous les partis sont unis; que s'il s'agit de se défendre contre un ennemi étranger, aucun parti ne restera en arrière.

LIEBKNECHT. Séance du 16 mai 1891.

L'attaque contre la Russie officielle, cruelle, barbare, voire l'anéantissement de cette ennemie de la civilisation, est donc notre devoir le plus sacré, que nous devons remplir jusqu'à notre dernier soupir dans l'intérêt même du peuple russe, opprimé et gémissant sous le knout. Et si alors nous combattons dans les rangs à côté de ceux qui actuellement sont nos adversaires, nous ne le faisons pas pour les sauver eux et leurs institutions politiques et économiques, mais pour l'Allemagne en général, c'est-à-dire pour nous sauver nous-mêmes et pour délivrer des barbares un pays, où nous pensons un jour réaliser notre propre idéal social.

BEBEL, *Vorwaerts* du 27 septembre 1891.

Et maintenant, Liebknecht peut prétendre que « des citations mutilées n'ont aucune signification », que « les bases sur lesquelles Vollmar s'appuie s'effondrent ». celui-ci se déclare prêt — et il a raison — à citer encore d'autres discours absolument analogues. Il paraît, du reste, que Liebknecht a conscience de sa faiblesse, lorsqu'il reconnaît que « les expressions citées, scrupuleusement pesées, ne sont peut-être pas des plus correctes », ce qui ne l'empêche pas de protester contre la supposition d'avoir, lui, Bebel et Auer, « voulu prescrire une autre tactique, une autre action au parti ». Cette supposition s'impose cependant à tous ceux qui ont le moindre sens commun, et toutes les déclarations de Liebknecht et de la fraction socialiste entière n'infirmeront nullement ce que Vollmar leur reproche en s'appuyant sur des citations qui prouvent surabondamment que Bebel et Liebknecht ont dit exactement la même chose que lui. Il n'y a donc aucune raison pour attaquer Vollmar à ce propos, à moins que l'on veuille ici appliquer le dicton : *Quod licet Jovi, non licet bovi.* Ce qui est permis à Jupiter, n'est pas permis au bœuf.

Quelle fut la réponse de Vollmar à l'accusation d'avoir voulu inaugurer une nouvelle tactique ? « La » stratégie que j'ai préconisée a déjà existé théorique- » ment, mais elle était moins généralement appliquée, » et comme explication de cette inconséquence, je » cite les « jeunes » avec leur phraséologie révolu- » tionnaire. Je disais dans mon discours : « L'action

» que j'ai recommandée a déjà été appliquée, depuis
» la suppression de la loi d'exception, dans beaucoup
» de cas, tant dans le Reichstag qu'au dehors. Je ne
» l'ai donc pas inventée, mais je me suis identifié avec
» elle; du reste elle a été suivie depuis Halle. A pré-
» sent on peut moins que jamais s'éloigner de cette
» manière de voir. Ceci prouve clairement que j'ai
» en vue la tactique existante, celle qui doit être sui-
» vie d'après le règlement du parti ».

Un autre délégué, Schulze, de Magdebourg, dit : « Moi aussi, je désapprouve la politique de Vollmar, » mais celui-ci n'a pourtant rien dit d'autre, à mon » avis, que ce qui a été fait par toute la fraction ». Et Auerbach, de Berlin, ajoute : « La façon d'agir des membres du Reichstag conduit nécessairement à la tactique de Vollmar ».

Et le docteur Schœnlank s'écrie : « Les discours de Vollmar à Munich eussent été mieux à leur place dans la bouche d'un membre de la « Volkspartei » que dans celle d'un démocrate-socialiste... A la suite d'un événement imprévu, la chute de Bismarck, Vollmar désire une transformation complète de tendance dans notre mouvement, et non seulement un changement de tactique : il veut remplacer la conception révolutionnaire, suivant laquelle l'oppression actuelle de la classe ouvrière ne pourra être supprimée qu'après une transformation radicale de la production, par un parti ouvrier à l'eau de rose, petit-bourgeois, et il veut que nous nous contentions de ces faibles concessions ! »

Auer est du même avis, lorsqu'il dit : « Vollmar » s'est incontestablement prononcé, dans son discours » comme dans sa brochure, pour la nécessité d'un » changement de la tactique suivie jusqu'ici ! » Et après le second discours de Vollmar, Bebel déclare fort justement « qu'il n'est pas possible d'admettre

» ce que Vollmar prétend aujourd'hui, c'est-à-dire
» qu'il n'ait jamais eu l'idée de proposer une nou-
» velle ligne de conduite. S'il s'agissait de mainte-
» nir l'ancienne, tous ces discours eussent été super-
» flus ». Il voit que Vollmar veut justement le
» contraire, car « la réalisation complète de notre
» programme c'est la chose principale et le reste
» n'a qu'une importance secondaire ». Il nous im-
» porte peu de savoir où nous en sommes au su-
» jet de certaines concessions au moment où nous
» croyons pouvoir obtenir le tout. Vollmar au con-
» traire déclare le but final comme n'ayant pour
» l'instant qu'une importance secondaire et comme
» but principal les revendications directes et immé-
» diatement praticables. *Ceci constitue une telle an-*
» *tithèse de principes, qu'il n'est guère possible d'en*
» *concevoir une plus catégorique, et c'est du devoir*
» *du Congrès de la résoudre...* »

Avec des discours comme ceux de Vollmar, jamais une démocratie socialiste ne serait née. De semblables idées mènent au socialisme national-libéral, c'est-à-dire à l'introduction de la tactique nationale-libérale dans le parti démocratique socialiste. Bebel donne même une explication de l'évolution de Vollmar en l'attribuant à ses « conditions de vie
» personnelle radicalement changées et à la position
» sociale qu'il a acquise dans les dernières années.
» Au moment où l'homme qui occupe une place pré-
» pondérante dans un mouvement ne se trouve plus
» en contact ininterrompu avec la foule, parce qu'il
» est arrivé à une autre situation sociale, le danger
» naît qu'il abandonne la voie commune et qu'il perde
» le sentiment de cohésion avec la masse. Vollmar
» est, depuis quelques années déjà, plus ou moins
» isolé, d'un côté par son état physique et plus encore

» par des habitudes matérielles plus avantageuses.
» Il n'arrive que trop souvent, lorsqu'on se trouve
» dans une position qu'on peut considérer soi-même
» comme satisfaisante, de supposer chez la masse
» affamée les mêmes sentiments de satisfaction et
» de penser : Les réformes ne sont pas si urgentes ;
» soyons prudents et essayons d'arriver, sans pré-
» cipitation, peu à peu, à nos fins. Nous avons le
» temps ».

Cette remarque est sans doute fort judicieuse et pratique, mais il y a une chose qui nous étonne, c'est qu'aucun des soi-disant Jeunes gens ne se soit levé pour dire à Bebel : « Est-ce que cette explication de la façon d'agir de Vollmar n'est pas également applicable à vous et aux vôtres ? Est-ce que le reproche que nous vous adressons d'avoir abandonné les idées révolutionnaires, jadis défendues par vous et suivies par nous sous votre direction, n'a pas les mêmes motifs que ceux que vous attribuez si justement à Vollmar ? »

Combien Bebel est révolutionnaire lorsqu'il se trouve en face de Vollmar ! Et comme son discours peut servir aux Jeunes, contre lui-même, avec la légende : *De te fabula narratur*. C'est de toi qu'il s'agit. « Si nous faisions ce que désire Vollmar, nous
» deviendrions fatalement un parti opportuniste dans
» le plus mauvais sens du mot. Une pareille trans-
» formation serait pour le parti la même chose que
» si l'on brisait la colonne vertébrale à un être or-
» ganique quelconque, auquel on demanderait en-
» suite les mêmes efforts qu'auparavant. Voilà pour-
» quoi je m'oppose à ce que l'on brise l'épine
» dorsale à la démocratie socialiste, c'est-à-dire à ce
» que l'on refoule au second plan son principe
» essentiel : la lutte des classes pauvres contre les
» classes dirigeantes et l'autorité de l'Etat, pour le

» remplacer par une agitation édulcorée et par la lutte » exclusivement en vue de revendications dites pra» tiques. »

Donc, Bebel, Liebknecht, Auer, Fischer, etc., tous sont d'avis que Vollmar, dans ses discours de Munich, a réellement proposé une nouvelle tactique. Là-dessus il y avait unanimité d'appréciation, même après les discours prononcés par Vollmar au Congrès.

En effet, Liebknecht ne déclarait-il pas qu'après avoir entendu Vollmar il était plus que jamais d'avis que le Congrès devait se prononcer ? Car, ajoutait-il, « bien que Vollmar se défende de préconiser une nouvelle orientation, il la désire néanmoins, et nous emprunte pour le faire, d'anciens arguments, qu'il détourne du reste de leur véritable signification ».

Il fallait une déclaration. Bebel proposa donc une résolution conçue en ces termes :

Le Congrès déclare :

Considérant que la conquête du pouvoir politique est le premier et principal but vers lequel doit aspirer tout mouvement prolétaire conscient ; que cependant la conquête du pouvoir politique ne peut être l'œuvre d'un moment, d'une surprise donnant immédiatement la victoire, mais doit être obtenue par un travail assidu et persistant, par le juste emploi de tous les moyens qui s'offrent pour la propagation de nos idées et par l'effort de toute la classe ouvrière ;

Le Congrès décide :

Il n'y a pas de raisons pour changer la direction donnée jusqu'ici au parti.

Le Congrès considère plutôt comme étant toujours du devoir de ses membres de tenter par tous les moyens d'obtenir des succès aux élections du Reichstag, du Landtag et des conseils municipaux, partout où il y a encore des chances de triompher sans nuire au principe.

Sans caresser la moindre illusion sur la valeur des victoires parlementaires par rapport à nos principes, étant donnés la mesquinerie et l'égoïsme de classe des partis bourgeois, le Congrès considère l'agitation pour les élections du Reichstag, du Landtag et des conseils municipaux comme particulièrement utile pour la propagande socialiste, parce qu'elle offre la meilleure occasion de se mettre en contact avec les classes prolétariennes et d'éclairer ces dernières sur leurs conditions de classe, et aussi parce que l'emploi de la tribune parlementaire est le moyen le plus efficace pour démontrer l'insuffisance des pouvoirs publics à supprimer les crimes sociaux, et pour dévoiler devant le monde entier l'incapacité des classes gouvernantes à satisfaire les besoins nouveaux de la classe ouvrière.

Le Congrès demande aux chefs qu'ils travaillent énergiquement et sérieusement dans le sens du programme du parti, et qu'ils ne perdent jamais de vue le but intégral et final, sans pour cela négliger d'obtenir des concessions des classes dirigeantes.

Le Congrès exige en outre de chaque membre en particulier, qu'il se soumette aux résolutions prises par le parti entier, qu'il obéisse aux prescriptions des journaux, tant que ces derniers agissent dans les limites des pouvoirs qui leur ont été accordés et que, en admettant qu'un parti d'agitation, comme la démocratie socialiste, ne peut atteindre son but que par la plus rigoureuse discipline et la soumission la plus complète, il reconnaisse la nécessité de cette discipline et de cette soumission.

Le Congrès déclare expressément que le droit de critiquer les agissements ou les fautes commises soit par les organes, soit par les représentants parlementaires, est un droit que chaque membre peut exercer, mais il désire qu'il le critique en des formes permettant à la fraction attaquée de fournir des explications essentielles. Il recommande particulièrement qu'aucun membre ne formule publiquement des accusations ou des attaques personnelles avant de s'être assuré du bien-fondé de ces accusations ou de ces attaques et avant d'avoir épuisé préalablement tous les moyens qui, dans l'organisation du parti, se trouvent à sa disposition afin d'obtenir satisfaction.

Finalement le Congrès est d'avis que le principe fondamental des statuts de l'Internationale de 1864 doit toujours être la ligne de conduite à suivre par ses membres, à savoir que : « La vérité, la justice et » la moralité doivent être considérées comme bases » de leurs rapports entre eux et avec tous les hom- » mes, sans distinction de couleur, de religion ou » de nationalité ».

Cette résolution est, comme la plupart des résolutions de ce genre, tellement vague et banale que tout le monde peut l'accepter. Et c'est justement ce fait, qu'elle peut être acceptée par tout le monde, qui en démontre l'insignifiance. Aussi Vollmar n'y voit pas d'inconvénient non plus. Seulement il déclare ne pas admettre l'explication qu'en donne Bebel. Certes, dit-il, il n'y a aucune raison pour changer la ligne de conduite du parti, entendant par là que la tactique, préconisée par lui, Vollmar, a toujours été suivie, mais point logiquement. La conséquence de cet habile arrangement est de remettre indéfiniment l'affirmation d'une déclaration catégorique et de tourner la difficulté.

Un des délégués, Œrtel, de Nuremberg, parut l'avoir compris. Il voulut provoquer une déclaration catégorique concernant l'attitude de Vollmar, et c'est dans ce but qu'il proposa d'ajouter à la motion Bebel l'amendement suivant : « Le Congrès déclare for- » mellement ne pas partager l'opinion défendue par » Vollmar dans ses deux discours prononcés à Munich, » le 1er juin et le 6 juillet, concernant le plus urgent » devoir de la démocratie socialiste allemande et la » nouvelle tactique à suivre, mais la considère au » contraire comme nuisible au développement ulté- » rieur du parti ».

A la bonne heure ! Voilà ce qui était clair. (La dernière partie de l'amendement fut abandonnée par l'auteur lui-même.)

Et que pensaient les chefs, de cet amendement ?

Auer demande au Congrès d'adopter la résolution de Bebel *avec l'amendement Œrtel.*

Fischer conclut également à l'adoption.

Liebknecht déclare que « l'adoption de l'amende- » ment Œrtel est devenue *une nécessité absolue pour » le parti* ». Il juge même bon d'y ajouter : « Dans » l'intérêt de la vérité, je me réjouis que cette pro- » position ait été faite ; quant à moi, je voterai pour, » et j'espère que le Congrès se prononcera avec une » écrasante majorité pour la résolution Œrtel. SI ELLE » N'EST PAS ADOPTÉE, L'OPPOSITION AURAIT RAISON, ET DANS » CE CAS JE PASSERAI MOI-MÊME A L'OPPOSITION ». Bebel ajoutait qu'il était indispensable pour le Congrès de se prononcer nettement. Dans cette résolution il doit y avoir quelque chose d'obscur, car Vollmar déclare l'accepter, sauf les motifs, et Auerbach (de l'opposition) dit l'accepter intégralement. Donc l'extrême droite et l'extrême gauche se déclarent d'accord avec l'auteur de la proposition, quant aux termes dans laquelle cette dernière a été conçue. Œrtel, lui, ne déteste rien autant que l'équivoque, et il est prêt, lorsqu'il n'y a pas moyen de faire autrement, à trancher le nœud gordien. Vollmar doit bien se persuader que ses idées ne trouvent point d'écho ici, et qu'il est donc indispensable de se prononcer par un catégorique *oui* ou *non*. *Tous jugent donc indispensable l'adoption de l'amendement Œrtel.*

Vollmar voit dans cet amendement une question personnelle, qu'il ne peut pas accepter, car elle a un caractère de méfiance. Liebknecht déclare qu'il n'y a là rien de personnel, car la personnalité de Vollmar n'est nullement en jeu. Bebel dit la même chose ; il ne s'agit pas d'un désaveu mais d'une différence d'opinion. Il ne faut pas chercher à voir un vote de méfiance dans cette résolution. Il a voulu, par là permettre à Vollmar, de trouver, après réflexion et en toute connaissance de l'opinion du Congrès, un joint lui permettant d'abandonner les idées par lui préconisées dans ses discours.

Que de considération à l'égard de Vollmar! Malgré les déclarations énergiques des chefs, la prudence paraît s'imposer en face d'un homme comme Vollmar, surtout lorsque celui-ci déclare : « Si la motion » Œrtel est adoptée, il ne me reste qu'à vous dire » que dans ce cas je vous ai adressé la parole pour la » dernière fois ». Il accepte la résolution sur les faits, comme elle a été proposée par Bebel, mais la critique personnelle, formulée dans la motion Œrtel, il la déclare inacceptable.

Que faire à présent ?

Rompre avec Vollmar? Cela est fort risqué. Bebel n'a-t-il pas catégoriquement déclaré que « le discours prononcé par Vollmar dans ce milieu a trouvé plus d'approbation que ses propres paroles, il le reconnaît très franchement ». Et il ne paraît pas avoir grande confiance dans les membres du parti, puisqu'il les conjure de bien savoir ce qu'ils font et de ne pas se laisser séduire « par les belles phrases du discours de Vollmar, ni par ses beaux yeux ».

Mais voilà qu'une proposition intermédiaire est faite par Ehrhardt, de Ludwigshafen : « Après que Vollmar s'est prononcé sans aucune réserve au sujet de l'opinion développée par Bebel et d'autres orateurs sur le maintien de la tactique suivie jusqu'ici, le Congrès déclare la discussion sur la proposition Œrtel terminée, et passe à l'ordre du jour ».

C'est la planche du salut! On n'a plus qu'à la saisir et tout est dit. Ce qui suit maintenant ressemble beaucoup à une comédie.

Œrtel déclare retirer sa motion, si Vollmar veut agir conformément à la dernière proposition. (Comment concilier ceci avec son propre ultimatum : « Vollmar ne peut pas se placer au point de vue de la résolution de Bebel, car n'a-t-il dit : « Il ressort de tout ceci que notre tactique ne peut pas être la même. » Bebel cependant a déclaré qu'il n'y avait aucune raison pour changer la tactique actuelle. Vollmar doit donc s'expliquer plus clairement. L'agitation principale portera également dans l'avenir d'excellents fruits. ») Et à présent Vollmar déclare solennellement : « J'ai déjà dit dans mon discours que, dès que la chose est sérieusement discutée, j'accepte la discussion pourvu qu'elle ne vise aucune personnalité. Depuis que celui qui a fait la proposition en a enlevé le côté personnel, la chose est pour moi terminée ».

Au fond, Vollmar n'a rien dit de catégorique, mais il s'est montré diplomate. Ce qui ne l'empêche pas de quitter le terrain en vainqueur. Et qu'est-ce que firent tous les autres, qui jugeaient absolument nécessaire l'adoption de la proposition Œrtel (dans laquelle ils déclaraient expressément ne rien voir de personnel » ? Ils acceptèrent le retrait de la proposition et personne ne la reprit pour son compte ! On n'osait pas s'en prendre à Vollmar. Avec les « Jeunes » c'était moins risqué. Et l'on barrait à droite. Jusqu'ici nous n'avons pas encore appris que Liebknecht soit passé aux « Jeunes », et cependant la proposition Œrtel n'a pas été votée. On est donc juste aussi avancé qu'avant ! Reste à savoir si les événements donneront raison à Auerbach, quand il dit : « Je crains que Liebknecht, lui-même l'a dit, passe peut-être, dans un ou deux ans d'ici, à l'opposition de Berlin, si le Congrès n'accepte pas la résolution Œrtel ». Nous craignons le contraire, car une fois sur cette pente, on glisse rapidement. La tactique de Vollmar est désirée par un trop grand nombre de socialistes allemands, pour qu'elle n'ait pas chance de triompher.

On peut même se demander si la proposition Œrtel n'eût pas été rejetée, et si celui-ci ne l'a pas retirée de crainte qu'elle ne constituât un danger pour Bebel. Son rejet eût été la condamnation de la politique de la fraction socialiste du Reichstag. L'opposition a déjà eu son utilité, car qui sait ce qui se serait passé sans elle. Involontairement elle a même arrêté l'élément parlementaire dans une voie où sans doute celui-ci serait allé bien plus loin ! Indirectement elle a déjà obtenu de bons résultats, car à présent, se sachant constamment observés, les parlementaires se garderont bien de trop incliner à droite.

Il faudrait pourtant voir dans l'avenir si elle n'ira pas, poussée par la fatalité, de plus en plus dans cette direction et observer en même temps l'attitude de ceux qui, cette fois-ci, sont sortis encore en vainqueurs de la lutte, mais au prix d'une concession à Vollmar, lequel a pu partir content. Car ce n'est pas lui qui est allé, ne fût-ce que d'un pas, à gauche, mais ce sont ses « adversaires » qui sont allés à droite, à sa rencontre. Pour l'impartial lecteur du compte-rendu du Congrès, c'est là la moralité qui s'en dégage le plus clairement.

Envisageons à présent quelle a été l'attitude envers les « Jeunes », envers « l'opposition berlinoise ». D'après l'impression que les débats firent sur nous, celle-ci était jugée avant le commencement de la discussion. Avec eux il n'y avait pas à user de tant de considération, car on était sûr de son affaire. Singer déclarait très judicieusement : « Les points de vue de Vollmar sont beaucoup plus dangereux pour le parti que les opinions des « Jeunes » et de leurs porte-parole. » Cela se voit fréquemment ; la droite est toujours considérée comme plus dangereuse que la gauche, et en effet l'humanité a eu plus à souffrir à travers les âges par les virements à droite que par ceux à gauche.

Pour défendre la thèse par lui développée, concernant une des questions capitales : *le parlementarisme*, Wildberger, un des orateurs de l'opposition, s'appuya principalement, sur une brochure de Liebknecht, publiée en 1869. La préface d'une réédition de cet opuscule, nous apprend en 1874, que Liebknecht, après ces cinq années, et depuis la création du Reichstag, avait conservé les mêmes opinions. Il y dit entre autres : « Je n'ai rien à rétracter, rien à atténuer, surtout en ce qui concerne ma critique du parlementarisme bismarckien, lequel, dans le Reichstag allemand, ne se manifeste pas avec moins de morgue que jadis dans le Reichstag de l'Allemagne du Nord. » Il disait bien, au Congrès de Halle (1890), qu'il avait jadis condamné le parlementarisme, mais, ajoutait-il, « en ce temps-là, les conditions politiques étaient tout autres :

la fédération de l'Allemagne du Nord était un avortement et il n'y avait pas encore d'empire allemand ; » cependant, la préface de son livre de 1874 est en contradiction avec ce raisonnement. Ensuite Liebknecht veut faire croire qu'il ne s'agit point ici d'une question de *principe*, mais d'une question de *pratique*, et dans les questions de pratique il est particulièrement libéral, car il se déclare prêt à changer également de tactique dans l'avenir, si les circonstances l'exigent. On n'a donc plus qu'à ranger une question quelconque sous la rubrique : *tactique*, pour pouvoir en tout temps changer d'opinion ! Il est du reste notoire que Liebknecht, professait, il y a peu de temps, exactement les mêmes opinions quant au parlementarisme, que les « Jeunes » de Berlin défendent à présent.

Au Congrès de Gotha, en 1876, il disait : « Si la démocratie socialiste prend part à cette comédie, elle deviendra un parti socialiste officieux. Mais elle ne prendra pas part à un jeu de comédie quelconque ». Aurait-il cru, à cette époque, qu'un jour viendrait où on l'accuserait d'avoir lui-même joué cette comédie ? Et Bebel ne s'est-il pas également prononcé contre la tactique actuelle, lorsque, au Congrès de Saint-Gall, il déclarait ne pas regretter le petit nombre des députés élus, car — disait-il — s'il y en avait eu plus, il aurait considéré cette position séduisante comme très dangereuse ; les tendances vers des compromis et le soi-disant « travail pratique » se seraient probablement « accentués », ce qui aurait provoqué des scissions. Le reproche de l'opposition actuelle est que l'on ait abandonné ces théories, et cela surtout à la suite du succès obtenu.

Liebknecht prétend aussi que Wildberger n'avait que répété au Congrès ce qui avait été déjà dit mille fois mieux et plus énergiquement. Il en accepte même une grande partie. Ce qui ne l'empêche nullement d'ajouter que, si l'on se place à ce point de vue, il faudra rompre complètement avec le parlementarisme et avoir le courage de son opinion en se disant carrément anarchiste.

Très adroitement Auerbach lui répond là-dessus : » Nous considérons comme juste encore aujourd'hui une grande partie des idées développées par Liebknecht dans sa brochure de 1869, et je ne crois pourtant pas que l'on ait jamais reproché au député Liebknecht de pencher vers l'anarchie ou qu'il ait voulu devenir anarchiste. Pourtant, en 1869, on aurait pu lui reprocher, en se basant sur sa brochure, la même tactique anarchiste dont aujourd'hui il nous fait un reproche! »

Cette accusation d'anarchisme paraît être une douce manie chez Liebknecht : elle se manifeste envers chaque adversaire. L'anarchisme qu'il assure toujours « n'avoir aucune importance » — on pourrait fourrer tous les anarchistes de l'Europe dans une couple de *paniers à salade* — semble être un cauchemar qui le poursuit partout. Dès que l'on n'est pas du même avis que lui, on devient « anarchiste », et de là à être traité de mouchard il n'y a qu'un pas. Nous n'avons pas besoin de défendre les anarchistes, mais nous protestons contre une telle façon d'agir et nous déclarons qu'on ne saurait considérer le mot *anarchiste* comme une injure dont on aurait à rougir. Les noms des martyrs de Chicago, d'Elisée Reclus, de Kropotkine et de tant d'autres devraient suffire pour écarter à jamais ces insinuations malveillantes.

Nous laissons de côté toutes les questions personnelles, lesquelles, ne nous touchant ni de près ni de loin, ne nous inspirent pas le moindre intérêt et parce que, probablement, il y a des torts de part et d'autre. Mais personne ne peut reprocher à Wildberger et à Auerbach de ne pas avoir soutenu une discussion sérieuse et serrée.

Une preuve, par exemple, que l'on s'enfonce de plus en plus dans le bourbier parlementaire : Wildberger citait entre autres l'attitude de la fraction du Reichstag à propos de la journée de huit heures. Au Congrès international de Paris, on avait décidé à l'unanimité d'entreprendre une agitation commune pour l'introduction immédiate de la journée de huit heures. Les députés socialistes au Reichstag y firent la proposition d'introduire en 1890 la journée de *dix* heures, en 1894 celle de *neuf* et finalement en 1898 celle de *huit*. Il aurait donc fallu attendre huit années avant d'arriver par le Reichstag à la journée de huit heures !

Si nous voulions être méchants, nous demanderions s'il y a peut-être corrélation entre cette année et la fixation, par Engels, de l'époque de la « grande catastrophe » en 1898. S'il en était ainsi, on serait tenté de croire que l'obtention de la journée de huit heures est considérée comme l'heureux aboutissant de cette catastrophe. Nous laissons au lecteur impartial le soin de juger si cela n'équivaut pas à l'abandon du but final. Mais en tout cas nous considérons comme une faute impardonnable d'avoir fait une pareille proposition de loi. Et le bien-fondé des dires de l'opposition ressort indubitablement de la déclaration de Molkenbuhr ; celui-ci dénie à cette opposition toute raison d'être, vu que la journée de dix heures serait actuellement déjà un grand progrès. Molkenbuhr ajoute que le projet de loi de la fraction socialiste est plus radical que ce qui est déjà appliqué en Suisse et en Autriche ! En d'autres termes :

. . . .

nous devons déjà être très contents si nous obtenons la journée de dix heures, et celle de huit heures n'est pour nous qu'une question secondaire! Et nous demandons encore si après de telles paroles l'accusation d'avachissement par le parlementarisme est tellement dénuée de vérité?

Tout le monde est de l'avis de Liebknecht lorsqu'il met si judicieusement en garde contre l'opportunisme, en réclamant le maintien du caractère révolutionnaire du parti et lorsqu'il déclare « qu'un compromis entre le capitalisme et le socialisme n'est pas possible, vu que tous les partis bourgeois se trouvent basés sur le capitalisme. (Comme cela diffère de son discours « ministériel » de Halle, où il dit « qu'en Allemagne les choses en sont là qu'une action parallèle avec les partis bourgeois ne peut pas être évitée jusqu'à un certain point! » Même en abandonnant pour un instant la phrase de « la masse réactionnaire, une et indivisible », nous ne devons pourtant point perdre de vue que tous les autres partis constituent une masse compacte, formant une forteresse, qui ne peut être rasée ni par la douceur, ni par de belles paroles. Elle doit être prise d'assaut par le peuple arrivé à la conscience de sa situation particulière de classe ». Personne non plus ne veut faire un grief à Singer de ce qu'il déclare être convaincu que « du moment que les démocrates-socialistes pourraient arriver par leurs efforts à faire adopter dans le Reichstag quelques projets de loi, les classes dirigeantes jetteraient par dessus bord, sans la moindre hésitation, le suffrage universel, et se serviraient de tous les moyens politiques et matériels à leur disposition pour empêcher qu'un trop grand nombre de socialistes n'arrivât au Reichstag ». Il déclare en outre que « même en supposant — bien gratuitement du reste — qu'il fût possible d'aboutir à quelque chose *d'intelligent* (sic) (comme c'est encourageant lorsqu'on s'aperçoit soi-même qu'il n'y a rien d'intelligent à faire !) par notre action parlementaire, cette action conduirait inéluctablement à l'émasculation du parti, étant donné qu'elle ne peut se réaliser que par l'alliance avec d'autres partis ». Et qui voudrait condamner Bebel lorsqu'il maintient et défend fermement le principe révolutionnaire de la démocratie socialiste en face de tous les autres partis politiques ?

Il y a pourtant beaucoup de vérité dans les paroles d'Auerbach s'adressant à ceux de la fraction et à tous leurs fidèles : « Avec la politique défendue par Bebel on peut être d'accord jusqu'à un certain point. *Mais le parti n'agit point conformément à cette tactique !* Il suit celle que Vollmar a non seulement exposée, mais encore appliquée ».

Nous arrivons ici à quelque chose d'indéfini, ni chair ni poisson, à l'accouplement de la théorie de Wildberger avec la pratique de Vollmar. Ce dualisme est jugé. Et à nos yeux la dissolution du parti moyen — celui de Bebel et de Liebknecht — n'est plus qu'une question de temps. Une fraction ira aux « Jeunes », la plus grande partie s'alliera peut-être à Vollmar, et la fraction du Reichstag restera isolée, à moins qu'elle n'aille carrément à gauche ou à droite.

Wildberger soutenait les différents points d'accusation formulés dans une brochure publiée à Berlin, et qui avaient tellement indigné certains chefs du parti qu'ils n'avaient pu cacher leur grande colère. S'imaginaient-ils peut-être avoir, eux exclusivement, le droit de tonner contre Vollmar en déniant à d'autres le droit d'en faire autant contre eux-mêmes ? Vollmar avait parfaitement raison de dire qu'il était difficile de faire un grief à l'opposition berlinoise d'avancer l'accusation d'avachissement (Versumpfung), là où l'on se permettait la même licence envers lui.

Envisageons à présent les chefs d'accusation formulés par les « Jeunes » :

1° L'esprit révolutionnaire du parti est systématiquement tué par certains chefs ;

2° La dictature exercée étouffe tout sentiment et toute pensée démocratiques ;

3° Le mouvement entier a perdu de plus en plus son allure virile (verflacht geworden) et il est devenu purement et simplement un parti de réformes à tendances « petit-bourgeoises » ;

4° Tout est mis en œuvre pour arriver à une conciliation entre prolétaires et bourgeois ;

5° Les projets de loi demandant une législation ouvrière et l'établissement de caisses de retraite et d'assurances, ont fait disparaître l'enthousiasme parmi les membres du parti ;

6° Les résolutions de la majorité de la fraction sont généralement adoptées en tenant compte de l'opinion des autres partis et classes de la société et facilitent ainsi des virements à droite ;

7° La tactique est mauvaise et néfaste.

Auerbach explique également pourquoi l'on croit que la tendance, de plus en plus mi-bourgeoise, devient dangereuse et comment l'on craint la politique opportuniste. Il trouve risible que l'on se demande toujours ce que pensent les adversaires de telle ou telle mesure. Lorsque Liebknecht et Bebel défendirent, dans le Parlement de la Fédération de l'Allemagne du Nord, le programme démocratique socialiste jusque dans ses extrêmes conséquences, ils furent hués et ridiculisés par les partis adverses ; s'en sont-ils jamais émus ? Auerbach cite également une lettre du Suisse Lang, de Zurich, dans laquelle ce dernier exprimai ses appréhensions par rapport à l'attitude de Vollmar, « étant donné que les chances pour l'apparition d'un parti possibiliste dans tous les pays sont très grandes ».

Et qu'est-ce que Bebel répondit à tout cela ?

A l'accusation de l'existence d'une dictature dans le parti, il répondit que tout ce que Wildberger citait à l'appui de cette affirmation datait d'avant le Congrès de Halle, et même en partie du début de la loi d'exception. Au reproche que la fraction réclamait ces réformes mi-bourgeoises, il répondit seulement que, pendant les élections, Wildberger, dans ses affiches, avait dit exactement les mêmes choses que les autres candidats. C'est ainsi qu'il se débarrassa de la question en incriminant la *forme* des interpellations. La défense de Bebel est très faible, cela saute aux yeux de tous ceux qui, attentivement, et sans parti pris, relisent les discussions publiées dans le compte-rendu du Congrès. Si Bebel et Liebknecht disent vrai quand ils prétendent qu'ils préfèrent être du côté des ultra-révolutionnaires que du côté des endormeurs, alors nous ne comprenons pas pourquoi la proposition d'agir énergiquement et la franche et ouverte critique de l'attitude de la fraction aient été accueillies avec tant de déplaisir. Point de fumée sans feu. S'il y a une opposition, c'est qu'il existe une raison pour cela, et, au lieu de la rechercher, l'on se démène comme un diable dans un bénitier pour donner le change, pour faire croire qu'une opposition quelconque n'a aucune raison d'être, et que celle-ci n'existe que pour faire de l'obstruction quand même! La prétention de Liebknecht donne pour preuve de l'efficacité de la direction le succès si merveilleusement affirmé. Ceci crée un antécédent tellement dangereux, que l'on ne peut pas trop énergiquement protester contre une pareille conception. L'aventurier Napoléon III ne choisit-il pas pour devise : « Le succès justifie tout ? » En d'autres termes : l'adoration du succès est le comble de l'impudence, chez Napoléon III comme chez Liebknecht.

Cependant les espérances de Liebknecht et celles de Bebel, concernant les événements prochains, diffèrent de beaucoup entre elles. Lorsque Liebknecht dit : « Nous formons tout au plus 20 p. c. de la population et 80 p. c. sont contre nous », il suppose évidemment qu'il faudra encore beaucoup de temps aux démocrates-socialistes avant de former la majorité. Vollmar ajoute : « Il serait ridicule de notre part d'exiger, et comme démocrates nous n'en avons même pas le droit, que ces 80 p. c. se soumettent à nous. Tout ce que nous pouvons faire, c'est attirer graduellement à nous ces 80 p. c. ». Ceux-ci veulent donc suivre la voie légale et pacifique pour obtenir la majorité. Mais y aurait-il un individu assez naïf, disons le mot, assez ignorant, pour croire que le jour où nous aurions la majorité de notre côté, la bourgeoisie céderait et abdiquerait ses prérogatives? La force se trouve entre les mains des autorités établies et, comme le disait le philosophe Spinoza : « Chacun a juste autant de droit qu'il a de pouvoir ». Est-ce que Bismarck n'a pas gouverné pendant un certain temps sans budget et sans majorité dans le Parlement de l'Allemagne du Nord ? Est-ce qu'en Danemark, pendant des années, malgré une majorité parlementaire hostile au gouvernement, ce dernier ne se maintint pas comme si de rien n'était? Par conséquent, les gouvernants ne s'inquiètent guère d'avoir pour eux la majorité ou la minorité. Ils disposent de la force brutale et ils ne se gêneront nullement, le cas échéant, pour supprimer violemment les majorités parlementaires et rester les maîtres. Les minorités ont toujours été, dans l'histoire, une « force motrice » en quelque sorte, et si nous devions attendre jusqu'à ce que nous soyons arrivés de 20 à 60 ou 80 p. c., nous aurions le temps.

Bebel envisage les choses autrement. Il est vrai qu'il met en garde contre les provocations et démontre que, dans ce temps de fusils à répétition et de canons perfectionnés, une révolution, entreprise par quelques centaines de mille individus, serait indubitablement écrasée. Néanmoins, il dit avoir beaucoup d'espoir dans un avenir très proche. Il s'exprime ainsi : « Je crois que nous n'avons qu'à nous féliciter de la marche des choses. Ceux-là seuls qui ne sont pas à même d'envisager l'ensemble des événements, pourront ne pas accueillir cette appréciation. La société bourgeoise travaille avec tant d'acharnement à sa propre destruction qu'il ne nous reste qu'à attendre tranquillement pour nous emparer du pouvoir qu'il lui échappe. Dans toute l'Europe, comme en Allemagne, les choses prennent une tournure dont nous n'avons qu'à nous réjouir. Je dirai même que la réalisation complète de notre but final est tellement proche qu'il y a peu de personnes dans cette salle qui n'en verront pas l'avénement ».

Bebel s'attend donc à un prompt changement de l'état des choses au profit de nos idées, ce qui ne l'empêche pourtant nullement de parler de « l'insanité d'une révolution commencée par quelques centaines de mille individus ». Comment concilier ces deux raisonnements ?

En tout cas, il est beaucoup plus optimiste que Liebknecht et Vollmar, et il caresse de telles illusions qu'il se dit à côté d'Engels — quant aux prédictions de ce dernier qui fixe la date de la révolution en

1898 — le seul « Jeune » dans le parti. Reste à savoir si cet optimisme ne va pas trop loin lorsqu'on écrit, comme Engels : « Aux élections de 1895 nous pourrons au moins compter sur 2,500,000 voix ; vers 1900 le nombre de nos électeurs aura atteint 3,500,000 à 4,000,000, ce qui terminera ce siècle d'une façon fort agréable aux bourgeois [1] ». Quant à nous, nous ne pouvons provisoirement partager ces espérances, qu'Engels nous présente avec une confiance absolue, comme si la réalisation du socialisme devait nous tomber du ciel, sans que nous ayons besoin de nous déranger.

Dans leur imagination, nous voyons déjà Bebel ou Liebknecht chanceliers de l'empire sous Guillaume II, avec un ministère composé de démocrates-socialistes.

Les voilà au travail ! Est-on assez naïf pour s'imaginer qu'il en résultera quoi que ce soit?

Certes, si déjà actuellement l'opportunisme ne leur répugne pas, nous ne serions pas du tout étonnés de les voir se perfectionner dans ce sens, une fois arrivés au pouvoir. S'ils y parviennent, cela ne sera qu'au détriment du socialisme, qui, en perdant tous ses côtés essentiels et caractéristiques, ne ressemblera plus que fort peu à l'idéal que s'en créent actuellement ses précurseurs. Une scission se produirait bien vite parmi ces millions d'électeurs et un gâchis formidable en résulterait. On a devant soi l'exemple du christianisme au début de notre ère, avec l'empereur Constantin.

Pourquoi un empereur ne s'affublerait-il pas, dans un but politique, d'un manteau rouge-sang afin de gagner, comme empereur socialiste, la sympathie des masses? Il y aurait ainsi un socialisme officiel, tout comme il y eut un christianisme officiel, et ceux qui

1. *Neue Zeit*, livraison 19, 10e année.

resteraient fidèles aux véritables principes socialistes seraient poursuivis comme hérétiques.

Cela s'est vu. Et pourquoi ne pas profiter des enseignements de l'histoire ?

Il y a en chaque homme un peu de l'inquisiteur, et plus on est convaincu de la justice de ses opinions, plus aussi on tend à suspecter et à persécuter les autres. Jamais nous n'en vîmes un exemple plus frappant que celui de Robespierre, dont personne ne mettra en doute la probité. Et ne constatons-nous pas, déjà aujourd'hui, cette attitude inquisitoriale et intolérante du parti socialiste officiel allemand envers les « Jeunes » ?

Cela provient moins des personnalités que de l'autorité qui leur est accordée.

Une personne revêtue d'une autorité quelconque veut et doit l'exercer, et de là à l'abus il n'y a qu'un pas. Voilà pourquoi nous constatons toujours le même mal dont la forme a été changée sans que l'on ait attaqué le fond et c'est pour cela que l'on ne doit accorder que le moins d'autorité possible aux individus et que ceux-ci ne doivent pas en réclamer.

S'il est vrai que, sauf l'éventualité d'une guerre, le parti démocratique-socialiste en Allemagne est en mesure de « prédire avec une certitude quasi mathématique l'époque où il arrivera au pouvoir », la situation est vraiment merveilleuse ; mais, sans être dépourvus d'un certain optimisme, il nous est impossible de partager cette opinion. Et c'est précisément le congrès d'Erfurt qui nous a donné la profonde conviction que l'Allemagne ne reprendra pas pour son compte le rôle libérateur traditionnel de la France. Nous sommes plutôt de l'avis de Marx lorsque celui-ci dit que « la révolution éclatera au chant du coq gaulois. »

Avec l'histoire de l'Allemagne devant les yeux, nous croyons pouvoir affirmer que dans ce pays le sentiment révolutionnaire est fort peu développé. Est-ce à la consommation d'énormes quantités de bière qu'il faut attribuer ce manque presque absolu d'esprit révolutionnaire en Allemagne ? Ce qui est certain, c'est que le mot « discipline » est beaucoup plus employé dans ce pays que le mot « liberté ». Il en est ainsi dans tous les partis, sans en excepter la démocratie socialiste. Nous ne méconnaissons point le bon côté d'une certaine discipline, surtout dans un parti d'agitation, mais si l'on tombe dans l'exagération, la discipline devient forcément un obstacle à toute initiative et à toute indépendance.

La direction d'un groupe, avec une telle discipline, aboutit fatalement au despotisme, qui est moins l'œuvre de quelques personnalités que la conséquence de l'esprit de soumission passive chez la masse. Ce ne sont pas les despotes qui rendent le peuple docile et soumis, mais l'absence d'aspirations libertaires chez la masse qui rend les tyrans possibles. Il en est ici comme pour les jésuites. A quoi bon les persécuter et les chasser? Si une poignée d'hommes présente un tel danger pour une nation entière, celle-ci se trouve vraiment dans une situation pitoyable. Ce ne sont pas les jésuites qui créent les tartufes, mais un monde hypocrite comme le nôtre est le champ le plus propice au développement du jésuitisme.

La discipline exagérée qui règne chez les socialistes-démocrates allemands s'explique très naturellement par la vie nationale du peuple entier.

Tout, dans ce pays, est dressé militairement depuis la plus tendre jeunesse et si, au Congrès de Bruxelles, on a envisagé quelle devait être l'attitude du socialisme envers le militarisme, il eût été peut-être utile de traiter également des effets du militarisme *dans* le socialisme. Car ce phénomène existe en réalité. La Russie est toujours représentée — avec justice — comme le pays du knout, mais l'Allemagne peut être citée, non moins justement, comme le pays du bâton. Cet instrument constitue en Allemagne l'élément éducateur par excellence. Dans les familles, le bâton a sa place à côté des tableaux suspendus au mur et généralement les parents s'en servent fort généreusement envers leur progéniture. A l'école, le maître non seulement l'emploie mais il a même le *droit* de s'en servir. Ce qui fait que les enfants, ayant quitté l'école et entrant à l'atelier ou à la fabrique, ne sont nullement étonnés de retrouver là également leur ancienne connaissance, et c'est dans l'armée que le bâton obtient son plus grand triomphe.

Et l'influence du bâton, subie depuis la première jeunesse, ne se ferait point sentir dans le développement du caractère et ne ferait pas naître un esprit de soumission étouffant toute aspiration libertaire ! A qui voudrait-on le faire croire ?

Il est tout naturel que ces hommes militairement dressés, en entrant dans un parti se soumettent là également à une discipline rigoureuse, telle qu'on la chercherait en vain dans un pays où une plus grande liberté existe depuis des siècles et où l'on ne supporterait pas les frasques de l'autorité avec la passivité qui paraît être de rigueur en Allemagne.

Engels prétend que, si l'Allemagne continue en paix son développement politico-économique, le triomphe légal de la démocratie socialiste peut être escompté pour la fin de ce siècle, et Bebel croit également que la plupart de nos contemporains verront la réalisation intégrale de nos revendications. Mais une guerre quelconque peut complètement renverser ces belles espérances.

Cette réflexion nous fait penser à l'attitude des chefs allemands lors de la discussion sur le militarisme au Congrès de Bruxelles. Personne n'ignore combien la haine de la Russie est innée chez Marx et chez Engels, et comment elle a été transmise par eux au parti entier. Pendant que nous nous imaginions naïvement que la légende de « l'ennemie héréditaire » devait être définitivement enterrée, la Russie est constamment présentée comme l'ennemie héréditaire de l'Allemagne. En 1876, Liebknecht publia une brochure si véhémente contre la Russie [1] (non contre le *czarisme* mais contre la *Russie*) qu'un autre démocrate-socialiste se crut obligé d'en écrire une autre, intitulée : *La démocratie socialiste doit-elle devenir turque ?* Actuellement encore Bebel, Liebknecht, Engels, et la *Volkstribüne* de Berlin réclament en chœur, et recommandent même comme une nécessité, l'anéantissement de la Russie. Comme les anciens Israélites se crurent appelés à détruire les Cananéens, les chefs allemands croient de leur devoir de prendre une attitude analogue envers la Russie.

On blâme généralement fort l'alliance franco-russe et, à notre avis, la République française s'est déshonorée en se jetant dans les bras du despote moscovite ; mais à qui la faute ? Est-ce que l'Allemagne, par sa triple alliance, n'a pas provoqué ce pacte ? La France se voit horriblement spoliée par l'annexion de l'Alsace-Lorraine en 1871. Elle ne pardonne cette spoliation pas plus qu'elle ne l'oublie. Elle espère toujours reprendre ces deux provinces. Peut-on tellement lui en vouloir ? Elle conclurait une alliance avec le diable en personne si celui-ci pouvait lui rendre le territoire perdu.

1. *Zur Orientalischen Frage oder : Soll Europa Kosackisch werden?*

C'EST DONC L'ALLEMAGNE SEULE QUI EST CAUSE DE LA SITUATION ACTUELLE !

La triple alliance s'intitule la « gardienne de la paix, » mais elle n'est en réalité qu'une constante provocation à la guerre. L'Allemagne se sentant coupable s'est cherché des complices pour pouvoir garder le butin volé et pour le défendre, le cas échéant. La conséquence en a été que deux éléments, jadis antagonistes, se sont rapprochés. C'est l'Allemagne qui, en dernière instance, est responsable de l'alliance franco-russe.

Et quelle est l'attitude du parti démocratique-socialiste en Allemagne ?

Il déclare par l'organe de plusieurs de ses mandataires qu'il reconnaît, *comme de droit,* la situation actuelle (Auer, séance du Reichstag, février 1891). C'est exactement la même chose que fait la société capitaliste. Après avoir volé toutes leurs richesses. les classes possédantes proclament, comme immuable, le droit à la propriété. Ils disent aux spoliés : Celui qui portera désormais une main sacrilège sur nos propriétés sera emprisonné ; quant à nous, nous reconnaissons l'ordre de choses établi. Les possédants agissent toujours de même en rendant véridique le vieux dicton : *Beati possidentes !*

Les Allemands accusent les Français de chauvinisme, parce que ces derniers réclament la rétrocession de l'Alsace-Lorraine. Mais n'a-t-on pas le droit de taxer également de chauvinisme les Allemands qui veulent garder ces deux provinces ? Le parti socialiste allemand, en parlant de cette manière et en attaquant constamment la Russie, a fait le jeu du Gouvernement. Pour celui-ci, la grande question était en effet : « Comment nous débarrasser de l'ennemi de l'intérieur, de la démocratie socialiste ? » C'était la crainte même du mouvement populaire qui empêchait jusqu'ici les gouvernements de faire la guerre. Ils avaient peur des conséquences éventuelles d'une pareille entreprise.

Aujourd'hui cette crainte a disparu, car le parti a lui-même rassuré le Gouvernement.

Nous comprenons parfaitemant que l'on ait pu dire, après toutes ces excitations : « Les démocrates-socialistes allemands ne devront pas trop s'étonner lorsque, dans une guerre contre la Russie, ils seront organisés en corps d'élite pour servir de chair à canon de première qualité. Ils en ont formulé le désir. On ne leur marchandera pas un monument commémoratif, sous forme d'un gigantesque molosse en fer, par exemple ».

Que la Russie soit l'ennemie de toute liberté humaine, qui le niera ? Mais nous doutons fort que ce soit précisément l'Allemagne qui soit appelée à remplir le rôle de défenseur de la liberté ! La *liberté allemande* est encore, au temps qui court, un article qui n'inspire guère confiance ; à l'oreille de la plupart des mortels, ces deux mots, ce substantif et cet adjectif, sonnent faux ! Et si Bebel, dans sa haine contre la Russie, va jusqu'à prêcher, comme une mission sacro-sainte à remplir, l'anéantissement de la Russie barbare et officielle, sans même faire allusion, ne fût-ce que d'un mot, au barbare couronné qui est à la tête de l'Allemagne officielle et qui proclame très autocratiquement à la face du monde entier que la « volonté du roi constitue la loi suprême » — *suprema lex regis voluntas*, — il oublie complètement le caractère international du socialisme. Il fait même un appel aux démocrates-socialistes, et les invite « à combattre coude à coude avec ceux qui aujourd'hui sont nos adversaires ». On oublie donc la lutte des classes, pour ne voir dans le bourgeois allemand — qui est pourtant le plus mortel ennemi du prolétaire allemand, — qu'un précieux appui pour entreprendre une guerre de nationalité et exterminer la Russie !

Il est donc bien établi que pour ces messieurs, dans l'éventualité d'une guerre contre la Russie, bourgeois et prolétaire ne font plus qu'un et que la lutte des classes est provisoirement mise de côté ! Mais la guerre contre la Russie, c'est, dans l'état des choses actuel, la guerre contre la France, et Engels le reconnaît lui-même lorsqu'il écrit : « Au premier coup de canon tiré sur la Vistule, les Français marcheront vers le Rhin ». Voilà précisément ce que nous craignons ! Des travailleurs socialistes français marcheront dans les rangs contre des travailleurs socialistes allemands, enrégimentés, à leur tour, pour égorger leurs frères français. Ceci devrait à tout prix être évité, et qu'on le trouve mauvais ou non, qu'on nous traite d'anarchiste ou de tout ce que l'on voudra, nous n'en dirons pas moins que tous ceux qui se placent sur le même terrain que Bebel ont des idées chauvines et sont bien éloignés du principe internationaliste qui caractérise le socialisme.

Est-ce que, par hasard, la Prusse serait autre chose qu'un royaume de proie ? N'a-t-elle pas participé au démembrement de la Pologne pour s'emparer d'une partie du butin ? (Que la Russie ait eu la part du lion, cela ne change rien à la chose et cela fut ainsi uniquement parce que la Prusse n'était pas assez forte pour l'avoir pour elle.) Et n'a-t-elle pas également arraché l'Alsace-Lorraine à la France ? Au lieu de faire une Allemagne unitaire, où toutes les nuances diverses se confondraient, on a prussifié l'empire germanique et non pas germanisé la Prusse. Et un tel pays aurait la prétention de passer aux yeux de l'univers comme le rempart de la liberté!!!

Certes, si la Russie était victorieuse, cela serait un désastre pour la civilisation. Mais si la Prusse sortait triomphante de la lutte, cela vaudrait-il beaucoup mieux? Est-ce que, dans ce pays, la «militarisation» de l'administration n'imprime pas sur tout le monde son cachet insupportablement autoritaire? C'est ce qui crève les yeux de tous ceux qui visitent l'Allemagne. Engels dit bien qu'en cas de victoire, « l'Allemagne ne trouvera nulle part des prétextes d'annexion ». Comme s'il n'y avait pas les Pays-Bas à l'ouest, le Danemark à l'est et l'Autriche allemande au sud! Quand on veut annexer un pays quelconque on trouve toujours un prétexte et on le crée au besoin. La Lorraine nous en fournit l'exemple frappant. Lorsque toutes les autres raisons sont épuisées, on soutient la « nécessité stratégique » comme *ultima ratio*. Quant à nous, nous ne sommes nullement convaincus de l'avantage qui résulterait d'une victoire allemande pour le mouvement socialiste. Nous croyons, au contraire, qu'elle aurait comme conséquence immédiate de consolider le principe monarchique au détriment du mouvement révolutionnaire.

Engels nous présente la chose ainsi : « La paix assure au parti démocrate-socialiste allemand la victoire dans *dix ans*. La guerre lui apportera *ou* la victoire dans deux ou trois ans, *ou* la destruction complète pour au moins quinze à vingt ans. Avec une telle perspective, ce serait folie de la part des démocrates-socialistes allemands de désirer la guerre qui mettrait tout en feu au lieu d'attendre le triomphe certain par la paix. Il y a plus. Aucun socialiste, à quelle nationalité qu'il appartienne, ne peut souhaiter la victoire, dans une guerre éventuelle, ni du gouvernement allemand, ni de la république bourgeoise française, ni surtout du czar, ce qui équivaudrait à l'oppression de l'Europe entière. Et voilà pourquoi les socialistes de tous les pays doivent être partisans de la paix. Si pourtant la guerre éclate, il y a une chose qui est certaine : cette guerre, où quinze à vingt millions d'hommes s'entr'égorgeront et dévasteront l'Europe comme jamais elle ne le fut avant, engendrera la victoire immédiate du socialisme, ou l'ancien ordre des choses sera tellement bouleversé qu'il n'en restera que des ruines dont la vieille société capitaliste ne pourra pas se relever, et la révolution sociale sera peut-être retardée de dix à quinze ans mais pour triompher plus radicalement. »

Si l'analyse d'Engels était juste, un homme d'état énergique, croyant à ces prédictions, ne manquerait certainement pas de provoquer aussitôt que possible la guerre. En effet, si le triomphe du socialisme est certain après une paix de dix ans, l'adversaire serait bien naïf d'attendre sans coup férir cette échéance. Bien sot celui qui ne préfère point une chance de réussite à la certitude de la défaite !

Quant à nous, nous croyons qu'Engels a perdu de vue que le peuple se prête encore trop souvent aux machinations du premier aventurier venu. On a encore eu, très récemment, l'exemple de l'aventure boulangiste en France. Et il est de notoriété publique qu'une partie des socialistes — voire même quelques chefs — se sont accrochés à l'habit de ce monsieur. Est-on bien sûr qu'un habile aventurier quelconque ne réussisse pas à faire avorter le mouvement démocratique-socialiste en s'affublant de quelques oripeaux socialistes, alors que Bebel manifeste déjà si peu de confiance, qu'il exprime sa crainte de voir « se laisser séduire l'élite du parti » — et l'on peut certainement bien appeler ainsi les délégués au Congrès d'Erfurt — en souvenir des belles phrases « et même des beaux yeux d'un Vollmar. » Ce témoignage n'indique pas précisément une grande dose d'indépendance chez les plus conscients, et l'on se demande quelle résistance possède la masse.

La certitude du triomphe du socialisme par la paix est loin d'être universellement partagée. Beaucoup de personnes attendent même avec anxiété — depuis les derniers événements qui se sont produits dans les rangs du parti socialiste-démocrate allemand — l'avénement de cette espèce de socialisme qui, à présent, paraît tenir le haut du pavé en Allemagne, justement parce que cette doctrine ne ressemble plus du tout à l'idée que l'on s'en était formée.

Nous sommes d'avis que les choses prendraient une tout autre allure si la guerre prochaine pouvait avoir comme conséquence la destruction du militarisme. Supposons l'Allemagne battue, soit par la Russie seule, soit par la France et la Russie réunies. Si alors l'autocrate allemand (qui, à l'instar de Louis XIV, se proclame l'unique autorité du pays), est culbuté par un mouvement populaire, et qu'ensuite le peuple, sachant que la victoire définitive de la Russie équivaudrait au retour du despotisme, se lève plein d'enthousiasme pour refouler l'invasion, ces armées populaires seront certainement victorieuses comme l'ont été les Français de 1793 contre les armées des tyrans coalisés.

Les Russes sont battus à plate couture. On fraternise avec les Français, car la cause de l'animosité entre les deux peuples, l'annexion de l'Alsace-Lorraine, disparaît aussitôt.

Et qui sait si le prolétariat français, dégoûté de la république de bourgeois tripoteurs, ne mettra pas un terme à un régime capable de détourner de lui le plus fougueux républicain.

Est-ce qu'une pareille solution ne serait pas préférable ?

Mais, même en laissant de côté toute philosophie et toute prophétie, nous n'avons pas, comme socialistes, à encourager l'esprit guerrier contre qui que ce soit. Nous devons, au contraire, faire tout ce qui est en notre pouvoir afin de rendre la guerre impossible. Si les gouvernants, par crainte du socialisme, n'osent pas faire la guerre, nous avons déjà beaucoup gagné, et si la paix armée, qui est encore pire que la guerre parce qu'elle dure plus longtemps, pousse les puissances militaires vers la banqueroute, nous n'avons qu'à nous en féliciter, car, même de cette façon, le capitalisme devient son propre fossoyeur.

Si nous étions d'accord avec Bebel et Liebknecht, nous nous verrions obligés d'approuver et de voter toutes les dépenses militaires, car en refusant, nous empêcherions le gouvernement de se procurer les moyens dont il croit avoir besoin pour mener à bonne fin la tâche qui, suivant les socialistes-démocrates de cette espèce, lui incombe.

Une fois sur cette pente, on glisse de plus en plus rapidement. Au lieu du hautain : *Pas un homme et pas un centime!* il faudrait dire : Autant d'hommes et autant d'argent que vous voudrez ! Liebknecht a beau protester contre cette conclusion, elle ne se dégage pas moins de ses paroles et de ses actes.

La logique est inexorable et ne tolère pas la moindre infraction ! Si Liebknecht veut nous sauver du dangereux entraînement du chauvinisme, il doit donner l'exemple et ne pas s'y abandonner lui-même, comme il l'a indéniablement fait en compagnie de quelques autres.

Nous devons au contraire nous placer sur le même terrain que les maîtres de la littérature allemande: d'un Lessing, qui a dit : « Je ne comprends pas le » patriotisme et ce sentiment me paraît tout au » plus une faiblesse héroïque que j'abandonne très » volontiers » ; d'un Schiller, lorsqu'il écrit : « Phy- » siquement, nous voulons être des citoyens de notre » époque, parce qu'il ne peut pas en être autrement; » mais pour le reste, et mentalement c'est le privi- » lège et le devoir du philosophe comme du poète, » de n'appartenir à aucun peuple et à aucune époque » en particulier, mais d'être en réalité le contem- » porain de tous les temps ».

Nous laissons à présent au lecteur le soin de juger si, après les débats du Congrès d'Erfurt, la démocratie socialiste allemande a fait un pas en avant ou en arrière. Pour éviter toute accusation de partialité, nous avons cité scrupuleusement les paroles de ses chefs.

Notre impression est que, pour des raisons d'opportunité, la direction du parti a préféré aller vers la droite (pour ne pas perdre l'appui de Vollmar et les siens, dont le nombre était plus considérable qu'on ne l'avait pensé) gauche, et qu'elle a sacrifié l'opposition dans un but de salut personnel.

Robespierre a agi de la même facon. Il a anéanti d'abord l'extrême-gauche, les hébertistes, avec l'appui de Danton et de Desmoulins, pour détruire ensuite la droite, représentée entre autres par ces deux derniers, et pour sortir seul victorieux de la lutte.

Mais lorsque la réaction leva la tête, il s'aperçut qu'il avait lui-même tué ses protecteurs naturels et qu'il avait creusé son propre tombeau.

II

LE SOCIALISME EN DANGER?

LE SOCIALISME EN DANGER ?

Le socialisme international traverse, en ce moment, une crise profonde. Dans tous les pays se révèle la même divergence de conception : dans tous les pays deux courants se manifestent : on pourrait les intituler parlementaire et antiparlementaire, ou parlementaire et révolutionnaire, ou encore autoritaire et libertaire.

Cette divergence d'idées fut un des points principaux discutés au Congrès de Zurich en 1893 et, quoique l'on ait adopté finalement une résolution ayant toutes les caractéristiques d'un compromis, la question est restée à l'ordre du jour.

Ce fut le Comité central révolutionnaire de Paris qui la présenta comme suit :

« Le Congrès décide :

» L'action incessante pour la conquête du pouvoir politique par le parti socialiste et la classe ouvrière est le premier des devoirs, car c'est seulement lorsqu'elle sera maîtresse du pouvoir politique que la classe ouvrière, anéantissant privilèges et classes, expropriant la classe gouvernante et possédante, pourra s'emparer entièrement de ce pouvoir et fonder le régime d'égalité et de solidarité de la République sociale. »

On doit reconnaître que ce n'était pas habile. En effet, il est naïf de croire que l'on puisse se servir du pouvoir politique pour anéantir classes et privilèges, pour exproprier la classe possédante. Donc, nous devons travailler jusqu' à ce que nous ayons obtenu la majorité au Parlement et alors, calmes et sereins, nous procéderons, par décret du Parlement, à l'expropriation de la classe possédante. *O sancta simplicitas !* Comme si la classe possédante, disposant de tous les moyens de force, le permettrait jamais.

Une proposition de même tendance, mais formulée plus adroitement, fut soumise à la discussion par le parti social-démocrate allemand. On y disait que « la lutte contre la domination de classes et l'exploitation doit être POLITIQUE et avoir pour but LA CONQUÊTE DE LA PUISSANCE POLITIQUE. »

Le but est donc la possession du pouvoir politique, ce qui est en parfaite concordance avec les paroles de Bebel à la réunion du parti à Erfurt :

« En premier lieu nous avons à conquérir et utiliser le pouvoir politique, afin d'arriver « également » au pouvoir économique par l'expropriation de la société bourgeoise. Une fois le pouvoir politique dans nos mains, le reste suivra de soi. »

Certes, Marx a dû se retourner dans son tombeau quand il a entendu défendre pareilles hérésies par des disciples qui ne jurent que par son nom. Il en est de Marx comme du Christ : on le vénère pour avoir la liberté de jeter ses principes par dessus bord. Le mot « également » vaut son pesant d'or. C'est comme si l'on voulait dire que, sous forme d'appendice, le pouvoir économique sera acquis également. Est-il possible de se figurer la toute-puissance politique à côté de l'impuissance économique ? Jusqu'ici nous enseignâmes tous, sous l'influence de Marx et d'Engels, que c'est le pouvoir économique qui détermine le pouvoir politique et que les moyens de pouvoir politique d'une classe n'étaient que l'ombre des moyens économiques. La dépendance économique est la base du servage sous toutes ses formes Et maintenant on vient nous dire que le pouvoir politique doit être conquis et que le reste se fera « de soi. »

Alors que c'est précisément l'inverse qui est vrai.

Oui, on alla même si loin qu'il fut déclaré :

« C'est ainsi que seul celui qui prendra une part active à cette lutte politique de classes et se servira de tous les moyens politiques de combat qui sont à la disposition de la classe ouvrière, sera reconnu comme un membre actif de la démocratie socialiste internationale révolutionnaire. »

On connaît l'expression classique en honneur en Allemagne pour l'exclusion des membres du parti : *hinausfliegen* (mettre à la porte). Lors de la réunion du parti à Erfurt, Bebel répéta ce qu'il avait écrit précédemment (voir *Protokoll*, p. 67) :

« On doit en finir enfin avec cette continuelle *Norglerei* [1] et ces brandons de discorde qui font croire au dehors que le parti est divisé ; je ferai en sorte dans le cours de nos réunions que toute équivoque disparaisse entre le parti et l'opposition et que, si l'opposition ne se rallie pas à l'attitude et à la tactique du parti, elle ait l'occasion de fonder un parti séparé. »

N'est-ce pas comme l'empereur Guillaume, parlant des *Norgler* et disant : Si cela ne leur plaît pas, ils n'ont qu'à quitter l'Allemagne ? — Moi, Guillaume, je ne souffre pas de *Norglerei*, dit l'empereur. — Moi, Bebel, je ne soufre pas de *Norglerei* dans le parti, dit le dictateur socialiste.

Touchante analogie!

1. *Norglerei*, chicane; *Norgler*, chicaneur.

On voulait appliquer internationalement cette méthode nationale ; de là cette proposition. Ceci accepté et Marx vivant encore, il aurait dû également « être mis à la porte » si l'on avait osé s'en prendre à lui. La chasse aux hérétiques aurait commencé, et dorénavant la condition d'acceptation eût été l'affirmation d'une profession de foi, dans laquelle chacun aurait dû déclarer solennellement sa croyance à l'unique puissance béatifique : celle du pouvoir politique.

Opposée à ces propositions, se trouva celle du Parti social-démocrate hollandais, d'après laquelle « la lutte de classes ne peut être abolie par l'action parlementaire ».

Que cette thèse n'était pas dépourvue d'intérêt, cela a été prouvé par Owen, un des collaborateurs du journal socialiste anglais *Justice*, lorsqu'il écrivit dans ce journal que les principes affirmés par les Hollandais sont incontestablement les plus importants « parce qu'ils indiquent une direction que, j'en suis convaincu, le mouvement socialiste du monde entier sera forcé de suivre à bref délai. »

On connaît le sort qui fut réservé à ces motions. Celle de la Hollande fut rejetée, mais ne restera pas sans influence, car les Allemands ont abandonné les points saillants de leur projet ; finalement, un compromis fut conclu d'une manière toute parlementaire, auquel collaborèrent toutes les nationalités. Nous sommes fiers que seule la Hollande n'ait pris aucune part à ce tripatouillage, préférant chercher sa force dans l'isolement et ne rien dire dans cette avalanche de phrases.

Cependant, il est tout à fait incompréhensible que l'Allemagne ait pu se rallier à une résolution dont le premier considérant est complètement l'inverse de la proposition allemande. On en jugera en comparant les deux textes :

Proposition allemande.

La lutte contre la domination de classes et l'exploitation doit être POLITIQUE et avoir pour but la CONQUÊTE DE LA PUISSANCE POLITIQUE.

Proposition votée.

Considérant que l'action politique n'est qu'un moyen pour arriver à l'affranchissement économique du prolétariat,

Le Congrès déclare, en se basant sur les résolutions du Congrès de Bruxelles concernant la lutte des classes :

1° Que l'organisation nationale et internationale des ouvriers de tous pays en associations de métiers et autres organisations pour combattre l'exploitation, est d'une nécessité absolue ;

2° Que l'action politique est nécessaire, aussi bien dans un but d'agitation et de discussion ressortant des principes du socialisme que dans le but d'obtenir des réformes urgentes. A cette fin, il ordonne aux ouvriers de tous pays de lutter pour la conquête et l'exercice des droits politiques qui se présentent comme nécessaires pour faire valoir avec le plus d'accent et de force possibles les prétentions des ouvriers dans les corps législatifs et gouvernants ; de s'emparer des moyens de pouvoir politique, moyens de domination du capital, et de les changer en moyens utiles à la délivrance du prolétariat ;

3° Le choix des formes et espèces de la lutte économique et politique doit, en raison des situations particulières de chaque pays, être laissé aux diverses nationalités.

Néanmoins, le Congrès déclare qu'il est nécessaire que, dans cette lutte, le but révolutionnaire du mouvement socialiste soit mis à l'avant-plan, ainsi que le bouleversement complet, sous le rapport économique, politique et moral, de la société actuelle. L'action politique ne peut servir en aucun cas de prétexte à des compromis et unions sur des bases nuisibles à nos principes et à notre homogénéité.

Il est vrai que cette résolution, issue elle-même d'un compromis, ne brille pas, dans son ensemble, par une suite d'idées logique. Le premier considérant était une duperie, car il cadre avec nos idées. Plus loin quelques concessions sont faites à celles des autres, là où il est dit clairement que la conquête et l'exercice des droits politiques sont recommandés aux ouvriers, et enfin, pour contenter les deux fractions des socialistes, de manière que chacune puisse donner son approbation, on parle aussi bien d'un but d'agitation que du moyen d'obtenir des réformes urgentes.

En fait, on n'a rien conclu par cette résolution ; on avait peur d'effaroucher l'une ou l'autre fraction, et l'on voulait *pouvoir montrer à tout prix une apparence d'union*; *cela* était le but du Congrès et *cela* n'a pas réussi.

Beaucoup d'Allemands n'auraient pas dû, non plus, approuver la dernière partie de la proposition, car on s'y déclare sans ambages pour le principe de la législation directe par le peuple, pour le droit de proposer et d'accepter (initiative et referendum), ainsi que pour le système de la représentation proportionnelle.

Ce qui se trouve de nouveau en complète opposition avec les idées du spirituel conseiller Karl Kautsky, qui écrivait :

« Les partisans de la législation directe chassent le diable par Belzébub, car accorder au peuple le droit de voter sur les projets de loi n'est autre chose que le transfert de la corruption, du parlement au peuple. »

Voici sa conclusion :

« En effet, en Europe, à l'est du Rhin, la bourgeoisie est devenue tellement affaiblie et lâche, qu'il semble que le gouvernement des bureaucrates et du sabre ne pourra être anéanti que lorsque le prolétariat sera capable de conquérir la puissance politique ; comme si la chute de l'absolutisme militaire conduisait directement à l'acceptation du pouvoir politique par le prolétariat. Ce qui est certain, c'est qu'en Allemagne comme en Autriche, et dans la plupart des pays d'Europe, ces conditions, nécessaires à la marche régulière de la législation ouvrière, et, avant tout, les institutions démocratiques nécessaires au triomphe du prolétariat, ne deviendront pas une réalité. Aux États-Unis, en Angleterre et aux colonies anglaises, dans certaines circonstances en France également, la législation par le peuple pourra arriver à un certain développement ; pour nous, Européens de l'Est, elle appartient à l'inventaire de l'État de l'avenir [1]. »

Est-ce que des gens pratiques comme les Allemands qui tâchent toujours de marcher avec l'actualité, vont se passionner maintenant pour « l'inventaire de l'État

1. *Der Parlementarismus, die Volksgesetzgebung und die Sozial-demokratie*, pp. 138 et 139.

de l'avenir » et devenir des fanatiques et des rêveurs ?

On est donc allé bien plus loin qu'on ne l'aurait voulu.

Quoique notre proposition ait été rejetée, nous avons la satisfaction d'être les initiateurs qui ont fait jouer, aux partisans du courant réactionnaire un rôle bien plus révolutionnaire qu'ils ne le voulaient. 1° Ils ont reconnu que l'action politique *n'est qu'un moyen* pour obtenir la liberté économique du prolétariat; 2° ils ont accepté la législation directe par le peuple. Ils se sont donc écartés totalement du point de départ primitif de leur proposition, pour se rapprocher de la nôtre. Et quand Liebknecht dit : « Ce qui nous sépare, ce n'est pas une différence de principes, c'est la phrase révolutionnaire et nous devons nous affranchir de la phrase », nous sommes, en ce qui concerne ces derniers mots, complètement d'accord avec lui, mais nous demandons qui fait le plus de phrases : lui et les siens qui se perdent dans des redondances insignifiantes, ou nous, qui cherchons à nous exprimer d'une manière simple et correcte?

Il paraît toutefois que le succès, le succès momentané doit permettre de donner le coup de collier; du moins en 1891, lors de la réunion du parti à Erfurt, Liebknecht s'exprima comme suit[1] :

« Nos armes étaient les meilleures. Finalement, la force brutale doit reculer devant les facteurs moraux, devant la logique des faits. Bismarck, écrasé, gît à terre, et le parti social-démocratique est le plus fort des partis en Allemagne. N'est-ce pas une preuve péremptoire de la justesse de notre tactique actuelle? Or, qu'est-ce que les anarchistes ont réalisé en Hollande, en France, en Italie, en Espagne, en Belgique? Rien, absolument rien! Ils ont gâté ce qu'ils ont en-

1. *Protokoll über die Verhandlungen des Parteitages der sozial-demokratischen Partei Deutschlands,* p. 205.

trepris et fait partout du tort au mouvement. Et les ouvriers européens se sont détournés d'eux. »

On pourrait contester beaucoup dans ces phrases, Faisons remarquer d'abord l'habitude de Liebknecht d'appeler anarchiste tout socialiste qui n'est pas d'accord avec lui ; anarchiste, dans sa bouche, a le sens de mouchard. C'est une tactique vile contre laquelle on doit protester sérieusement. Et si nous retournions la question en demandant ce que l'Allemagne a obtenu de plus que les pays précités, on ne saurait nous répondre. Liebknecht le sait pertinemment. Un instant avant de prononcer les phrases mentionnées plus haut, il avait dit [1] :

« Le fait que jusqu'ici nous n'avons rien réalisé par le Parlement n'est pas imputable au parlementarisme, mais à ce que nous ne possédons pas encore la force nécessaire parmi le peuple, à la campagne. »

En quoi consiste alors la suprématie de la méthode allemande ? D'après Liebknecht, les Allemands n'ont rien fait, et les socialistes dans les pays précités non plus. Or, o = o. Où se trouve maintenant le résultat splendide ? Et quel tableau Liebknecht ne trace-t-il pas de cette démocratie sociale qui n'a absolument rien fait ?

Remarquez comment la loi du succès est sanctionnée de la manière la plus brutale. Nous avons raison, *car* nous eûmes du succès. Ce fut le raisonnement de Napoléon III et de tous les tyrans. Et un tel raisonnement doit servir d'argument à la tactique allemande !

Ce succès, dont on se vante tant est, d'ailleurs, très contestable. Qu'est-ce que le parti allemand ? Une grande armée de mécontents et non de social-démocrates.

1. *Idem*, p. 204.

Bebel ne disait-il pas à Halle, en 1890 [1] :

« Si la diminution des heures de travail, la suppression du travail des enfants, du travail du dimanche et du travail de nuit sont des accessoires, alors les neuf dixièmes de notre agitation deviennent superflus. »

Chacun sait maintenant que ces revendications n'ont rien de spécifiquement socialiste; non, tout radical peut s'y associer. Bebel reconnaît que les neuf dixièmes de l'agitation se font en faveur de revendications non essentiellement socialistes ; or, si le parti obtient un aussi grand nombre de voix aux élections, c'est grâce à l'agitation pour ces revendications pratiques, auxquelles peuvent s'associer les radicaux. Conséquemment, les neuf dixièmes des éléments qui composent le parti ne revendiquent que des réformes pareilles et le dixième restant se compose de social-démocrates. Quelle proposition essentiellement socialiste a été faite au Parlement par les députés socialistes ? Il n'y en a pas eu. Bebel dit à Erfurt [2] :

« Le point capital pour l'activité parlementaire est le développement des masses par rapport à nos antagonistes, et non la question de savoir si une réforme est obtenue immédiatement ou non. Toujours nous avons considére nos propositions à ce point de vue. »

C'est inexact. Si cela était, il n'y aurait aucune raison pour ne pas renseigner les masses sur le but final de la démocratie sociale. Pourquoi alors proposer la journée de dix heures de travail pour 1890, de neuf heures pour 1894 et de huit heures pour 1898, quand à Paris il avait été décidé de travailler d'un commun accord pour obtenir la journée de huit heures ?

1. *Protokoll Halle*, p. 102.
2. *Protokoll Erfurt*, p. 174.

Non, la tactique réglementaire ne cadre pas avec un mouvement prolétarien, mais avec un mouvement petit-bourgeois et les choses en sont arrivées à un tel point que Liebknecht ne sait plus se figurer une autre forme de combat. Voici ce qu'il disait à Halle [1] :

« N'est-ce pas un moyen de combat anarchiste que de considérer comme inadmissible toute agitation légale ? Que reste-t-il encore ? »

Ainsi, pour lui, plus d'autre agitation que l'agitation légale. Dans tout cela apparaît la peur de perdre des voix. Ce qui ressort incontestablement du rapport du comité général du parti au congrès d'Erfurt [2] :

« Le comité du parti et les mandataires au Parlement n'ont pas donné suite au désir exprimé par l'opposition que les députés au lieu de se rendre au Parlement, aillent faire la propagande dans la campagne. Cette non-exécution des devoirs parlementaires n'aurait été accueillie favorablement que par nos ennemis politiques ; d'abord, parce qu'ils auraient été délivrés d'un contrôle gênant au Parlement et ensuite parce que cette attitude de nos députés leur aurait servi de prétexte de blâme à notre parti auprès de la masse des électeurs indifférents. Conquérir cette masse à nos idées est une des exigences de l'agitation. En outre, il est avéré que les annales parlementaires sont lues également dans les milieux qui sont indifférents ou n'ont pas l'occasion d'assister aux réunions social-démocratiques. Le but d'agitation que poursuivent les antagonistes de l'action parlementaire que l'on trouve dans nos rangs, sera atteint dans toute son acception par une représentation active et énergique des intérêts du peuple travailleur au Parlement et sans four-

1. *Protokoll Halle*, pp. 56-57.
2. *Protokoll Erfurt*, pp. 40-41.

nir à nos ennemis le prétexte gratuit d'accusation de manquer à nos devoirs. »

A ce sujet, M. le Dr Muller fait observer avec beaucoup de justesse dans sa très intéressante brochure[1] :

« On reconnaît donc que la peur d'être accusé, par les masses électorales indifférentes, de négliger leurs devoirs parlementaires et de risquer ainsi de ne pas être réélus, constitue une des raisons invitant les délégués à se rendre au Parlement et à y travailler pratiquement. Evidemment. Quand on a fait accroire aux électeurs que le parlement pouvait apporter des améliorations, il est clair que les social-démocrates doivent s'y rendre. Mais que la classe ouvrière puisse obtenir du Parlement des améliorations valant la peine d'être notées, les chefs eux-mêmes n'en croient rien et ils l'ont dit assez souvent. Et on se permet d'appeler « agitation » et « développement de la masse » cette duperie, cette fourberie envers les travailleurs. Nous prétendons que cette espèce d'agitation et de développement fait du tort et vicie le mouvement au lieu de lui être utile. Si l'on prône continuellement le Parlement comme une *revalenta*, comment veut-on faire surgir alors des « masses indifférentes » les social-démocrates qui sont bien les ennemis mortels du parlementarisme et ne voient dans les réformes sociales parlementaires qu'un grand *humbug* des classes dirigeantes pour duper le prolétariat? De cette manière la social-démocratie ne gagne pas les masses, mais les masses petit-bourgeoises gagnent, c'est-à-dire corrompent et anéantissent, la social-démocratie et ses principes. »

Personne ne l'a senti et exprimé plus clairement

1. *Der Klassenkampf in der deutschen Sozialdemokratie*, p. 38.

que Liebknecht lui-même, mais, à ce moment-là, c'était le Liebknecht révolutionnaire de 1869 et non pas le Liebknecht « parlementarisé » de 1894. Dans son intéressante conférence sur l'attitude politique de la social-démocratie, spécialement par rapport au Parlement, il s'exprima comme suit :

« Nous trouvons un exemple instructif et avertisseur dans le parti progressiste. Lors du soi-disant conflit au sujet de la Constitution prussienne, les beaux et vigoureux discours ne manquèrent pas. Avec quelle énergie on protesta contre la réorganisation *en paroles!* Avec quelle « opinion solide » et quel « talent » on prit la défense des droits du peuple... *en paroles!* Mais le gouvernement ne s'inquiéta guère de toutes ces réflexions juridiques. Il laissa le droit au parti progressiste, garda la force et s'en servit. Et le parti progressiste? Au lieu d'abandonner la lutte parlementaire, devenue, en ces circonstances, une sottise nuisible, au lieu de quitter la tribune, de forcer le gouvernement au pur absolutisme et de faire un appel au peuple,... il continua sereinement, flatté par ses propres phrases, à lancer dans le vide des protestations et des réflexions juridiques et à prendre des résolutions que tout le monde savait sans effet. Ainsi la Chambre des députés, au lieu d'être un champ clos politique, devint un théâtre de comédie : Le peuple entendait toujours les mêmes discours, voyait toujours le même manque de résultats et il se détourna, d'abord avec indifférence, plus tard avec dégoût. Les événements de l'année 1866 devenaient possibles. Les « beaux et vigoureux » discours de l'opposition du parti progressiste prussien ont jeté les bases de la politique « du sang et du fer » : *ce furent les oraisons funèbres du parti progressiste même.* Au sens littéral du mot, le parti progressiste s'est tué à force de discourir.

Eh bien! comme fit un jour le parti progressiste, ainsi fait aujourd'hui le parti social-démocratique. Combien piètre a été l'influence de Liebknecht sur un parti qui, malgré l'exemple avertisseur bien choisi cité par lui-même, a suivi la même voie! Et au lieu de montrer le chemin, il s'est laissé entraîner dans le « gouffre » du parlementarisme, pour y sombrer complètement.

Que restait-il du Liebknecht révolutionnaire qui disait si justement que « le socialisme n'est plus une question de théorie mais une question brûlante qui doit être résolue, non au Parlement, mais dans la rue, sur le champ de bataille, comme toute autre question brûlante » ?

Toutes les idées émises dans sa brochure mériteraient d'être répandues universellement, afin que chacun puisse apprécier la différence énorme qu'il y a entre le vaillant représentant prolétarien de jadis et l'avocat petit-bourgeois d'aujourd'hui.

Après avoir dit que « avec le suffrage universel, voter ou ne pas voter n'est qu'une question d'*utilité*, non de principes », il conclut :

« NOS DISCOURS NE PEUVENT AVOIR AUCUNE INFLUENCE DIRECTE SUR LA LÉGISLATION ;

» NOUS NE CONVERTIRONS PAS LE PARLEMENT PAR DES PAROLES ;

» PAR NOS DISCOURS NOUS NE POUVONS JETER DANS LA » MASSE DES VÉRITÉS QU'IL NE SOIT POSSIBLE DE MIEUX DIVUL- » GUER D'UNE AUTRE MANIÈRE.

» Quelle utilité pratique offrent alors les discours au Parlement ? Aucune. Et parler sans but constitue la satisfaction des imbéciles. Pas un seul avantage. Et voici, de l'autre côté, les désavantages :

» SACRIFICE DES PRINCIPES ; ABAISSEMENT DE LA LUTTE » POLITIQUE SÉRIEUSE A UNE ESCARMOUCHE PARLEMENTAIRE ;

» FAIRE ACCROIRE AU PEUPLE QUE LE PARLEMENT BIS-
» MARCKIEN EST APPELÉ A RÉSOUDRE LA QUESTION SOCIALE.

» Et pour des raisons pratiques, nous devrions nous » occuper du Parlement ?

» SEULE LA TRAHISON OU L'AVEUGLEMENT POURRAIT NOUS
» Y CONTRAINDRE. »

On ne saurait s'exprimer plus énergiquement ni d'une façon plus juste. Quelle singulière inconséquence! D'après ses prémisses et après avoir fait un bilan qui se clôturait au désavantage de la participation aux travaux parlementaires, il aurait dû conclure inévitablement à la non-participation ; pourtant il dit : « Pour éviter que le mouvement socialiste ne soutienne le césarisme, il faut que le socialisme entre dans la lutte politique. » Comprenne qui pourra comment un homme si logique peut s'abîmer ainsi dans les contradictions!

Mais ils sont eux-mêmes dans l'embarras. Apparemment le parlementarisme est l'appât qui doit attirer les... .... et pourtant ils donnent à entendre qu'il a son utilité.

De là cette indécision sur les deux principes.

Ainsi, à la réunion du parti à Erfurt, Bebel disait [1] :

« La social-démocratie se trouve envers tous les partis précédents, pour autant qu'ils obtinrent la suprématie, dans une tout autre position. Elle aspire à remplacer la manière de produire capitaliste par la manière, socialiste et est forcée conséquemment de prendre un tout autre chemin que tous les partis précédents, pour obtenir la suprématie. »

Voilà pourquoi l'on conseille de prendre la route parlementaire, suivie déjà par tous les autres partis,

1. *Protokoll Erfurt*, p. 238.

en la faisant passer peut-être par un tout autre chemin.

Singer le comprit également lorsqu'il disait à Erfurt [1] :

« En supposant même qu'il soit possible d'obtenir quelque chose de sensé par l'action parlementaire, cette action conduirait à l'affaiblissement du parti, parce qu'elle n'est possible qu'avec la coopération d'autres partis. »

Isolément, les députés social-démocratiques ne peuvent rien faire, et « un parti révolutionnaire doit être préservé de toute espèce de politique qui n'est possible qu'avec l'assistance d'autres partis. » Qu'ont-ils donc à faire dans un Parlement pareil ?

Le *Züricher Socialdemokrat* écrivait en 1883 :

« En général, le parlementarisme ne possède en soi rien qui puisse être considéré sympathiquement par un démocrate, et surtout par un démocrate conséquent, c'est-à-dire un social-démocrate. Au contraire, pour lui il est antidémocratique parce qu'il signifie le gouvernement d'une classe : de la bourgeoisie notamment. »

Et plus tard on affirme que « la lutte contre le parlementarisme n'est pas révolutionnaire, mais réactionnaire ».

C'est-à-dire tout à fait l'inverse.

Le danger d'affaiblissement était apparent et si le gouvernement n'avait eu la gentillesse de troubler cet état de choses par la loi contre les socialistes, — s'il y avait eu un véritable homme d'Etat à la tête, il n'aurait pas poursuivi, mais laissé faire la social-démocratie, — qui sait où nous en serions maintenant ? Avec beaucoup de justesse, le journal prémentionné écrivait en 1881 :

1. *Idem*, p. 199.

« La loi contre les socialistes a fait du bien à notre parti. Il risquait de s'affaiblir ; le mouvement social-démocratique était devenu trop facile, trop à la mode ; il donnait à la fin trop d'occasions de remporter des triomphes aisés et de flatter la vanité personnelle. Pour empêcher l'embourgeoisement — théorique aussi bien que pratique — du parti, il fallait qu'il fût exposé à de rudes épreuves. » Bernstein également disait, dans le *Jahrbuch für Sozialwissenschaft* : « Dans les dernières années de son existence (avant 1878), le parti avait dévié considérablement de la ligne droite et d'une telle manière qu'il était à peine encore question d'une propagande semblable à celle de 1860-1870 et des premières années qui suivirent 1870. » Un petit journal social-démocratique, le *Berner Arbeiterzeitung*, rédigé par un socialiste éclairé, A. Steck, écrivait encore : « Il n'y en avait qu'un petit nombre qui croyaient que logiquement tout le parti devait dévier, par l'union de la tendance énergique et consciente « d'Eisenach » avec celle des plats Lassalliens. Le mot d'ordre des Lassalliens : « Par le suffrage libre à la victoire », raillé par les « Eisenachers » avant l'union, constitue maintenant en fait — quoi qu'on en dise — le principe essentiel du parti social-démocratique en Allemagne. »

Il en fut de même que chez les chrétiens où d'abord les tendances étaient en forte opposition. Ne lisons-nous pas que les cris de guerre étaient : « Je suis de Kefas, » « Je suis de Paul, » « Je suis d'Apollo. » Enfin les coins s'arrondirent, l'on se rapprocha, l'on obtint une moyenne des deux doctrines et finalement un jour de fête fut institué en l'honneur de Pierre et Paul. Les partis s'étaient réconciliés, mais le principe était sacrifié.

Remarquablement grande est l'analogie entre le

christianisme à son origine et la social-démocratie moderne! Tous deux trouvèrent leurs adeptes parmi les déshérités, les souffre-douleur de la société. Tous deux furent exposés aux persécutions, aux souffrances, et grandirent en dépit de l'oppression.

Après la pénible enfantement du christianisme, un empereur arriva, un des plus libertins qui aient gravi les marches du trône, — et ce n'est pas peu dire, car le libertinage occupa toujours le trône, — qui, dans l'intérêt de sa politique, se fit chrétien. Immédiatement on changea, on tritura le christianisme et on lui donna une forme convenable. Les chrétiens obtinrent les meilleures places dans l'Etat et finalement les vrais et sincères chrétiens, tels que les ébionites et d'autres, furent exclus, comme hérétiques, de la communauté chrétienne.

De nos jours également nous voyons comment les plus forts se préparent à s'emparer du socialisme. On présente la doctrine sous toutes sortes de formes et peut-être, selon l'occasion, le soi-disant socialisme triomphera mais de nouveau les vrais socialistes seront excommuniés et exclus, comme hostiles aux projets des social-démocrates appelés au gouvernement.

Le triomphe de la social-démocratie sera alors la défaite du socialisme, comme la victoire de l'église chrétienne constitua la chute du principe chrétien. Déjà les congrès internationaux ressemblent à des conciles *économiques*, où le parti triomphant expulse ceux qui pensent autrement.

Déjà, la censure est appliquée à tout écrit socialiste : après seulement que Bernstein, à Londres, l'a examiné et qu'Engels y a apposé le sceau de « doctrine pure », l'écrit est accepté et l'on s'occupe de le vulgariser parmi les coreligionnaires.

Le cadre dans lequel on mettra la social-démocratie est déjà prêt : alors ce sera complet. Y peut-on quelque chose ? Qui le dira ? En tout cas, nous avons donné l'alarme et nous verrons vers quelle tendance le socialisme se développera.

On peut aller loin encore. Un jour Caprivi appela Bebel assez plaisamment « *Regierungskommissarius* » et quoique Bebel ait répondu : « Nous n'avons pas parlé comme commissaire du gouvernement, mais le gouvernement a parlé dans le sens de la social-démocratie ». cela prouve de part et d'autre un rapprochement significatif.

Rien d'étonnant que le mot hardi « Pas un homme ni un groschen au gouvernement actuel » soit perdu de vue, car Bebel a déjà promis son appui au gouvernement lorsque, à propos de la poudre sans fumée, celui-ci voulut conclure un emprunt pour des uniformes noirs. Quand on donne au militarisme une phalange, il prend le doigt, la main, le bras, le corps entier. Aujourd'hui l'on vote les crédits pour des uniformes noirs, demain pour des canons perfectionnés, après-demain pour l'augmentation de l'effectif de l'armée, etc., toujours sur les mêmes bases.

Oui, l'affaiblissement des principes prit une telle extension à mesure qu'un plus grand nombre de voix s'obtenait aux élections, que la bourgeoisie trouva parfaitement inutile de laisser en vigueur la loi contre les socialistes. On ne sera pas assez naïf pour supposer qu'elle abolit la loi par esprit de justice ! Le non-danger de la social-démocratie permit cette abolition... Et les événements qui suivirent ne prouvèrent-ils pas que le gouvernement avait vu juste ? L'affaiblissement du parti n'a-t-il pas depuis lors marché à pas de géant ?

Liebknecht écrivait en 1874 (*Ueber die politische Stellung*) :

« Toute tentative d'action au Parlement, de collaboration à la législation, suppose nécessairement un abandon de notre principe, nous conduit sur la pente du compromis et du « parlementage », enfin dans le marécage infect du parlementarisme qui, par ses miasmes, tue tout ce qui est sain. »

Et la conséquence ? Coopérons quand même à la besogne. Cette conclusion est en opposition flagrante avec les prémisses, et l'on s'étonne qu'un penseur comme Liebknecht ne sente pas qu'il démolit par sa conclusion, tout l'échafaudage de son raisonnement. Comprenne qui pourra. Très instructives sont les réflexions suivantes de Steck pour caractériser les deux courants, parlementaire et révolutionnaire [1] :

« Le courant réformiste arriverait également au pouvoir politique comme parti bourgeois. A cette fin, il ne reste pas tout à fait isolé, évite de proclamer un programme de principes et s'avance, toujours confondu, quoique avec une certaine instabilité, avec d'autres partis bourgeois. Il n'a pas de frontières bien délimitées, ni à droite ni à gauche. Partiellement, par-ci, par-là, et rarement, apparaît son caractère social-démocratique. Presque toujours il se présente comme parti démocratique, parti économique-démocratique ou parti ouvrier et démocratique.

» La démocratie réformiste aspire toujours à la réalisation des réformes immédiates, comme si c'était son but unique. Elle les adapte, suivant leur caractère, à l'existence et aux tendances des partis

1. « La Politique de la social-démocratie », conférence par A Steck. (*Social-demokrat* suisse.)

bourgeois. Elle recherche une alliance avec eux si elle est possible, c'est-à-dire avec les éléments les plus progressistes. De cette manière elle se présente seule comme étant à la TÊTE DU PROGRÈS BOURGEOIS. Il n'y a aucun abîme entre elle et les fractions progressistes des partis. parce que chez elle non plus n'est mis en avant le principe révolutionnaire du programme social-démocratique. Cette tactique du courant réformiste amène un succès après l'autre ; seulement ces succès, mesurés a l'aune de notre programme de principes, sont bien minces, souvent même très douteux. On peut ajouter qu'ils paraissent tout au plus favoriser la social-démocratie au lieu de l'entraîner.

» On ne doit pas se figurer cependant que les détails de cette tactique soient sans importance. Le danger de dévier du but principal social-démocratique est grand, quoique moindre chez les meneurs, qui connaissent bien le chemin, que chez la masse conduite. L'affaiblissement de l'idéal social-démocratique est imminent. et d'autant plus que les conséquences immédiates. à cause du triomphe, seront taxées plus haut que leur valeur.

» Ensuite, il est difficile d'éviter que cet embourgeoisement nuise à la *propagande pour les principes de la social-démocratie* et l'empêche de se développer. Maintes fois les réformateurs se trouvent forcés, dans la pratique, de renier plus ou moins ces principes.

» Si cette tendance social-démocratique réformiste l'emportait exclusivement, elle arriverait facilement à d'autres conséquences que celles où veut en venir le programme social-démocratique; peut-être, comme il a été dit déjà, le résultat serait-il un compromis avec la bourgeoisie sur les bases d'un ordre social capitaliste adouci et affaibli. Cet état de choses, limitant les privilèges, augmenterait notablement le nombre des privilégiés en apportant le bien-être à un grand nombre de personnes actuellement exploitées et dépendantes, mais laisserait toujours une masse exploitée et dépendante, fût-ce même dans une situation un peu meilleure que celle de la classe travailleuse non possédante.

» CE NE SERAIT PAS LA PREMIÈRE FOIS QU'UNE RÉVOLUTION SATISFERAIT UNE PARTIE DES OPPRIMÉS AU DÉTRIMENT DE L'AUTRE PARTIE. Il est, d'ailleurs, tout à fait dans l'ordre d'idées des réformateurs de ne pas renverser le capitalisme, mais de le transformer et, en outre, de donner au socialisme seulement le « droit possible » inévitable.

» A l'encontre de la remarque que le prolétariat organisé ne se contentera pas d'une demi-réussite, mais saura, en dépit des meneurs, aller jusqu'au bout de ses revendications, vient cette vérité que selon la marche des événements le prolétariat lui-même sera peu à peu divisé et qu'une soi-disant « classe meilleure » sortira de ses rangs, ayant la force d'empêcher des mesures plus radicales. Un œil exercé peut déjà apercevoir par-ci par-là des symptômes de cette division.

» Le parti révolutionnaire, au contraire, « veut seulement accomplir la conquête du pouvoir politique au nom de la social-démocratie. En mettant son but à l'avant-plan, il sera forcé, pendant longtemps, de lutter comme minorité, de subir défaite sur défaite et de supporter de rudes persécutions. Le triomphe final du parti social-démocratique n'en sera que plus pur et plus complet. »

Steck reconnaît également que « DANS LE FOND, *la tendance révolutionnaire est la plus juste* ». « Notre parti, dit-il, doit être révolutionnaire, en tant qu'il possède une volonté décidément révolutionnaire et qu'il en donne le témoignage dans toutes ses déclarations et ses agissements politiques. Que notre propagande et nos revendications soient toujours révolutionnaires. Pensons continuellement à notre grand but et agissons seulement comme il l'exige. Le chemin droit est le meilleur. Soyons et restons toujours, dans la vie comme dans la mort, des social-démocrates révolutionnaires et rien d'autre. Le reste se fera bien. »

Maintenant, il existe encore deux points de vue chez les parlementaires, notamment : il y en a qui veulent la conquête du pouvoir politique pour s'emparer par là du pouvoir économique ; cela constitue la tactique de la social-démocratie allemande actuelle, d'après les déclarations formelles de Bebel, Liebknecht et leurs acolytes. D'un autre côté se trouvent ceux qui veulent bien participer à l'action politique et parlementaire, mais seulement dans un but d'agitation. Donc, les élections sont pour eux un moyen d'agitation. C'est toujours de la demi-besogne. Il faut qu'une porte soit ouverte ou fermée. On commence par proposer des candidats de protestation ; si le mouvement augmente, ils deviennent des candidats sérieux. Une fois élus, les députés socialistes prennent une attitude négative, mais, leur nombre augmentant, ils sont bien forcés de présenter des projets de loi. Et s'ils veulent les faire accepter, ce ne sera qu'en proposant des compromis, comme Singer l'a fait remarquer. C'est le premier pas qui coûte et une fois sur la pente on est forcé de descendre. Le programme pratique voté à Erfurt n'est-il pas à peu près littéralement celui des radicaux français ? Les ordres du jour des derniers congrès internationaux portaient-ils un seul point qui fût spécifiquement socialiste ? Le véritable principe socialiste devient de plus en plus une enseigne pour un avenir éloigné, et en attendant on travaille aux revendications pratiques, ce que l'on peut faire parfaitement avec les radicaux.

On se représente la chose un peu naïvement. Voici la base du raisonnement des parlementaires : il faut tâcher d'obtenir parmi les électeurs une majorité ; ceux-ci enverront des socialistes au Parlement et si nous parvenons à y avoir la majorité plus un, tout est dit. Il n'y a plus qu'à faire des lois, à notre guise, dans l'intérêt général.

Même, en faisant abstraction de ce fait qu'on rencontre dans presque tous les pays une deuxième ou plutôt une cinquième roue au chariot, c'est-à-dire une Chambre des lords, ou Sénat, ou première Chambre, dont les membres sont toujours les plus purs représentants de l'argent, personne ne sera assez naïf de croire que le pouvoir exécutif sera porté à se conformer docilement aux désirs d'une majorité socialiste des Chambres. Voici comment Liebknecht ridiculise cette opinion [1] :

« Supposons que le gouvernement ne fasse pas usage de son droit, soit par conviction de sa force, soit par esprit de calcul, et qu'on en arrive (comme c'est le rêve de quelques politiciens socialistes fantaisistes) à constituer au Parlement une majorité social-démocratique ; que ferait-elle ? *Hic Rodhus, hic salta!* Le moment est arrivé de réformer la société et l'Etat. La majorité prend une décision datant dans les annales de l'histoire universelle : les nouveaux temps sont arrivés ! Oh, rien de tout cela... Une compagnie de soldats chasse la majorité social-démocratique hors du temple et si ces messieurs ne se laissent pas faire docilement, quelques agents de police les conduiront

1. *Ueber die politische Stellung*, pp. 11 et 12.

à la *Stadtvoigtei*[1] » où ils auront le temps de réfléchir à leur conduite don-quichottesque.

» LES RÉVOLUTIONS NE SE FONT PAS AVEC LA PERMISSION DE L'AUTORITÉ : L'IDÉE SOCIALISTE EST IRRÉALISABLE DANS LE CERCLE DE L'ÉTAT EXISTANT : ELLE DOIT S'ABOLIR POUR ENTRER DANS LA VIE.

» *A bas le culte du suffrage universel et direct!*

» Prenons une part énergique aux élections, mais seulement comme *moyen d'agitation* et n'oublions pas de déclarer que l'urne électorale ne peut donner naissance à l'État démocratique. Le suffrage universel acquerra son influence définitive sur l'État et la société. *immédiatement après* l'abolition de l'Etat policier et militaire. »

Les faits sont présentés sobrement mais avec vérité. Il en sera ainsi, en effet. Car personne n'est assez naïf pour croire que la classe possédante renoncera volontairement à la propriété ou que cette réforme puisse être obtenue par décret du Parlement. D'abord, on représente l'action politique comme moyen d'agitation, mais une fois sur la pente, on glisse. Liebknecht, lors de la réunion du parti à Saint-Gall, ne dit-il pas : « Il ne peut exister d'erreur sur le point que, une fois électeurs, nous aurions à donner non seulement une signification agitative mais également positive aux élections et à l'action parlementaire ». Marchons donc pour réaliser ce but d'agitation.

Vollmar, sous ce rapport, fut le plus conséquent parmi les social-démocrates allemands, et ses propositions indiquent de plus en plus la ligne de conduite que ceux-ci devront suivre à l'avenir[2].

Le parlementarisme, comme système, est défectueux

1. Préfecture.

2. Voir « Les divers courants de la démocratie socialiste allemande ».

même si l'on tâchait de l'améliorer, ce serait peine perdue. L'ouvrage de Leverdays, *Les Assemblées parlantes*, est sous ce rapport très instructif et la question y est traitée à fond. Pourquoi les parlementaires ne tâchent-ils pas de réfuter ce livre ? Les Chambres ou Parlements ressemblent beaucoup à un moulin à paroles ou, comme dit Leverdays, à « un gouvernement de bavards à portes ouvertes ». Un bon député, ne s'en tenant qu'à sa *propre* expérience, ses *propres* intentions et sa *propre* conviction, devrait être au moins aussi capable que l'ensemble des ministres, aidés par les employés spéciaux de leurs ministères. On doit savoir juger de tout, car les choses les plus diverses et les plus disparates viennent à l'ordre du jour d'un Parlement. Il faut être au moins une encyclopédie vivante. Quel supplice pour le député qui se donne pour devoir — et il doit le faire ! — d'écouter tous les discours.

« A La Haye, à la *Gevangenpoort* [1], le geôlier vous raconte qu'en des temps plus barbares, les criminels étaient jetés à terre sur le dos, et qu'on faisait tomber de l'eau, goutte à goutte, du plafond sur leur tête. Et le brave homme ajoute toujours que c'est là le plus *cruel* supplice.

Eh bien, ce cruel supplice est transporté au *Binnenhof* [2], et un bon député subit journellement le martyre et le tourment de sentir tomber cette goutte d'eau continuelle, non sur sa tête, mais à son oreille, sous la forme de *speeches* d'honorables confrères.

» L'orateur peut seul, de temps en temps, prendre haleine : de là probablement le phénomène que ce-

1. Ancienne prison pour délinquants politiques.
2. La place où se trouve la Chambre des députés.

lui qui parle tire en longueur ses « prises d'haleine » aux dépens de ses honorables confrères [1] ».

On a vu que cela n'allait guère; aussi a-t-on inventé toutes sortes de diversions afin de se rendre la vie supportable. On avait le buffet pour se reposer, on avait le système de « la spécialité », auquel on se soumettait en parlant et en votant. on avait des membres *actifs* et *votants*. Ajoutons à cela qu'il fallait s'enfermer dans les limites d'un parti, car celui qui était isolé et travaillait individuellement, manquait absolument d'influence.

Au sujet des Parlements, on pourrait citer cette parole de Mirabeau : « *Ils veulent toujours et ne font jamais.* » Leverdays également mérite d'être médité : « Les Hollandais de nos jours, pour résister à la conquête, ne rompraient plus leurs digues comme au temps de Louis XIV. Nos Hollandais de la politique n'ouvrent pas pour noyer l'ennemi la digue à la Révolution. Sauvons la patrie, s'il se peut, mais à tout prix conservons l'*ordre!* En d'autres termes, plutôt l'ennemi au dehors que la justice au dedans ! Et c'est ainsi qu'on ment aux peuples pour les livrer comme un bétail. En général, tant que la défense d'un peuple envahi reste aux mains des gens *respectables*, vous pouvez prédire à coup sûr qu'il est perdu, car ils trahissent. »

Il y a connexion entre liberté économique et liberté politique, de sorte qu'à chaque nouvelle phase économique de la vie correspond une nouvelle phase politique. Kropotkine l'a très bien démontré. La monarchie absolue dans la politique s'accorde avec le système de l'esclavage personnel et du servage dans l'économie. Le système représentatif en politique cor-

1. Citation d'un ex-membre, de la Chambre, plein de talent, Dr A. Kuyper.

respond au système mercenaire. Toutefois, ils constituent deux formes différentes d'un même principe. Un nouveau mode de production ne peut jamais s'accorder avec un ancien mode de consommation, et ne peut non plus s'accorder des formes surannées de l'organisation politique. Dans la société où la différence entre capitaliste et ouvrier disparaît, il n'y a pas de nécessité d'un gouvernement : ce serait un anachronisme, un obstacle. Des ouvriers libres demandent une organisation libre, et celle-ci est incompatible avec la suprématie d'individus dans l'Etat. Le système non capitaliste comprend en soi le système non gouvernemental.

Les chemins suivis par les deux socialismes n'aboutissent pas au même point ; non, ce sont des chemins parallèles qui ne se joindront jamais.

Le socialisme parlementaire doit aboutir au socialisme de l'Etat. Les socialistes parlementaires ne s'en aperçoivent pas encore. En effet, les social-démocrates ont déclaré à Berlin que social-démocratie et socialisme d'Etat sont des « antithèses irréconciliables ». Mais l'on commence par les chemins de fer de l'Etat, les pharmacies de l'Etat, assurance par l'Etat, etc., pour en arriver plus tard aux médicaments de l'Etat, à la moralité de l'Etat, à l'éducation de l'Etat. Les socialistes d'Etat ou socialistes parlementaires ne veulent PAS L'ABOLITION de l'Etat, mais la centralisation de la production aux mains du gouvernement, c'est-à-dire : l'Etat ORDONNATEUR GÉNÉRAL (*alregelaar*) DANS L'INDUSTRIE. Ne cite-on pas Glasgow et son organisation communale comme exemple de socialisme pratique ? Emile Vandervelde, dans sa brochure *Le Collectivisme*, signale le même cas. Eh bien, si c'est là le modèle, les espérances de ce socialisme pratique ne sont pas fort grandes. En effet, l'armée des sans-travail y est immense; la population y vit entassée. Le même auteur cite encore le mouvement coopératif en Belgique, à Bruxelles, à Gand, à Jolimont, et dit qu'on pourrait l'appeler le collectivisme spontané. Tous ces échantillons constituent des exemples plutôt rebutants qu'attirants pour celui qui ne s'arrête pas à la surface, mais veut pénétrer jusqu'au fond les choses. Partout où fleurit le mouvement coopératif, c'est au détriment du socialisme, à moins que, comme à Gand, par exemple, l'on n'appelle les coopérateurs des socialistes. Là également ceux d'en bas règnent en apparence, quand, en réalité, ce sont ceux d'en haut, et la liberté disparaît comme dans les ateliers de l'Etat.

Liebknecht, voyant le danger, a dit à Berlin[1] :

« Croyez-vous qu'il ne serait pas très agréable à la plupart des fabricants de coton anglais que leur industrie passât aux mains de l'Etat ? Surtout en ce qui concerne les mines, l'Etat, dans un délai plus ou moins rapproché, se verra forcé de les reprendre. Et chaque jour le nombre des capitalistes privés qui résistent deviendra plus petit. Non seulement toute l'industrie, mais également l'agriculture pourrait, avec le temps, devenir propriété d'Etat ; cela ne se trouve aucunement en dehors des choses possibles, comme on l'a cru. Si, en Allemagne, on prenait aux grands propriétaires (qui se plaignent toujours de ne pouvoir exister) leurs terres au nom de l'Etat, en leur octroyant des indemnités convenables et le droit de devenir, en un certain sens, des satrapes de l'Etat (comme les satrapes de l'ancien royaume des Perses) en qualité de chefs suprêmes des petits bourgeois et des travailleurs de la campagne, pour diriger l'agriculture, — ne serait-

1. *Protokoll Berlin*, p. 179.

ce pas une grande amélioration pour les seigneurs et croyez-vous que cela ne soit venu déjà souvent à l'idée des plus intelligents parmi les nobles ? Evidemment ils s'empresseraient de consentir, car ils gagneraient aussi bien en influence qu'en revenus ; mais cela s'aperçoit facilement au fond du socialisme d'Etat. L'idée ne doit pas être écartée comme étant complètement du domaine des chimères. »

Oh ! quand la classe disparaissante des industriels et des propriétaires s'apercevra que le socialisme est une issue excellente pour eux, afin de faire reprendre par l'Etat, moyennant indemnité convenable, leur succession à moitié en faillite, ils arriveront en rangs serrés pour embrasser le socialisme pratique. Nous voyons qu'Emile Vandervelde déclare déjà que « la grande industrie doit être le domaine du collectivisme et c'est pourquoi le parti ouvrier demande et se borne à demander l'*expropriation* pour cause d'utilité publique des mines, des carrières, du sous-sol en général ainsi que des grands moyens de production et de transport. » Ainsi les petits peuvent se tranquilliser, car « la petite industrie et le petit commerce constituent le domaine de l'association libre » et les grands n'ont rien à craindre : si les affaires marchent mal, ils seront contents de s'en défaire contre indemnité. (Cf. *le Collectivisme*, p. 7.) Kautsky prédit la même chose aux petits bourgeois, dont, avant tout, l'on ne peut perdre les voix aux élections, quand il dit : « La transition à la société socialiste n'a aucunement comme condition l'expropriation de la petite industrie et des petits paysans. Cette transition, non seulement ne leur prendra rien, mais leur apportera au contraire certains profits. » (*Das Erfurter Programm in seinem grundstüzlichen Theil erlautert von* K. Kautsky, p. 150.) Ce danger, Liebknecht le voit parfaitement bien et la dernière bataille n'est pas livrée entre la social-démocratie et le socialisme d'Etat ; mais il ne voit pas qu'il est impossible que le socialisme parlementaire se contente de l'action parlementaire comme but d'agitation, il doit avoir également un but positif — Liebknecht l'a démontré à la réunion du parti à Saint-Gall — et s'engagera forcément dans le sillage du socialisme d'Etat. A la réunion du parti à Berlin, Bebel en avait assez et déclara « qu'il n'était aucunement d'accord avec les théories de Liebknecht sur la signification du socialisme d'Etat ».

Quel galimatias dans la définition de l'Etat. Liebknecht appelle d'abord le socialisme d'Etat « *eminent staatsbildend* » et plus loin il y voit une « *staatsstürzende Kraft* » [1]. Tantôt l'on dit : « Nous, les socialistes, nous voulons sauver l'Etat en le transformant et vous, qui voulez conserver la société anarchiste existante, vous ruinez l'Etat actuel par la tactique que vous suivez » ; et encore : « l'Etat actuel ne peut se rajeunir qu'en conduisant le socialisme sur le chemin de la législation... La social-démocratie constitue justement le parti sur lequel l'Etat devrait s'appuyer tout d'abord, s'il y avait réellement des hommes d'Etat au pouvoir ». Quelle différence avec la parole fière : « Le socialisme n'est plus une question de théorie, mais simplement une question brûlante qu'on ne pourra résoudre au Parlement, mais dans la rue, sur le champ de bataille ! » Tantôt Bebel tient « la réforme sociale de la part de l'Etat pour excessivement importante », ensuite il lui attribue une valeur éphémère. Une autre fois il considère la chute de la société bourgeoise « comme très proche » et conseille fortement la discussion des questions de principes et puis il est

1. *Eminent staatsbildend* : développant l'Etat éminemment ; *staatsstürzende Kraft* : force pour renverser l'Etat.

partisan de réformes pratiques, parce que la société bourgeoise est encore solidement constituée et que « la discussion sur des questions de principes ferait naître l'idée que la transformation de la société est prochaine ». On critique ceux qui, dans leur impatience, pensent que la révolution est proche et pourtant Bebel et Engels ont déjà fixé une date, l'an 1898 notamment, comme l'année du salut, l'année de la victoire, par la voie parlementaire, au moyen de l'urne électorale. Est-ce là peut-être le grand « *Kladderadatsch* » qu'il croit proche ?

Liebknecht parle même de « l'enracinement (*hineinwachsen*) dans la société socialiste ». Il croit maintenant qu'il est « possible d'arriver, par la voie des réformes, à la solution de la question sociale ». Est-ce que l'Etat, l'Etat actuel, peut le faire ? Marx et Engels se trompaient-ils quand ils enseignaient « que l'Etat est l'organisation des possédants pour l'asservissement des non-possédants » ? Marx ne dit-il pas avec raison « que l'Etat, pour abolir le paupérisme, doit s'abolir lui-même, car l'essence du mal gît dans l'existence même de l'Etat » ! Et Kautsky ne combattait-il pas Liebknecht lorsqu'il écrivait dans la *Neue Zeit* :

« Le pouvoir politique proprement dit est le pouvoir organisé d'une classe pour en opprimer une autre. (*Manifeste communiste.*) L'expression « Etat de classes » pour désigner l'Etat existant, nous paraît mal choisie. Existe-t-il un autre Etat ? On me cite « l'Etat populaire (*Volksstaat*) », c'est-à-dire l'Etat conquis par le prolétariat. Mais celui-ci également sera un « Etat de classes ». Le prolétariat dominera les autres classes. *Il existera une grande différence en comparaison des Etats actuels :* l'intérêt de classe du prolétariat exige l'abolition de toute différence de classes. Le prolétariat ne pourra se servir de sa suprématie que pour écarter, aussi vite que possible, les bases d'une séparation de classes, c'est-à-dire que le prolétariat s'emparera de l'Etat, non pour en faire un Etat « vrai ». mais pour l'abolir ; non pour remplir le « véritable » but de l'Etat, mais pour rendre l'Etat « sans but ».

Comparez cette citation avec celles de Liebknecht et de Bebel et vous verrez qu'elles se contredisent absolument. L'une est l'essence du socialisme d'Etat contre laquelle l'autre doit lutter. Il faut choisir pourtant : *Ou* nous travaillons — comme dit Bebel — à réaliser tout ce qui est possible sur le terrain des réformes et améliorer autant que faire se peut la situation des travailleurs. sur la base des conditions sociales existantes ; et ceci constitue la « *praktisch eintreten* (l'intervention pratique) » par laquelle la social-démocratie allemande obtient aux élections un si grand nombre de voix ; — ou l'on part de l'idée que, sur la base des conditions sociales existantes, la situation des travailleurs ne peut être améliorée. Choisit-on la première hypothèse, on prolonge les souffrances du prolétariat, car toutes ces réformes ne servent qu'à fortifier la société existante. Et Bebel veut quand même reconnaître, pour ne pas être en contradiction avec Engels, qu'en dernière instance il faut en arriver à l'abolition de l'Etat. « la constitution d'une orga- » nisation de gouvernement qui ne soit autre chose » qu'un guide pour le commerce de production et » d'échange, c'est-à-dire une organisation qui n'a rien » de commun avec l'Etat actuel ». En somme, pratiquement on travaille à consolider l'Etat actuel, et en principe on accorde qu'il faut en arriver à l'abolition de l'Etat. Cela n'a ni rime ni raison.

Bebel dit au Parlement : « Je suis convaincu que, si l'évolution de la société actuelle se continue paisiblement, de telle façon qu'elle puisse atteindre son plus haut point de développement, il est possible que la transformation de la société actuelle en société socialiste se fasse également paisiblement et relativement vite ; c'est ainsi que les Français, en 1870, devinrent républicains et se débarrassèrent de Napoléon, après qu'il eut été battu et fait prisonnier à Sedan. » Quelle autre signification peut-on donner à cette phrase que : Si tout se passe paisiblement, tout se passe paisiblement ? Nommons des hommes capables pour remplir leurs fonctions — c'est le terme employé. — Comme si c'étaient les hommes et non le système qui est défectueux. N'est-on pas forcé de respirer de l'air vicié en entrant dans une chambre dont l'atmosphère est viciée ? C'est la même chose que si l'on disait : Je suis convaincu que, si les oiseaux ne s'envolent pas, nous les attraperons ; quand nous leur mettrons du sel sur la queue, nous les attraperons. Quand... mais voilà justement ce qu'on ne fait pas. Et ces paroles sont dangereuses car elles créent chez les travailleurs l'idée qu'en effet tout peut se passer paisiblement et une fois cette idée ancrée, le caractère révolutionnaire disparaît. Frohme, député allemand, ne dit-il pas que « *vernünftigerweise* (raisonnablement) » il ne peut venir à l'idée de la social-démocratie allemande de « vouloir abolir l'Etat » ? Ne lit-on pas dans le *Hamburger Echo* du 15 novembre 1890 :

« Nous déclarons franchement à M. le chancelier que nous lui dénions le droit de dénoncer la social-démocratie comme un parti menaçant l'Etat. Nous ne combattons pas l'Etat, mais les institutions de l'Etat et de la société qui ne s'accordent pas avec la véritable conception de l'Etat et de la société et avec sa mission. C'est nous, les social-démocrates, qui voulons ériger l'Etat dans toute sa grandeur et toute sa pureté. Nous défendons cela sans équivoque depuis plus d'un quart de siècle et M. le chancelier von Caprivi devrait bien le savoir. Là seulement où règne la véritable conception de l'Etat, existe le véritable amour de l'Etat. »

Quand nous entendons parler et lisons les définitions du « véritable socialisme », de la « véritable conception de l'Etat », nous pensons toujours au temps du « véritable christianisme ». Il est regrettable que, de même qu'il y a eu vingt, cent véritables christianismes qui s'excluaient et s'excommuniaient mutuellement, il existe actuellement vingt et plus de véritables socialismes. Nous aurions dû oublier depuis longtemps ces bêtises, mais, hélas! cela n'est pas.

Non seulement l'Etat ne peut être conservé, mais il se montrera à peine sous sa véritable forme à l'avénement du socialisme. Non, cette action possibiliste, opportuniste, réformiste-parlementariste ne sert à rien et étouffe chez les travailleurs l'idée révolutionnaire que Marx tâcha de leur inculquer.

Comme des enfants, nous attribuons, en politique, à des personnages et à des partis corrompus ce qui, en réalité, n'est que le produit de situations générales profondes. Quelles garanties possédons-nous que ces hommes de notre parti feront mieux que leurs devanciers ? Sont-ils invulnérables ? Non. Les autres ont été corrompus et les nôtres le seront également, parce que l'homme est le produit des circonstances et subit par conséquent l'influence du milieu où il vit.

Engels a jugé si sévèrement l'action pratique dans les parlements, que nous ne pouvons comprendre comment il en arrive à ratifier la tactique du parti social-démocrate allemand. Voilà ce qu'il disait : « Une espèce de socialisme petit-bourgeois a ses représentants dans le parti social-démocratique, même en la fraction parlementaire; et d'une telle manière, que l'on reconnaît, il est vrai, comme justes les principes du socialisme moderne et le changement de tous les moyens de production en propriété collective, mais que l'on ne croit à leur réalisation possible que dans un avenir éloigné, pratiquement indéfinissable. C'est tout simplement du replâtrage social et, le cas échéant, on peut sympathiser avec la tendance réactionnaire pour le soi-disant « relèvement des classes travailleuses ».

C'est ce que nous avons toujours affirmé. L'abolition de la propriété privée devient l'enseigne que l'on montre de loin et pendant ce temps on s'occupe des revendications pratiques. Et il est triste de constater que même des hommes comme Liebknecht travaillent dans ce sens. Voici ce qu'il affirmait lors du Congrès international de Paris, en 1889 : « Les réformes pratiques, les réformes immédiatement réalisables et apportant une utilité directe, se mettent à l'avant-plan et elles en ont d'autant plus le droit qu'elles possèdent une force de recrutement pour amener de plus en plus la classe ouvrière dans le courant socialiste et frayer ainsi la route au socialisme. » C'est-à-dire les socialistes sont des agents de recrutement! Que devient la phrase : « *Wer mit Feinden parlamentelt, parlamentirt; wer parlamentirt, paktirt* » [1] ?

De cette manière l'on descend de plus en plus la pente où entraîne cette façon d'agir et l'on arrive à formuler un programme agricole, comme celui admis au Congrès ouvrier de Marseille, en 1892, où figurent « l'abolition des droits de mutation pour les propriétés d'une valeur moindre de 5000 francs » ainsi

1. Celui qui pactise avec ses ennemis, parlemente; celui qui parlemente, pactise.

que « la révision du cadastre, et, en attendant cette mesure générale, la révision en parcelles par les communes ». Un programme pareil a été accepté également par le parti ouvrier belge et le programme des social-démocrates suisses a les mêmes tendances. C'est ce qu'on appelle le socialisme petit-bourgeois.

L'Etat a toujours été l'instrument de force des oppresseurs contre les opprimés. De là provient que « la classe ouvrière ne peut prendre possession de la machine de l'Etat, afin de l'utiliser pour ses propres besoins ». Nous lisons dans l'avant-propos de l'adresse d'Engels de 1891 :

« D'après la conception philosophique, l'Etat est la « réalisation de l'idée » du royaume de Dieu sur terre, le domaine où l'éternelle vérité et l'éternelle justice se réalisent ou doivent se réaliser. Il en résulte une vénération superstitieuse pour l'Etat et pour tout ce qui est en rapport avec lui, qui se manifeste d'autant plus aisément qu'on s'est habitué, dès l'enfance, à la supposition que les affaires et les intérêts communs de toute la société ne peuvent être soignés autrement qu'ils l'ont été jusqu'ici, c'est-à-dire par l'Etat et ses employés bien rémunérés. Et l'on croit avoir fait un grand pas en avant lorsqu'on s'est affranchi de la croyance en la monarchie héréditaire et que l'on ne se réclame que de la république démocratique. En réalité l'Etat n'est autre chose qu'un instrument d'oppression d'une classe sur l'autre, et non moins sous la république démocratique que sous la monarchie ; et en tout cas c'est un mal que, dans la lutte pour la suprématie des classes, ne pourra éviter le prolétariat triomphant, pas plus que la Commune n'a pu le faire ; tout au plus en émoussera-t-on aussi vite que possible les angles les plus saillants jusqu'au moment où une génération future, élevée dans des conditions sociales nouvelles et libres, sera assez puissante pour se débarrasser du fatras de l'Etat. »

Engels écrit dans le même sens en plusieurs de ses livres scientifiques et nous croyons rendre service à nos lecteurs en citant ces extraits. Dans son importante brochure : *Ursprung der Familie, des Privateigenthums und des Staates* [1], pp. 139-140, il dit :

« L'Etat n'existe donc pas de toute éternité. Il y a eu des sociétés qui existaient sans Etat, ignorant complètement l'Etat et le pouvoir de l'Etat. A un certain degré de développement économique, lié nécessairement à la séparation en classes de la société, l'Etat, par suite de cette division, devint une nécessité. Nous approchons maintenant avec rapidité d'un degré de développement dans la production où l'existence de ces classes a non seulement cessé d'être une nécessité, mais constitue un obstacle positif à la production. Ces classes disparaîtront inéluctablement de la même manière qu'elles sont nées jadis. Avec elles disparaîtra également l'Etat. La société organisera de nouveau la production sur les bases de l'association libre et égale des producteurs et relèguera la machine de l'Etat à la place qui lui convient : le musée archéologique, à côté du rouet et de la hache de bronze. »

C'est le développement de l'Etat dans les classes et cette manière de voir est partagée par les anarchistes, Dans son autre brochure : *Dühring's Umwalzung der Wissenschaft*, pp. 267-268, il dit :

« L'Etat était le représentant officiel de toute la société, sa personnification en un corps visible, mais seulement en tant qu'il était l'Etat, de la classe qui représentait elle-même, pour lui, toute la société. Lorsqu'il devient réellement le représentant de toute la société,

1. *De l'origine de la Famille, de la Propriété privée et de l'Etat.*

il devient superflu. Dès qu'il n'y a plus de classes sociales à opprimer, dès que disparaissent la suprématie des classes et la lutte pour la vie, avec ses antagonismes et ses extravagances résultant de l'anarchie dominant la production, il n'y a plus rien a réprimer, rien ne réclamant des mesures d'oppression. Le premier acte posé par l'Etat représentant en réalité toute la société, — la prise de possession des moyens de production au nom de la société, — est en même temps le dernier acte posé en sa qualité d'Etat. L'intrusion d'un pouvoir d'Etat dans les situations sociales devient superflue successivement sous tous les rapports et disparaît d'elle-même. Au lieu d'un gouvernement de personnes surgit un gouvernement d'affaires réglant la production. L'Etat n'est « pas aboli », il se meurt. C'est à ce point de vue-là que doit être considéré « l'Etat libre populaire », aussi bien après son droit d'agitation temporaire qu'après sa finale insuffisance scientifique, ainsi que la revendication soi-disant anarchiste affirmant qu'à un certain moment l'Etat sera aboli. »

Il est curieux de constater qu'Engels, qui combat les anarchistes, est lui-même anarchiste dans sa conception du rôle de l'Etat. Sa pensée est anarchiste, mais par les liens du passé il se trouve attaché à la social-démocratie allemande.

La nouvelle édition de quelques études, *Internationales aus dem Volksstaat* (1871-1875), comprend un avant-propos d'Engels dans lequel il dit que dans ces études il s'est toujours à dessein appelé communiste et quoiqu'il accepte la dénomination de social-démocrate, il la trouve hors de propos pour un parti « dont le programme économique est non seulement complètement socialiste, mais directement communiste, et dont le but politique final est la disparition de l'Etat, donc également de la démocratie ».

Quelle différence y a-t-il avec l'opinion de Kropotkine lorsqu'il dit dans son *Etude sur la révolution* :

« L'abolition de l'Etat, voilà la tâche qui s'impose au révolutionnaire, à celui du moins qui a l'audace de la pensée, sans laquelle on ne fait pas de révolutions. En cela, il a contre lui toutes les traditions de la bourgeoisie. Mais il a pour lui toute l'évolution de l'humanité qui nous impose à ce moment historique de nous affranchir d'une forme de groupement, rendue, peut-être, nécessaire par l'ignorance des temps passés, mais devenue hostile désormais à tout progrès ultérieur. »

Du reste on s'aperçoit à quel degré l'on veut masquer cette évolution en combattant ceux qui l'ont dénoncée. Quoique l'ancienne Internationale eût écrit dans ses statuts que « la lutte économique doit primer la lutte politique », les soi-disant marxistes proclament qu'il faut s'emparer du pouvoir politique pour triompher dans la lutte économique. Et *la Révolte* avait raison lorsqu'elle écrivait à ce propos [1] : « C'était mentir au principe de l'Internationale. C'était dire aux fondateurs de l'Internationale et surtout à Marx, qu'ils étaient des imbéciles en proclamant la prééminence de la lutte économique sur les luttes politiques. Que pouvaient gagner les meneurs bourgeois dans les luttes économiques ? Une augmentation de salaires ? Mais ils ne sont pas salariés. Une diminution des heures de travail ? Mais ils travaillent déjà chez eux, comme littérateurs ou comme fabricants ! Ils ne pouvaient profiter que de la lutte politique. Ils

1. *La Révolte*, 5e année, n° 5, du 14 au 23 octobre 1891.

cherchaient à y pousser les travailleurs. Les préjugés des travailleurs aidant, ils y réussirent. » Et ailleurs : « En effet, l'idée des marxistes est d'empêcher les travailleurs de s'occuper de lutte économique. La lutte économique, c'est bon pour des rêveurs comme Marx et Bakounine. En gens pratiques, ils s'occuperont de votes. Ils feront des alliances, les uns avec les conservateurs, les autres avec Guillaume II, et ils pousseront les leurs au parlement. C'est l'article premier, le point essentiel de la bible marxiste. »

Il paraît même qu'on s'abstient de parler du rôle de l'État ; il en résulte que généralement on évite l'écueil par quelques phrases générales, sans approfondir aucunement la question. Ce fut encore Kropotkine qui traita le problème au véritable point de vue dans son *Etude sur la Révolution* :

« Les bourgeois savaient ce qu'ils voulaient ; ils y avaient pensé depuis longtemps. Pendant de longues années, ils avaient nourri un idéal de gouvernement et quand le peuple se souleva, ils le firent travailler à la réalisation de leur idéal, en lui accordant quelques concessions secondaires sur certains points, tels que l'abolition des droits féodaux ou l'égalité devant la loi. Sans s'embrouiller dans les détails, les bourgeois avaient établi, bien avant la révolution, les grandes lignes de l'avenir. Pouvons-nous en dire autant des travailleurs? Malheureusement non. Dans tout le socialisme moderne et surtout dans sa fraction modérée, nous voyons une tendance prononcée à ne pas approfondir les principes de la société que l'on voudrait dégager de la révolution. Cela se comprend. Pour les modérés, parler révolution c'est déjà se compromettre et ils entrevoient que s'ils traçaient devant les travailleurs un simple plan de réformes, ils perdraient leurs plus ardents partisans. Aussi préfèrent-ils traiter avec mépris ceux qui parlent de société future ou cherchent à préciser l'œuvre de la révolution. On verra cela plus tard, on choisira les meilleurs hommes et ceux-ci feront tout pour le mieux! Voilà leur réponse. Et quant aux anarchistes, la crainte de se voir divisés sur des questions de société future et de paralyser l'élan révolutionnaire, opère dans un même sens ; on préfère généralement, entre travailleurs, renvoyer à plus tard les discussions que l'on nomme (à tort,bien entendu,) théoriques,et l'on oublie que peut-être dans un an ou deux on sera appelé à donner son avis sur toutes les questions de l'organisation de la société, depuis le fonctionnement des fours à pains jusqu'à celui des écoles ou de la défense du territoire — et que l'on n'aura même pas devant soi les modèles de l'antiquité dont s'inspiraient les révolutionnaires bourgeois du siècle passé. »

Il est vrai que c'est peine inutile de chercher à greffer des idées de liberté et de justice sur des coutumes surannées, décrépites. Vouloir élever un monument sur des fondations pourries n'est certes pas œuvre d'un bon architecte. Herbert Spencer, à ce point de vue dit avec raison : « Les briques d'une maison ne peuvent être utilisées d'une manière quelconque qu'après la démolition de cette maison. Si les briques sont jointes avec du mortier, il est très difficile de détruire leur assemblage. Et si le mortier est séculaire, la destruction de la masse compacte présentera de si grandes difficultés qu'une reconstruction avec des matériaux neufs sera plus économique qu'avec les vieux. »

Beaucoup ne saisissent pas la corrélation existant entre le pouvoir et la propriété. Ce sont là les deux colonnes fondamentales d'un même bâtiment, la société actuelle, or celui qui veut renverser l'une et laisser l'autre debout, ne fait que de la demi-besogne. En fait on n'a jamais osé se heurter à la machine de l'Etat ; on la reprit simplement sans comprendre que l'on introduisait dans ses propres remparts le cheval de Troie. Moritz Rittinghausen, dont l'ouvrage, *La Législation directe par le Peuple*, mérite d'être lu, mit le doigt sur la plaie lorsqu'il écrivit :

« Si vous vous trompez dans les moyens d'application, dans la question gouvernementale, votre révolution sera bientôt la proie des partis du passé, eussiez-vous les idées les plus saines, les plus justes en science sociale. Mieux vaudrait, nous n'hésitons pas à le dire, mieux vaudrait bien comprendre la nature, l'essence du gouvernement démocratique, sans se soucier beaucoup des réformes que ce gouvernement doit, du reste, nécessairement amener. »

Ici s'applique cette vérité du Nouveau Testament : « Personne ne met du vin nouveau dans de vieilles outres ; sinon les outres crèvent, le vin s'écoule et les outres sont perdues ; mais on met le vin nouveau dans des outres neuves pour conserver les deux ensemble. » L'oubli de ce principe fondamental a amené déjà beaucoup de maux dans le monde, car toujours on a voulu ciseler la nouvelle révolution sur le modèle de vieilles devancières :

« Quand nous jetons un coup d'œil sur la masse des révolutionnaires, marxistes, possibilistes, blanquistes et même bourgeois — car tous se retrouveront dans la révolution qui germe en ce moment ; quand nous voyons que les mêmes partis (qui répondent, chacun à certaines manières de penser, et non à des querelles personnelles, ainsi qu'on l'affirme quelquefois) se retrouvent dans chaque nation, sous d'autres noms, mais avec les mêmes traits distinctifs ; et quand nous analysons leurs fonds d'idées, leurs buts et leurs procédés — nous constatons avec effroi que tous ont le regard tourné vers le passé ; qu'aucun n'ose envisager l'avenir et que chacun de ces partis n'a qu'une idée : faire revivre Louis Blanc ou Blanqui, Robespierre ou Marat, plus puissants comme force de gouvernement, mais tout aussi impuissants d'accoucher d'une seule idée capable de révolutionner le monde. »

L'on doit bien se convaincre que toutes les révolutions n'ont servi qu'à fortifier et accroître la suprématie et la puissance de la bourgeoisie. Aussi longtemps que l'Etat, basé sur la loi, existe et développe de plus en plus ses fonctions, aussi longtemps que l'on continuera à travailler dans cette voie, aussi longtemps nous serons esclaves. Si, dans la révolution prochaine, le peuple ne se rend pas compte de sa mission, qui consiste à abolir l'Etat avec tous ses codes et à empêcher surtout son enracinement dans la société socialiste, tout le sang qui sera versé le sera inutilement et tous les sacrifices de la masse — car c'est elle qui fit toujours les plus grands sacrifices, quoiqu'on n'en parle jamais — ne serviront qu'à élever quelques ambitieux qui ne recherchent que l'application de l'« Ote-toi de là que je m'y mette ». Nous n'avons cure d'un changement de personnalités ; nous voulons le changement complet de l'organisation sociale que nous subissons. De plus en plus sera prouvée la vérité que « l'avenir n'appartient plus au gouvernement des hommes, mais au gouvernement des affaires » (Aug. Comte). Il est indubitable que la décision sur le meilleur système dépendra de la demande : Quel système permet le plus d'expansion de liberté et de spontanéité ? Car si la liberté de vivre à sa guise doit être sacrifiée, une des plus grandes caractéristiques de la nature humaine, l'individualité, disparaîtra.

A ce point de vue tous pourraient marcher d'accord, Engels aussi bien que les anarchistes, si l'on ne se laissait arrêter par des mots. Mais, ce qui s'allie se réunira quand même malgré les séparations et quant à ce qui est opposé, on parvient parfois à l'accorder artificiellement et pour quelque temps, mais cela finit toujours par se désagréger. C'est ce qui nous console et nous fait espérer malgré toutes les controverses et divisions qui s'élèvent entre des personnes qui, en somme, devraient s'entendre.

Considérons encore la question de savoir si des socialistes révolutionnaires et des anarchistes communistes peuvent marcher ensemble. Nous nous en tenons aux termes employés habituellement, quoique nous estimions que communisme et anarchisme sont des conceptions qui s'excluent l'une l'autre. Kropotkine, au contraire, dit dans son beau livre *La Conquête du pain*, p. 31, que « l'anarchie mène au communisme et le communisme à l'anarchie, l'un et l'autre n'étant que l'expression de la tendance prédominante des sociétés modernes à la recherche de l'égalité ». Il m'a été impossible d'établir l'argumentation nécessaire. Qu'il appelle « le communisme anarchiste le communisme sans gouvernement, celui des hommes libres », et considère ceci comme « la synthèse des deux buts poursuivis par l'humanité à travers les âges : la liberté économique et la liberté politique », on y trouvera facilement à redire, mais une explication plus complète aurait été désirable.

Les anarchistes proprement dits sont de purs individualistes, qui acceptent même la propriété privée et n'excluent ni la production individuelle ni l'échange. De là provient que des hommes comme Benjamin Tucker[1] et d'autres ne considèrent pas Kropotkine et

1. *Instead of a book by a man too busy to write one.*

Most comme anarchistes. Pour cette raison nous ferons peut-être mieux de parler dorénavant de *communistes révolutionnaires*. Ni les socialistes révolutionnaires ni les anarchistes communistes n'y trouveront à redire.

Sur cette question nous ferons de nouveau une enquête, guidé par des hommes qu'apprécient leurs coreligionnaires.

Existe-t-il une divergence de principes entre le socialisme et l'anarchie?

Le parti social-démocratique allemand, à la réunion de Saint-Gall, vota la résolution suivante:

« La réunion du parti déclare que la théorie anarchiste de la société, en tant qu'elle poursuit l'autonomie absolue de l'individu, est antisocialiste; qu'elle n'est autre chose qu'une forme partielle des principes du libéralisme bourgeois, quoiqu'elle parte des points de vue socialistes dans sa critique de l'ordre social existant. Elle est surtout incompatible avec la revendication socialiste de la socialisation des moyens de production et du règlement social de la production, et finit dans une contradiction insoluble, à moins que la production ne soit reportée à la petite échelle de la main-d'œuvre.

» La religion anarchiste et la recommandation exclusive de la politique de violence se basent sur une conception erronée du rôle joué par la violence dans l'histoire des peuples.

» La violence est aussi bien un facteur réactionnaire qu'un facteur révolutionnaire, plus réactionnaire même que révolutionnaire. La tactique de la violence individuelle n'atteint pas le but et est nuisible et condamnable en tant qu'elle offense les sentiments de justice de la masse!

» Nous rendons les persécuteurs responsables des

actes de violence commis individuellement par des personnes poursuivies d'une manière excessive, et nous interprétons le penchant vers ces actes comme un phénomène ayant existé de tout temps en de pareilles situations et que des mouchards payés par la police emploient actuellement contre la classe ouvrière au profit de la réaction. »

Liebknecht, qui prit la parole comme référendaire, distingua trois sortes d'anarchistes : 1° des agents provocateurs; 2° des criminels de droit commun qui entourent leur crime d'un voile anarchiste; 3° les soi-disant défenseurs de la propagande par le fait qui veulent amener ou faire une révolution par des actes individuels.

Après avoir démontré la nécessité d'*agiter*, d'*organiser* et d'*étudier* — gradation qui s'éteint comme une chandelle, comme s'il était possible d'agiter et d'organiser sans études préalables, c'est-à-dire sans savoir pourquoi l'on agite et organise, la série des termes exige : et se révolutionnariser, mais le Liebknecht d'aujourd'hui a craint pour ce mot — il exprime de la manière suivante la différence entre socialisme et anarchie :

« Le socialisme concentre les forces, l'anarchie les sépare et est par conséquent politiquement et économiquement impuissante; elle ne s'accorde pas plus de l'action révolutionnaire que de la grande production moderne. » Et il trouve que l'anarchisme est et restera antirévolutionnaire. »

Nous croyons la question résolue inexactement ainsi. Dans une démonstration scientifique on n'avance guère d'un pas vers la solution avec de grandes phrases. Qu'on pose d'abord la question : Un anarchiste est-il socialiste, oui ou non ? Et ceci, d'après nous, ne se demande même pas. Quel est, en somme, le noyau, la quintessence du socialisme ? La reconnaissance ou la non-reconnaissance de la propriété privée.

Il y a peu de temps parut le premier numéro d'une publication faite pour la propagande socialiste-anarchiste-révolutionnaire, intitulée : *Nécessité et bases d'une entente*, par Merlino; l'auteur y dit : « Nous sommes avant tout socialistes, c'est-à-dire que nous voulons détruire la cause de toutes les iniquités, de toutes les exploitations, de toutes les misères et de tous les crimes : la propriété individuelle. »

C'est-à-dire que, anarchistes et socialistes, ont le même ennemi : la propriété privée. De même Adolphe Fischer, un de ceux qui furent pendus à Chicago, déclara catégoriquement :

« Beaucoup voudraient savoir évidemment quelle est la corrélation entre anarchisme et socialisme et si ces deux doctrines ont quelque chose de commun. Plusieurs croient qu'un anarchiste ne peut être socialiste, ni un socialiste être anarchiste et réciproquement. C'est inexact. La philosophie du socialisme est une philosophie générale et comprend plusieurs doctrines subordonnées distinctes. A titre d'explication, nous voulons citer le terme « christianisme ». Il existe des catholiques, des luthériens, des méthodistes, des anabaptistes, des membres d'Eglises indépendantes et diverses autres sectes religieuses et tous s'intitulent : chrétiens. Quoique tout catholique soit chrétien, il serait inexact de dire que tout chrétien croit au catholicisme. Webster précise le socialisme comme suit ; « Un règlement plus ordonné, plus juste et plus harmonieux des affaires sociales. » C'est le but de l'anarchisme; l'anarchisme cherche une meilleure forme pour la société. Donc, tout anarchiste est socialiste, mais tout socialiste n'est pas nécessairement un anarchiste. Les anarchistes, à leur tour, sont divisés en deux fractions : les anarchistes communistes et les anarchistes s'inspirant des idées de Proudhon. L'Association ouvrière internationale est l'organisation représentant les anarchistes communistes. Politiquement nous sommes des anarchistes et économiquement des communistes ou socialistes. En fait d'organisation politique, les communistes anarchistes demandent l'abolition du pouvoir politique; nous dénions à une seule classe ou à un seul individu le droit de régner sur une autre classe ou sur un seul individu. Nous pensons qu'il ne peut y avoir de liberté aussi longtemps qu'un homme se trouve sous la domination d'un autre, aussi longtemps que quelqu'un peut soumettre son semblable, sous quelque forme que ce soit, et aussi longtemps que les moyens d'existence sont monopolisés par certaines classes ou certains individus. Quant à l'organisation économique de la société, nous sommes partisans de la forme communiste ou méthode coopérative de production. »

Nous pourrions citer encore beaucoup d'auteurs qui tous parlent dans le même sens. Il existe donc un point de départ commun pour les socialistes et les anarchistes.

En second lieu, Merlino voudrait une *organisation de la production* : « Le principe fondamental de l'organisation de la production que chaque individu doit travailler, doit se rendre utile à ses semblables, à moins qu'il ne soit malade ou incapable... ce principe que tout homme doit se rendre utile par le travail à la société, n'a pas besoin d'être codifié : il doit entrer dans les mœurs, inspirer l'opinion publique, devenir pour ainsi dire une partie de la nature humaine. Ce sera la pierre sur laquelle sera édifiée la nouvelle société. Un arrangement quelconque fondé sur ce principe ne produira pas d'injustices graves et durables, tandis que la violation de ce principe ramènerait infailliblement et en peu de temps l'humanité au régime actuel. »

Conséquemment, nous sommes d'accord sur l'ABOLITION DE LA PROPRIÉTÉ PRIVÉE et L'ORGANISATION DE LA PRODUCTION.

Voici le troisième point : Merlino part de l'idée que « l'expropriation de la bourgeoisie ne peut se faire que par la violence, par voies de fait. Les ouvriers révoltés n'ont à demander à personne la permission de s'emparer des usines, des ateliers, des magasins, des maisons et de s'y installer. Seulement ce n'est là, à peine, qu'un commencement de la prise de possession, un préliminaire : si chaque groupe d'ouvriers s'étant emparé d'une partie du capital ou de la richesse, voulait en demeurer maître absolu à l'exclusion des autres, si un groupe voulait vivre de la richesse accaparée et se refusait à travailler et s'entendre avec les autres pour l'organisation du travail, on aurait, sous d'autres noms et au bénéfice d'autres personnes, la continuation du régime actuel. La prise de possession primitive ne peut donc qu'être provisoire : la richesse ne sera mise réellement en commun que quand tout le monde se mettra à travailler, quand la production aura été organisée dans l'intérêt commun. »

Les socialistes furent toujours d'accord sur ce point, mais depuis que le microbe parlementaire a exercé ses ravages parmi les socialistes, il n'en est plus ainsi.

A Erfurt, Liebknecht appela « la violence un facteur réactionnaire ». Comment est-il possible, lorsque Marx, son maître, par lequel il jure, dit si clairement dans son *Capital* : « La violence est l'accoucheuse de toute vieille société enceinte d'une nouvelle. La violence est un facteur économique ! » Il écrit, en outre, dans les *Deutsch-französischen Jahrbücher*,

« L'arme de la critique ne peut remplacer la critique des armes; la violence matérielle ne peut être abolie que par la violence matérielle; la théorie elle-même devient violence matérielle dès qu'elle conquiert la masse. » Et si cela n'est pas encore assez explicite, que dire de cette citation de Marx dans la *Neue Rheinische Zeitung* : « Il n'y a qu'un seul moyen de diminuer, de simplifier, de concentrer les souffrances mortellement criminelles de la société actuelle, les sanglantes souffrances de gestation de la société nouvelle, c'est le TERRORISME RÉVOLUTIONNAIRE ».

Engels ajoute dans *The Condition of the working class in England* : « La seule solution possible est une révolution violente qui ne peut plus tarder d'arriver. Il est trop tard pour espérer encore une solution paisible. Les classes sont plus antagonistes que jamais, l'esprit de révolte pénètre l'âme des travailleurs, l'amertume s'accentue ; les escarmouches se concentrent en des combats plus importants, et bientôt une petite poussée suffira pour mettre tout en mouvement : alors retentira dans le pays le cri : *Guerre aux palais, paix aux chaumières* ! Et les riches arriveront trop tard pour arrêter le courant. »

Marx et Engels reconnaissent donc la violence comme facteur révolutionnaire, et nous avons vu que Liebknecht l'appelle un facteur réactionnaire. N'est-il pas en complète opposition avec les deux premiers ?

Alors, ce Marx était un charlatan, un hâbleur révolutionnaire, un *Maulheld* pour employer un qualificatif en honneur parmi les militants allemands. Il déclare carrément et sans ambages que la violence est un facteur révolutionnaire, et nulle part nous ne lisons qu'il se soit élevé au point de vue supérieur de quelques socialistes modernes, qui qualifient la violence de facteur réactionnaire.

Aucun révolutionnaire ne considérera la violence comme révolutionnaire sous toutes les formes et dans toutes les circonstances. En ce cas, toute émeute, toute résistance à la police devraient être considérées comme telle. Mais il est excessivement singulier de traiter d'actes réactionnaires la prise de la Bastille et la lutte des travailleurs sur les barricades en 1848 et 1871.

Est-ce que, par hasard, un discours au Parlement constitue un acte révolutionnaire ? C'est possible, comme tout paraît possible aujourd'hui ; on parle déjà de révolutionnaires parlementaires ; oui, l'on considère les socialistes parlementaires comme les révolutionnaires par excellence. Il y a certains socialistes qui, pour certains faits, témoignent leur reconnaissance à la Couronne ; il y en a même, comme Liebknecht et ses codéputés au Landtag saxon, qui jurent fidélité au roi, à la maison royale et à la patrie ; sommé de s'expliquer, Liebknecht répondit : « Quant à l'assertion du commissaire du gouvernement par rapport au serment, je suis étonné que le président n'ait pas pris la défense de mon parti ; il est reconnu que nous avons une autre conception de la religion, mais cela ne nous EXONÈRE PAS DE L'ENGAGEMENT PRIS EN PRÊTANT SERMENT. Dans mon parti on respecte la parole donnée, et, comme les socialistes démocrates ont tenu parole, ils sauront tenir leur serment. » Conséquemment, ils ont juré fidélité au roi et à sa maison : ce sont des socialistes royalistes. Il y en a en Hollande qui se trouvent sous le haut patronage du ministre, parce qu'ils appartiennent à la fraction distinguée, comme Bebel et Vollmar, qui poursuit un autre état de choses au moyen de la légalité.

Mais croient-ils donc réellement que la société bourgeoise actuelle aurait pu naître de la société féodale sans chasser les paysans de leurs terres, sans les lois sanglantes contre les expropriés, sans l'abolition violente des anciennes conceptions de la propriété, et pensent-ils que de la société actuelle la société socialiste naîtra sans révolutions violentes ? Il est impossible d'être naïf à ce point-là, et pourtant ils font croire au grand public des inepties pareilles. Liebknecht a dit au Reichstag qu'il « est possible de résoudre la question sociale par le moyen des réformes ». Eh bien, le croit-il, oui ou non ? Si oui, il a renié complètement le Liebknecht de jadis, qui enseigna absolument le contraire. Si non, il en fait accroire au peuple et mène les gens par le bout du nez. Il n'y a pas de milieu.

Mais à quoi sert l'organisation des travailleurs, si ce n'est à en faire une puissance à opposer à la puissance des possesseurs ? Est-ce que cette organisation est également un facteur réactionnaire ? Si nous étions convaincus d'être assez forts, croyez-vous que nous supporterions un jour de plus notre état d'esclavage, de pauvreté et de misère ?

Ce serait un crime de le faire.

La conviction de notre faiblesse, par manque d'organisation, est la seule raison pour laquelle nous subissons l'état de choses actuel.

Les gouvernements le savent mieux que nous. Pourquoi chercheraient-ils toujours à renforcer leur puissance ?

Les partis antagonistes s'organisent et chacun tâche de pousser les autres à une action prématurée afin d'en profiter.

Tout dépend en outre de la conception de l'Etat. Liebknecht et ses co-antirévolutionnaires prennent une autre voie que Marx. Tandis que celui-ci écrivait : « L'Etat est impuissant pour abolir le paupérisme. Pour autant que les Etats se sont occupés du paupérisme, ils se sont arrêtés aux règlements de police, à la bienfaisance, etc. L'Etat ne peut faire autrement. Pour abolir véritablement la misère, l'Etat doit s'abolir lui-même, car l'origine du mal gît dans l'existence même de l'Etat, et non, comme le croient beaucoup de radicaux et de révolutionnaires, dans une formule d'Etat définie, qu'ils proposent à la place de l'Etat existant. L'existence de l'Etat et l'esclavage antiques n'étaient pas plus profondément liés que l'Etat et la société usurière modernes », Liebknecht croit qu'il y a nécessité que l'on prenne soin du pauvre, du petit, aussi longtemps qu'il vit et, à ce propos, il prononça au Parlement les paroles suivantes, qui forment un contraste frappant avec les idées de Marx : « Nous pensons que c'est un signe de peu de civilisation que cette grande opposition entre riches et pauvres. Nous pensons que la marche ascendante de la civilisation fera disparaître peu à peu cette opposition, et nous croyons que l'Etat, duquel nous avons la plus haute conception quant au but qu'il doit atteindre, a la mission civilisatrice d'abolir la distance entre pauvres et riches, et parce que nous attribuons cette mission à l'Etat, nous acceptons, en principe, le projet de loi présenté. »

Donc, tandis que l'un croit que l'Etat doit d'abord être aboli, avant de pouvoir faire disparaître l'antagonisme entre riches et pauvres, l'autre est d'avis que l'Etat a pour mission d'abolir cet antagonisme. Ces deux déclarations sont en complète opposition, ainsi que la suivante :

« Seulement par une législation, non pas chrétienne mais vraiment humaine, civilisatrice, imbue de l'esprit socialiste, réglant les rapports du travail et des travailleurs, s'occupant sérieusement et énergiquement de la solution de la question ouvrière et donnant à l'Etat son véritable emploi, vous pourrez écarter le danger d'une révolution... En un mot, vous n'éviterez la révolution qu'en prenant le chemin des réformes, des réformes efficaces. Si vous votez la loi avec les amendements que nous y avons proposés, pour en corriger les défauts, vous aurez fait un grand pas dans la voie réformatrice. Par là vous ne saperez pas le socialisme dans ses bases, mais vous lui aurez rendu service, car cette loi est un témoignage en faveur de la vérité de l'idée socialiste. »

Le Dr Muller, après avoir cité ces déclarations, dit avec raison : « Un replâtrage genre socialisme d'Etat est donc un témoignage en faveur de la vérité de l'idée socialiste ! »

Voilà où l'on en est déjà arrivé... et l'on entendra bien des choses plus étonnantes. Sans le mouvement des soi-disant « Jeunes », le parti social-démocratique allemand serait embourbé encore plus profondément dans la vase.

Que l'on craigne l'accroissement du parlementarisme qui subordonne la lutte économique à la lutte politique, cela ressort clairement des questions portées à l'ordre du jour du Congrès international de Zurich. Le parti social-démocratique suisse disait dans sa proposition que « le parlementarisme, là où son pouvoir est illimité, conduit à la corruption et à la duperie du peuple ». Les Américains affirmaient qu'il fallait veiller à ce que le parti social-démocratique conservât fidèlement son caractère révolutionnaire et qu'on ne doit pas imiter le système moderne des détenteurs du pouvoir.

On s'aperçoit clairement que le parlementarisme n'offre pas les garanties suffisantes pour conserver au socialisme son caractère révolutionnaire. Chaque fois que la social-démocratie sera sur le point de sombrer sur les récifs du parlementarisme, les anarchistes-communistes pousseront un cri d'alarme. Et cela nous viendra à propos.

Nous croyons qu'anarchistes et socialistes révolutionnaires peuvent accepter sans arrière-pensée la formule suivante à laquelle les anarchistes, réunis à Zurich, ont déclaré n'y trouver rien à redire:

« Tous ceux qui reconnaissent que la propriété privée est l'origine de tous les maux et croient que l'affranchissement de la classe ouvrière n'est possible que par l'abolition de la propriété privée;

Tous ceux qui reconnaissent qu'une organisation de la production doit avoir pour point de départ l'obligation de travailler pour avoir un droit de quote-part aux produits résultant du travail en commun;

Tous ceux qui acceptent que l'expropriation de la bourgeoisie doit être poursuivie par tous les moyens possibles, soit légaux, soit illégaux, soit paisibles, soit violents.

Peuvent coopérer au renversement de la société moderne et à la création d'une nouvelle. »

Au lieu d'être des antithèses incompatibles, le socialisme révolutionnaire et l'anarchisme peuvent donc coopérer. Nous sommes d'accord avec Teistler lorsqu'il écrit dans sa brochure: *Le Parlementarisme et la classe ouvrière* (n° 1 de la bibliothèque socialiste de Berlin):

« La classe ouvrière n'obtiendra jamais rien par la voie politico-parlementaire. Etant une couche sociale opprimée, elle n'exercera aucune influence tant que la domination de classes existera. Et le prolétariat possédera depuis longtemps la suprématie économique quand sera brisée la force politique de la bourgeoisie. Inutile donc de compter qu'il influence la législation. D'ailleurs, la puissance politique ne saurait jamais atteindre le but économique poursuivi par les travailleurs. Car voici comment les choses se passeront en réalité : Dès que le prolétariat aura aboli la forme de production, l'échafaudage politique de l'Etat de classes s'effondrera. Mais l'organisation politique entière ne peut être modifiée par une action politique. Comment, par exemple, par voie parlementaire, écarter ou rendre sans effet la loi des salaires ? La supposition même est absurde ! La législation économique entière n'est que la sanction, la codification de situations existantes et de choses exercées pratiquement. Seulement quand ils auront déjà acquis un résultat pratique ou quand ce sera dans l'intérêt des classes dominantes, les travailleurs obtiendront quelque chose par la voie parlementaire. En tous cas, le mouvement social constitue la force motrice. C'est pourquoi il est inexcusable de vouloir pousser les travailleurs, du terrain économique sur le terrain purement politique ».

Les socialistes révolutionnaires, avec les anarchistes-communistes si possible, doivent diriger la lutte des classes, organiser les masses et utiliser les grèves comme leur moyen de pouvoir politique, au lieu d'user leurs forces dans la lutte politique. Laissons la politique aux politiciens.

Aussi longtemps qu'existera la puissance du capital, aussi longtemps également le parlementarisme sera un moyen employé par les possesseurs contre les non-possesseurs. Et le capitalisme se montre jusque dans le parti social-démocratique. Nous pourrions en donner nombre d'exemples. Nous pourrions citer la coopérative modèle des socialistes gantois, où règne la tyrannie et où la liberté de la critique est étouffée, oui, punie de la privation de travail ! Et la même crainte qui empêche les ouvriers d'une fabrique, menacés de perdre leur gagne-pain, de témoigner la vérité contre leur patron, ou qui fait même signer une pièce dans laquelle, à l'encontre de la vérité, ils protestent contre une attaque envers le fabricant, cette même crainte empêche là-bas les socialistes de confirmer la vérité que je proclame, moi, parce que je suis indépendant.

Regardez les pays de suffrage universel comme l'Allemagne et la France. Le sort de l'ouvrier y est-il meilleur ? Voyez les Etats-Unis ; les élections y sont la plus grande source de corruption sous la toute-puissance du capitalisme. Un de ces chefs électoraux qui, par la masse d'argent qu'il recevait, a fait élire les deux derniers présidents, Harrison et le respectable (?) Cleveland, fut dénoncé dernièrement et condamné à quelques années de prison. En fait, les Etats-Unis sont gouvernés par ces tripoteurs à la solde des banquiers et ce sont ceux-là qui indiquent la politique à suivre.

Et nous ne pourrions condamner le pauvre diable qui préfère accepter quelques francs pour son vote plutôt que de souffrir la faim avec femme et enfants. C'est la chose la plus naturelle du monde. Qu'un autre lui donne un peu plus, il deviendra clérical, libéral ou socialiste convaincu. Il est poussé par la faim et dans ce cas nous n'avons pas le courage de le condamner.

A ce sujet, la remarque de Henry George est très juste : « Le millionnaire soutient toujours le parti au pouvoir, quelque corrompu qu'il soit. Il ne s'efforce jamais de créer des réformes, car instinctivement il craint les changements. Jamais il ne combat de mauvais gouvernements. S'il est menacé par ceux qui possèdent le pouvoir politique, il ne se remue pas, il ne fait pas d'appel au peuple, mais il corrompt cette force par l'argent. En réalité, la politique est devenue une affaire commerciale et pas autre chose. N'est-il pas vrai « qu'une société, composée de gens excessivement riches et de gens excessivement pauvres, devient une proie facile pour ceux qui cherchent à s'emparer du pouvoir » ?

Eh bien, si cela est vrai, nous sommes convaincus que la lutte politique ne nous aide pas, ne saurait nous aider. Car, pendant ce temps, l'évolution économique va à la dérive. Une forme démocratique et un mauvais gouvernement peuvent marcher de pair. La base de tout problème politique est la question sociale et ceux qui tendent à s'emparer du pouvoir politique n'attaquent pas le mal à sa source vitale.

Nous devons *bien* voter et si le parlementarisme n'a rien produit jusqu'ici, c'est parce que nous avons voté *mal*. Tachez d'avoir des hommes capables de remplir leur mission, crient les charlatans politiques. — Parfaitement, répétons-nous, attrapons les oiseaux en leur mettant du sel sur la queue.

Les collectivistes ont lieu d'être satisfaits de la marche des événements. Emile Vandervelde dit dans sa brochure précitée: « A ne considérer que l'état pécuniaire, la force motrice des deux systèmes serait sensiblement équivalente. Mais il faut tenir compte, en faveur de la solution collectiviste, d'un facteur moral dont l'influence ira toujours grandissant : au lieu d'être les subordonnés d'une société anonyme, ceux qui dirigent actuellement l'armée industrielle deviendraient des hommes publics, investis par les travailleurs eux-mêmes d'un mandat de confiance. »

Mais il oublie d'ajouter que, d'après sa conception, les ouvriers seront tous « les subordonnés d'une grande société anonyme », l'Etat notamment, c'est-à-dire qu'il n'y aura pas beaucoup de progrès. Tâchons de ne pas avoir un changement de tyrannie au lieu de son abolition, et par le collectivisme on n'arrivera qu'à transformer le patronat et non à le supprimer. Un Etat pareil sera infiniment plus tyrannique que l'Etat actuel.

Platon, dans sa *République*, fait la réflexion suivante :

« Pour cette raison les bons refusent de gouverner pour l'argent ou l'honneur ; car ils ne veulent pas avoir la réputation d'être des mercenaires ou des voleurs, en acceptant publiquement ou en s'appropriant secrètement de l'argent ; ils ne tiennent pas non plus aux honneurs. Par la force et les amendes on doit les contraindre à accepter le pouvoir et on trouve scandaleuse la conduite de celui qui recherche une position gouvernementale et n'attend pas jusqu'à ce qu'il soit forcé de l'accepter. Actuellement la plus grande pénitence pour ceux qui ne veulent pas gouverner eux-mêmes, est qu'ils deviennent les subordonnés de moins bons qu'eux, et c'est pour éviter cela, je crois, que les bons prennent le gouvernement en mains. Mais alors ils ne l'acceptent pas comme une chose qui leur fera beaucoup de plaisir, mais comme une chose inévitable qu'ils ne peuvent laisser à d'autres. Pour cette raison je pense que si jamais il devait exister un Etat exclusivement composé d'hommes bons, on chercherait autant à ne pas gouverner qu'on cherche actuellement à gouverner ; et qu'il serait prouvé que le véritable gouvernement ne recherche pas son propre intérêt mais celui de ses subordonnés et que, par conséquent, tout homme sensé préfère se trouver sous la direction des autres que de se charger lui-même du pouvoir. »

Ce qui prouve que Platon avait aussi des tendances anarchistes.

Actuellement, on dit souvent : Quoi qu'il arrive,

nous devrons quand même franchir l'étape de l'Etat socialiste des social-démocrates, pour arriver à une société meilleure. Nous ne disons pas non. Mais si cela devrait être vrai, nous aurions encore beaucoup et longtemps à batailler. Si les symptômes actuels ne nous induisent pas en erreur, nous voyons déjà la petite bourgeoisie, alliée à l'aristocratie des travailleurs, se préparer à reprendre le pouvoir des mains de ceux qui gouvernent aujourd'hui. Ce sera la dictature du quatrième Etat derrière lequel s'en est déjà formé un cinquième. Et n'allez pas croire que ce cinquième Etat sera plus heureux sous la domination du quatrième que celui-ci ne l'est sous la domination du troisième. A en juger par quelques faits récents, nous pouvons avoir à ce sujet des appréhensions parfaitement justifiées. Que reste-t-il de la liberté de penser dans le parti officiel social-démocrate allemand ? La discipline du parti est devenue une tyrannie et malheur à celui qui s'oppose à la direction du parti : sans pitié il est exécuté. Quelle liberté y a-t-il dans les coopératives tant prônées de la Belgique ? Nous pourrions citer des faits prouvant qu'une telle liberté est un despotisme pire que celui exercé aujourd'hui[1]. En tout cas, le cinquième Etat aura la même lutte à soutenir et il faudra un effort énorme pour l'affranchir de la domination du quatrième Etat. Et s'il se produit encore une domination du cinquième Etat au détriment du sixième, etc., combien longues seront alors les souffrances du prolétariat! Une fois un Etat social-démocratique constitué, il ne sera pas facile de l'abolir et il est bien possible qu'il soit moins difficile de l'empêcher de se développer à sa naissance que de l'anéantir lorsqu'il sera constitué. On ne peut sup-

1. Voir les procédés dans les coopératives de Gand, où la tyrannie la plus raffinée est exercée.

poser que le peuple, après avoir épuisé ses forces dans la lutte homérique contre la bourgeoisie, sera immédiatement prêt à lutter contre l'Etat bureaucratique des social-démocrates. Si nous arrivons jamais à cet Etat-là nous serons pendant longtemps accablés par ses bénédictions. De la révolution chrétienne au commencement de notre ère — qui était d'abord également à tendance communiste — nous sommes tombés aux mains du despotisme clérical et féodal et nous le subissons actuellement à peu près depuis vingt siècles.

Si cela peut être évité, employons-y nos efforts. Liebknecht croyait à Berlin que le socialisme d'Etat et la social-démocratie n'avaient plus que la dernière bataille à livrer : « Plus le capitalisme marche à sa ruine, s'émiette et se dissout, plus la société bourgeoise s'aperçoit que finalement elle ne peut se défendre contre les attaques des idées socialistes, et d'autant plus nous approchons de l'instant où le socialisme d'Etat sera proclamé sérieusement ; et la dernière bataille que la social-démocratie aura à livrer se fera sous la devise : « Ici, la social-démocratie, là, le socialisme d'Etat. ». La première partie est vraie, la seconde pas. Il est évident qu'alors les social-démocrates auront été tellement absorbés par les socialistes d'Etat, qu'ils feront cause commune. N'oublions pas que, d'après toute apparence, la révolution ne se fera pas par les social-démocrates, qui pour la plupart se sont dépouillés, excepté en paroles, de leur caractère révolutionnaire ; mais par la masse qui, devenue impatiente, commencera la révolution à l'encontre de la volonté des meneurs. Et quand cette masse aura risqué sa vie, la révolution aboutissant, les social-démocrates surgiront tout à coup pour s'approprier, sans coup férir, les honneurs de la révolution et tâcher de s'en emparer.

Actuellement les socialistes révolutionnaires ne sont

pas tout à fait impuissants ; ils peuvent aboutir aussi bien à la dictature qu'à la liberté. Ils doivent donc tâcher qu'après la lutte la masse ne soit renvoyée avec des remercîments pour services rendus, qu'elle ne soit pas désarmée ; car celui qui possède la force prime le droit. Ils doivent empêcher que d'autres apparaissent et s'organisent comme comité central ou comme gouvernement, sous quelque forme que ce soit, et ne pas se montrer eux-mêmes comme tels. Le peuple doit s'occuper lui-même de ses affaires et défendre ses intérêts, s'il ne veut de nouveau être dupé. Le peuple doit éviter que des déclarations ronflantes des droits de l'homme se fassent *sur le papier*, que la socialisation des moyens de production soit décrétée et que ne surgissent en réalité au pouvoir de nouveaux gouvernants, élus sous l'influence néfaste des tripotages électoraux — qui ne sont pas exclus sous le régime du suffrage universel — et sous l'apparence d'une fausse démocratie. Nous en avons assez des réformes sur le papier : il est temps que l'ère arrive des véritables réformes. Et cela ne se fera que lorsque le peuple possédera réellement le pouvoir. Qu'on ne joue pas, non plus, sur les mots « évolution » et « révolution » comme si c'étaient des antithèses. Tous deux ont la même signification ; leur unique différence consiste dans la date de leur apparition. Deville, que personne ne soupçonnera d'anarchisme, mais qui est connu et reconnu comme social-démocrate et possède une certaine influence, Deville le déclare avec nous. A preuve son article : « Socialisme, Révolution, Internationalisme » (livraison de décembre de la revue *L'Ere nouvelle*), dans lequel il écrit : « Evolution et révolution ne se contredisent pas, au contraire : elles se succèdent en se complétant, la seconde est la conclusion de la première, la révolution n'est que la crise caractéristique qui termine effectivement une période évolutive. » Après il cite un exemple que j'ai moi-même rappelé déjà souvent : « Voyez ce qui se passe pour le poussin. Après avoir régulièrement évolué à l'intérieur de la coquille, la petite bête ignore que l'évolution a été décrétée exclusive de toute violence : au lieu d'employer ses loisirs à user tout doucement sa coquille, elle ne fait ni une ni deux et la brise sans façon. Eh bien ! le socialisme, le cas échéant, imitera le poussin : si les événements le lui commandent, il brisera la légalité dans laquelle il se développe et dans laquelle il n'a, pour l'instant, qu'à poursuivre son développement régulier. Ce qui constitue essentiellement une révolution, c'est la rupture de la légalité en vigueur : c'est là la seule condition nécessaire pour la constituer, tout le reste n'est qu'éventuel. »

En effet, la révolution n'est autre chose que la phase finale inévitable de toute évolution, mais il n'y a pas d'antithèse entre ces deux termes, comme on le proclame souvent. Qu'on ne l'oublie pas, pour éviter toute confusion. Une révolution est une transition vive, facilement perceptible, d'un état à un autre ; une évolution, une transition beaucoup plus lente et partant moins perceptible.

Résumons-nous et arrivons à établir cette conclusion que LE SOCIALISME EST EN DANGER par suite de la tendance de la grande majorité. Et ce danger est l'influence du capitalisme sur le parti social-démocrate. En effet, le caractère moins révolutionnaire du parti dans plusieurs pays provient de la circonstance qu'un nombre beaucoup plus grand d'adhérents du parti ont quelque chose à perdre si un changement violent de la société venait à se produire. Voilà pourquoi la social-démocratie se montre de plus en plus modérée, sage, pratique, diplomatique (d'après elle plus rusée), jusqu'à ce qu'elle s'anémie à force de ruse et devienne tellement pâle qu'elle ne se reconnaîtra plus. La social-démocratie obtiendra encore beaucoup de voix, quoique l'augmentation ne se fasse pas aussi vite que le rêvent Engels et Bebel, — comparez à ce sujet les dernières et les avant-dernières élections en Allemagne, — il y aura plus de députés, de conseillers communaux et autres dignitaires socialistes; plus de journaux, de librairies et d'imprimeries; dans les pays comme la Belgique et le Danemark il y aura plus de boulangeries, pharmacies, etc., coopératives; l'Allemagne comptera plus de marchands de cigares, de patrons de brasserie, etc.; en un mot, un grand nombre de personnes seront économiquement dépendantes du futur « développement paisible et calme » du mouvement, c'est-à-dire qu'il ne se produira aucune secousse révolutionnaire qui ne soit un danger pour eux. Et justement ils sont les meneurs du parti et, par suite de la discipline, presque tout-puissants. Ici également ce sont les conditions économiques qui dirigent leur politique. Quand on voit le parti allemand approuvé chez nous par la presse bourgeoise, qui l'oppose aux vulgaires socialistes révolutionnaires, cela donne déjà à réfléchir. Un de nos principaux journaux écrivait à ce sujet les lignes suivantes, dans lesquelles il y a quelque chose à apprendre pour l'observateur attentif : « Nos socialistes, dans les dernières années, ont pris tant de belles manières, se sont frisés et pommadés si parlementairement, que l'on peut se dire en présence de la lente transformation d'un parti conçu révolutionnairement en un parti non précisément radical, mais qui considère le cadre de la société existante comme assez élastique et suffisant pour enclaver même ce parti, fût-ce avec quelque résistance. Le développement actuel du socialisme allemand est un sujet très important, dont nous n'avons pas à nous occuper pour le moment. Même si le nombre des députés socialistes au Reichstag s'élève à 60-70, il n'y a pas encore de danger politique dont doive s'alarmer l'empire allemand. D'abord, le socialisme prouve sa faiblesse en devenant un parti parlementairement fort, car ses adhérents en attendent alors des résultats plus positifs, que cette fraction parlementaire ne pourra leur donner qu'en devenant encore plus apprivoisée, plus condescendante. En second lieu on peut supposer que les partis non socialistes aplaniront mainte opposition existant actuellement entre eux, et ce à mesure que le socialisme les combattra plus vivement comme un parti ayant de l'influence sur la législature. »

Singer, au nom du parti social-démocratique, a reconnu qu'au Parlement on tâche de formuler ses revendications de telle manière qu'elles puissent être acceptées par les classes dominantes. Ce qui veut dire, en d'autres termes, que l'on devient un parti de réformes. L'idée révolutionnaire est supprimée par la confiance dans le parlementarisme. On demande l'aumône à la classe dominante, mais celle-ci agit d'après les besoins de ses propres intérêts. Lorsqu'elle prend en considération les revendications socialistes, elle ne le fait pas pour les social-démocrates, mais pour elle-même. L'on aboutit ainsi au marécage possibiliste petit-bourgeois et involontairement la lutte des classes est mise à l'arrière-plan.

Cela sonne bien lorsqu'on veut nous faire accroire que la classe travailleuse doit s'emparer du pouvoir politique pour arriver à son affranchissement économique, mais, pratiquement, est-ce bien possible? Jules Guesde compare l'Etat à un canon qui est aux mains de l'ennemi et dont on doit s'emparer pour le diriger contre lui. Mais il oublie qu'un canon est inutile sans les munitions nécessaires et l'adversaire détient celles-ci en réglant en sa faveur les conditions économiques. Comment l'ouvrier, dépendant sous le rapport économique, pourra-t-il jamais s'emparer du pouvoir politique? Nous verrions plutôt le baron de Münchhausen passer au-dessus d'une rivière en tenant en main la queue de sa perruque que la classe ouvrière devenir maîtresse de la politique aussi longtemps qu'économiquement elle est complètement dépendante.

Mais le danger qui nous menace n'est pas si grand; c'est visiblement une phase de l'évolution; nous n'avons pas à constituer un mouvement selon nos désirs, mais nous avons à analyser la situation; malgré tous les efforts des meneurs pour endiguer le mouvement, le développement économique poursuit sa marche et les hommes seront forcés de se conformer à ce développement, car lui ne se conforme pas aux hommes.

Il n'est pas étonnant que des pays arriérés comme l'Allemagne et l'Autriche soient partisans de cette tendance autoritaire; car lorsque les pays occidentaux comme la France, l'Angleterre, les Pays-Bas et la Belgique avaient déjà bu depuis longtemps à la coupe de la liberté, l'Allemagne ne savait pas encore épeler le mot liberté. Voilà pourquoi le développement politique y est presque nul et tandis qu'elle a rattrapé les autres pays sur le chemin du développement économique, elle reste en arrière pour le développement politique. Celui qui connaît plus ou moins l'Etat policier allemand, — et ceci concerne encore plus l'Autriche, — sait combien l'on y est encore arriéré. Et quoique Belfort-Bax considère les socialistes allemands comme « les meneurs naturels du mouvement socialiste international », nous pensons que la direction d'un tel mouvement — il paraît qu'on rêve toujours de direction — ne peut être confiée à un des peuples orientaux. La germanisation du mouvement international, le *Deutschland, Deutschand über alles*[1] qu'on aime tant à appliquer là-bas, serait un recul, que doivent redouter les peuples occidentaux plus avancés.

Nous envisageons l'avenir avec calme parce que nous avons la conviction que ce ne sont pas nos théories qui provoquent la marche suivie et que l'avenir appartient à ceux qui se seront le mieux rendu compte des événements, qui auront analysé le plus exactement les signes des temps.

Pour nous la vérité est dans la parole suivante : Aujourd'hui le vol est Dieu, le parlementarisme est son prophète et l'Etat son bourreau ; c'est pourquoi nous restons dans les rangs des socialistes libertaires, qui ne chassent pas le diable par Belzébub, le chef des diables, mais qui vont droit au but, sans compromis et sans faire des offrandes sur l'autel de notre société capitaliste corrompue.

1. L'Allemagne, l'Allemagne au-dessus de tout.

III

SOCIALISME LIBERTAIRE ET SOCIALISME AUTORITAIRE

SOCIALISME LIBERTAIRE

ET SOCIALISME AUTORITAIRE [1]

Les idées marchent — et plus vite qu'on ne le croit. Une année, au temps présent, équivaut, quant au développement des idées, à vingt-cinq années des temps passés, ce qui fait que d'aucuns ne peuvent suivre le mouvement.

L'antique lutte entre l'autorité et la liberté qui, à travers les siècles, a absorbé l'esprit humain, est loin d'être terminée. Dans tous les partis elle se manifeste d'une façon différente et partout on la rencontre, sur le terrain religieux aussi bien que sur le terrain moral et politique.

L'autorité, c'est la domination de l'homme par l'homme, quelle que soit la forme qu'elle revêt.

La liberté, c'est la faculté laissée à chacun d'exprimer librement son opinion et de vivre conformément à cette opinion.

L'homme est avant tout une individualité distincte de toutes les autres, et bien mal inspiré serait celui qui voudrait détruire cette individualité — cette part

1. Ce chapitre a paru dans *la Société nouvelle*, mais il est révisé et augmenté.

la meilleure et la plus noble de l'être humain — et qui désirerait que l'individu disparût complètement dans la collectivité. Ce serait étouffer la caractéristique et l'essence même de l'homme.

Mais l'homme est encore un être social, et comme tel il doit nécessairement *tenir compte* des droits et des besoins des autres hommes, vivant avec lui dans la communauté. Celui qui estime les avantages de la vie commune plus considérables que ceux que pourrait lui assurer une existence purement individuelle, sacrifiera volontiers à la communauté une partie de son individualisme. Cependant que l'individualiste pur préférera se priver de beaucoup de choses pourvu qu'il n'ait pas à subir le contact et la pression de la collectivité.

La grande difficulté est de tracer la limite exacte entre ces deux principes. Cela est même presque impossible. Il faut en effet tenir compte, chez les personnalités comme chez les collectivités, du tempérament, de la nationalité, du milieu et de tant d'autres choses exerçant des influences variées.

On rencontre ces deux courants, comme dans tous les autres groupements politiques, aussi dans le parti socialiste. On y trouve le socialisme *libertaire* et le socialisme *autoritaire*.

Le socialisme autoritaire est né en Allemagne et là aussi il est le plus fortement représenté. Mais il a fait école dans tous les pays. On pourrait l'intituler : le socialisme allemand.

Le socialisme libertaire, plus conforme aux aspirations et à l'esprit du peuple français, nous vient de France pour se ramifier dans les pays où l'esprit libertaire est plus développé. On a essayé de greffer le socialisme allemand sur le tronc du socialisme français, et il en existe même une section en France, laquelle section, comme la copie exagère toujours l'original, est encore plus allemande que les Allemands eux-mêmes. Ce sont les marxistes ou guesdistes. Mais ce socialisme-là ne se propagera jamais dans des proportions considérables parmi le peuple français, qui, pour s'assimiler le socialisme allemand, devrait d'abord se débarrasser de son esprit libertaire. Or, cela est impossible, et de ce côté il n'y a donc nul danger à craindre. Les pays où la liberté n'est pas tout à fait chose inconnue — comme c'est le cas en Allemagne, pays à peine, et encore incomplètement, sorti du féodalisme — penchent plutôt vers le socialisme français. Tels l'Angleterre, les Pays-Bas, l'Italie et l'Espagne, tandis que l'Autriche, la Suisse, le Danemark et la Belgique copient plutôt le modèle allemand.

Il ne faudrait pas prendre cette distinction d'une façon trop absolue. Car il existe, en effet, un courant libertaire dans les pays autoritaires et inversement. Néanmoins, dans les grandes lignes, notre définition est exacte.

En continuation d'autres articles parus ici-même, à savoir : « Les divers courants de la démocratie socialiste allemande [1] » et « Le socialisme en danger [2] », nous voulons suivre le développement du socialisme comme il s'est manifesté depuis.

Dans ma première étude je me suis efforcé de démontrer, preuves en main, — car les argumentations dont je me suis servi ont été empruntées aux porte-parole du parti eux-mêmes, — comment, dans le cours des années, la démocratie socialiste avait perdu son caractère révolutionnaire et comment elle était

1. Voir *Société nouvelle*, 1891.
2. Voir *Société nouvelle*, 1894.

devenue, purement et simplement un parti de réformes, nullement intransigeant à l'égard de la bourgeoisie. A la gauche du parti on vit les « Jeunes » ou « indépendants » lever la tête audacieusement, mais au congrès d'Erfurt ils furent exclus comme hérétiques. Pour la droite, guidée par Vollmar, on eut, par contre, plus de considération, on n'osa pas l'excommunier, et pour cause : le morceau était trop gros et les partisans de Vollmar trop nombreux. Entre ces deux fractions extrêmes se trouve pris le comité directeur sous la trinité Liebknecht-Bebel-Singer, et assez caractéristiquement dénommé par les social-démocrates allemands : « le gouvernement ». Ce sont des hommes du juste-milieu, aux vues gouvernementales.

A ces messieurs, Vollmar a donné pas mal de peine. Ce fut son attitude politique, telle qu'il l'avait expliquée dans quelques discours prononcés à Münich, qui, avec l'exécution des « Jeunes », fournit le morceau de résistance au congrès d'Erfurt. Au congrès de Berlin on traita la question du socialisme d'Etat, et à cette occasion Liebknecht et Vollmar accomplirent un véritable tour de prestidigitation en confectionnant un ordre du jour au goût de tout le monde. Au congrès de Francfort il s'agit des députés socialistes au Landtag bavarois et de leur vote approbatif du budget. Et chaque fois Vollmar sortit victorieux de ces joutes oratoires. Les chefs socialistes de l'Allemagne du Nord ne réussirent pas à battre en brèche son influence ni à lui faire la loi. Bien au contraire : leur parti penche de plus en plus à droite.

A l'accusation d'avoir voulu prescrire une nouvelle ligne de conduite au parti, Vollmar répond fort justement que l'action qu'il a recommandée « a déjà » été appliquée depuis la suppression de la loi d'ex-

» ception, dans beaucoup de cas, tant dans le Reich-
» stag qu'au dehors ».

Ensuite : « Je ne l'ai donc pas inventée, mais je me » suis identifié avec elle ; du reste, elle a été suivie » depuis le congrès de Halle. A present on peut » moins que jamais s'éloigner de cette manière de » voir. Ceci prouve clairement que j'ai en vue la » tactique existante, celle qui doit être suivie d'après » le règlement du parti. »

Un autre délégué, de Magdebourg, dit : « Moi » aussi je désapprouve la politique de Vollmar, mais » celui-ci n'a pourtant rien dit d'autre à mon avis, » que ce qui a été fait par toute la fraction. » Auerbach, de Berlin, y ajoute avec beaucoup de logique : « La façon d'agir des membres du Reichstag » conduit nécessairement à la tactique de Vollmar. »

Et quoique Bebel, Liebknecht, Auer et d'autres encore insistassent auprès du congrès pour faire adopter un ordre du jour sans équivoque ; quoique Liebknecht se prononçât très catégoriquement et exigeât même que l'ordre du jour de Bebel, amendé par Oertel, — ordre du jour désapprouvant les discours de Vollmar et sa nouvelle tactique, — fût adopté, et qu'il allât même jusqu'à dire que « si la motion » d'Oertel n'est pas adoptée, l'opposition aurait raison » et dans ce cas j'irais moi-même à l'opposition », — quoique Bebel insistât sur la nécessité de se prononcer carrément, on n'osa pas aller jusqu'au bout, surtout après la mise en demeure de Vollmar : « Si la » motion d'Oertel est adoptée, il ne me reste qu'à » vous dire que dans ce cas je vous ai adressé la parole pour la dernière fois. » Liebknecht n'alla pas à l'opposition et Bebel ni ses amis ne quittèrent le parti.

En ce qui concerne la question du socialisme d'Etat, Vollmar et Liebknecht défendaient des points de vue absolument contraires. Qui ne se rappelle la polémique dans les journaux du parti et les aménités que ces messieurs se prodiguaient? Mais on finit par conjurer l'orage et les deux frères ennemis, Liebknecht et Vollmar, parurent au congrès où ils communièrent dans un ordre du jour de réconciliation, confectionné de commun accord. On voit d'ici ce morceau de littérature. Soigneusement arrondi, édulcoré, à la portée des intelligences les plus timides, cet ordre du jour n'est qu'un amalgame de phrases creuses, contentant tout le monde.

Mais voici qu'une nouvelle surprise vint troubler cet accord harmonieux. Les députés au Landtag bavarois, et parmi eux Vollmar, allaient jusqu'à voter pour le budget. C'était excessif peut-être! Car voter le budget de l'État, c'est accorder sa confiance au gouvernement, et de la part d'un social-démocrate cela semble d'autant plus incohérent que ce gouvernement s'est toujours montré hostile à son parti.

Cette affaire fut mise en question au congrès de Francfort. Deux ordres du jour furent soumis au congrès. L'un provenait des députés de l'Allemagne méridionale et était ainsi conçu :

« Considérant que la lutte principielle contre les » institutions existantes de l'Etat et de la société res- » sort de l'action d'ensemble du parti ;

» Considérant ensuite que le vote, en leur entier, » des lois de finance dans les différents Etats (de l'em- » pire) est une question uniquement utilitaire : à ap- » précier seulement suivant les circonstances locales » et de temps, et d'après les faits cités au congrès » du parti tenu en Bavière ;

» Le Congrès passe outre aux ordres du jour 1,

» 3 et 4 proposés par Berlin et à ceux proposés par » Halle, Weimar, Brunswick et Hanau. »

Tous ces ordres du jour contenaient un blâme à l'adresse des députés socialistes au Landtag bavarois.

A côté de ces motions réprobatrices il y en avait une signée par les hommes les plus influents de la « fraction » : Auer, Bebel, Liebknecht, Singer, etc.

Elle était ainsi conçue :

Le congrès déclare ; « Il est du devoir des repré- » sentants parlementaires du parti, tant au « Reichs- » tag » qu'aux « Landtage », de vivement critiquer » et de combattre tous les abus et toutes les injustices » inhérentes au caractère de classes de l'Etat, qui » n'est que la forme politique d'une organisation » faite pour la sauvegarde des intérêts des classes » gouvernantes ; il est en outre du devoir des repré- » sentants du parti d'employer tous les moyens pos- » sibles pour faire disparaître des abus existants et » de faire naître d'autres institutions dans le sens » de notre programme. En plus, comme les gouver- » nements en tant que chefs d'Etats de classes com- » battent de la plus énergique façon les tendances » social-démocrates et se servent de tous les moyens » qui leur paraissent propices pour anéantir, si pos- » sible, la social-démocratie, il s'ensuit logiquement » que les représentants du parti dans les « Landtage » » ne peuvent accorder aux gouvernements leur con- » fiance et que l'approbation du budget impliquant » nécessairement un vote de confiance ils doivent » voter contre le budget. »

Et quel sort échut à ces deux ordres du jour ?

Le premier fut rejeté par 142 voix contre 93.

Le second par 164 contre 94.

On ne se décida donc à rien et la question en resta là. Et cela malgré la pression exercée par la trinité

Bebel-Liebknecht-Singer! Bien loin de perdre de son influence, Vollmar en a donc gagné: Et il a pu s'en retourner chez lui avec la douce conviction d'être soutenu par une importante fraction du parti.

Bebel aperçut le danger et, rentré à Berlin, il résolut de commencer la lutte. Dans une réunion, il manifeste son dépit à l'égard du congrès, le plus considérable de tous ceux tenus depuis la création du parti. Le parti, dit-il en substance, a pu s'accroître numériquement, *il a certainement perdu en qualité.* Des petits bourgeois, nullement d'accord avec les principes de la social-démocratie et de l'agitation internationale, se sont insinués dans le parti, pour y former l'élément modéré. L'opportunisme, le particularisme menacent de ruiner le parti. Pour lui, Bebel, un petit parti à principes déterminés est préférable à un parti fort numériquement et sans discipline. L'état actuel des choses lui est fort pénible. Il avait même songé à abandonner sa place au conseil central et ne l'avait conservée que sur les instances des compagnons et amis. Toutefois, il ne promettait rien et tenait à réserver son entière liberté d'action au cas où les affaires continueraient à marcher de même façon.

Nous voudrions connaître l'opinion de Bebel — Bebel, qui, en tant que prophète, s'est si souvent lamentablement trompé — sur l'article qu'il publia peu avant le congrès dans la *Neue Zeit* [1]. Il nous semble que la lecture l'en doive légèrement embarrasser.

Dans cet article Bebel dit :

« Quant à des dissensions principielles ou sérieu-
» ses à propos de la tactique du parti, il ne saurait en
» être question. Nulle part n'existent des dissensions
» de principe. Le parti, chez *tous* ses adhérents, se
» trouve sur une base de principe unique, définie dans

1. *Neue Zeit* 1895, Erster Band.

» le programme. Pour qui voudrait être ici d'une opi- » nion différente, il n'y aurait pas de place dans le » parti ; il lui faudrait aller aux anarchistes ou bien » aborder dans le camp bourgeois. Le parti n'aurait » que faire de lui. »

Les événements du congrès ont dû désenchanter Bebel, et le fait prouve en tous cas combien peu il est au courant de ce qui se passe dans son parti.

Il est vrai que dans le troisième article d'une série publié au *Vorwaerts*, Bebel avoue que, parti pour le congrès dans un état d'esprit optimiste, il avait été terriblement déçu.

En ce qui concerne Liebknecht, il était tellement frappé d'aveuglement que, même après le congrès, il vantait encore l'unité inébranlée du parti. Il publia dans le *Vorwaerts* un article redondant qui prouvait à quel point son auteur avait perdu la faculté d'appréciation, Liebknecht y dit : « Les dissensions tant es- » comptées par nos ennemis, disparurent à la suite » d'une critique libre et sans ambages, et au lieu de la » scission, invariablement prophétisée par nos adver- » saires, il y eut union plus étroite encore. Le cas » « bavarois » qui devait conduire à la ruine du parti, » ou du moins à l'irrémédiable rupture entre les » chefs de Berlin et les rebelles de l'Allemagne du » Sud, fut si bien aplani, grâce au tact et au bon sens » de la majorité, que pas la moindre amertume n'a » subsisté d'un côté ni de l'autre. »

Un tel optimisme surpasse l'imagination la plus fantasque. Et si jamais le « tout est pour le mieux dans le meilleur des mondes » a été illustré, ce fut par le vieux Liebknecht.

Parmi d'autres choses, la question agraire fut mise en discussion au congrès. Ici, l'attitude de Vollmar et de

Schonlank fut d'un opportunisme tel qu'ils jetèrent par dessus bord le principe socialiste, dans l'intérêt de la propagande « pratique ». Homœopathiquement, on n'administre que par doses infimes le socialisme aux paysans. On a peur de les tuer par une ingurgitation trop copieuse. Et ce qui frappe le plus le lecteur attentif du compte rendu, c'est qu'on ne s'adresse pas, pour les médiquer, aux paysans-ouvriers qui, eux, ne possèdent pas un pouce de terrain, mais... aux petits propriétaires!

Avec une indiscutable logique la *Frankfurter Zeitung* a pu dire à ce sujet : « Quelques phrases mises à part, tout parti radical-bourgeois peut arriver aux mêmes conclusions. » Dans la *Réforme*, M. Lorand s'exprime à peu près identiquement.

Vollmar ne manqua pas de ramasser le gant. Il parle du « pronunciamiento » de Bebel et s'écrie : « Les » temps présents nous offrent un étrange spectacle. » En face des ennemis marchant sur nous en rangs » serrés et prêts à nous attaquer, nous voyons un » de nos chefs se lever et lancer le brandon de dis- » corde, *non parmi* les adversaires, mais dans nos » propres rangs. »

Un des vétérans du parti, le député Grillenberger, se mêla à la dispute en se rangeant dans la presse, comme à Erfurt, du côté de Vollmar. Cette polémique trahit l'amertume et l'irritation que dans les deux camps on ressent. Vollmar dit « que les motifs de » l'attitude de Bebel doivent être cherchés dans son » amour-propre blessé et dans son manque de sens » critique et de sang-froid, qui lui ont fait placer — » lui, le chef d'un parti démocratique — sa propre » personnalité au-dessus des intérêts les plus tangi- » bles du parti, à la honte et au détriment de la so- » cial-démocratie et pour le plus grand bien et la

» joie des adversaires ». Quant à Bebel, il reproche à Grillenberger son langage « sale et vulgaire comme le vocabulaire d'un voyou ».

Ces personnalités ne nous intéressent que médiocrement, mais elles illustrent néanmoins d'une façon particulière la complète « unité » du parti.

Bebel prétend que l'élément petit-bourgeois, considérable surtout dans l'Allemagne du Sud, affaiblit le parti, et que l'opportunisme et le particularisme bavarois, encouragés systématiquement par Vollmar, sont irréconciliables avec le principe.

Il constate donc l'existence de très réelles dissensions de principes et d'après lui, Vollmar, Grillenberger et les leurs se trouvent devant le dilemme d'aller soit vers les anarchistes soit dans le camp bourgeois. Or, Vollmar ne semble nullement disposé à obéir à cette mise en demeure. Bien au contraire : il s'imagine, après comme avant, d'être en parfait accord avec les principes de la social-démocratie.

Bebel publia au *Vorwaerts* quatre articles dans lesquels il précise sa façon de voir et apprécie les opinions de Vollmar. L'étude est intéressante et nous croyons utile d'en placer quelques fragments sous les yeux d'une plus grande fraction du public.

Bebel rappelle combien de fois déjà Vollmar a obligé les divers congrès à s'occuper de sa politique et comment Vollmar est devenu une « colonne d'espérance » (*Hoffnungssaüle*) pour « tous les tièdes » *dans* le parti et pour tous les réformateurs bour» geois du dehors ». Lui, qui connaît Vollmar, sait que celui-ci arrivera peut-être un jour, comme il l'a fait avant, « à emboucher la trompette de l'ultra» radicalisme comme, à présent, il entonne l'air du « tout doux, » pour piper Pierre et Paul et grossir » ainsi les bagages du parti, si... Oui, « si » ? « Voilà

» le grand point d'interrogation et, pour le moment, » je ne désire pas davantage approfondir la ques- » tion. »

Vollmar fit ressortir, et avec raison, que ce que Bebel lui reprochait avait déjà été dit par Hans Müller [1]... au sujet de l'embourgeoisement du parti. Avec la prétention propre aux personnages gouvernementaux, Bebel rejette loin de lui cette insinuation en affirmant qu'il n'a que superficiellement feuilleté la brochure de Hans Müller et qu'il sait à peine ce qu'elle contient.

Malgré la solennelle affirmation de M. Bebel, nous nous permettons de n'en rien croire. Comment, voilà une critique essentielle contre le parti tout entier, faite par un homme dont Bebel lui-même a dit qu'il n'était pas le premier venu, et on voudrait nous faire croire que les chefs du parti ne l'ont pas lue ? C'est par trop invraisemblable, et, si cela était *vrai*, ce serait inexcusable. Inexcusable en effet, car comme chef de parti on est tenu de prendre connaissance de tout ce qui peut être utile à un degré quelconque, au parti lui-même. Et invraisemblable aussi, car il est difficile d'admettre que l'on ait ignoré, ou à peu près, une brochure sensationnelle comme celle de Hans Müller. Mais j'imagine, combien cette brochure a dû être désagréable aux muphtis du parti, car, sans se perdre dans des personnalités, l'auteur y a demontré, avec preuves à l'appui et par des citations empruntées aux écrits mêmes des dits grands dignitaires, combien la social-démocratie s'était embourgeoisée et avait incliné à droite.

Mais voilà ! Hans Müller a eu l'infortune d'être plus perspicace que Bebel et de découvrir avant celui-

1. *Der Klassenkampf in der deutschen Sozialdemokratie* von dr. Hans Müller.

ci les phénomènes qui, à présent, se manifestent aux yeux de tous.

N'était-ce pas Bebel qui, à cette époque, fit remarquer comment les conditions matérielles d'un individu influencent ses opinions ? Il fit cette observation en visant Vollmar qui habite une villa plutôt somptueuse au bord d'un des lacs de Bavière. Mais la même remarque a été faite par d'autres, et avec autant de justesse, à l'égard de Bebel.

*
* *

Recherchons maintenant les causes de l'infiltration de plus en plus considérable d'éléments petit-bourgeois dans la social-démocratie et de la grande influence qu'ils y exercent.

Le docteur Hans Müller a écrit tout un chapitre sur cette question.

Jusqu'aux temps de la loi contre les social-démocrates en Allemagne, le mouvement social-démocratique fut un mouvement de classe purement prolétarien avec un caractère nettement révolutionnaire. Les adhérents furent presque exclusivement des ouvriers ; les petits patrons, les paysans et les boutiquiers formaient un nombre insignifiant sans aucune influence sur le mouvement.

Plus tard un changement complet se produisit. Quelles furent les causes de ce changement ?

Premièrement la dépendance où se trouvent les ouvriers salariés, qui leur rend difficile sinon impossible une activité politique publique. Un ouvrier salarié par exemple ne peut être membre du parlement, car son patron ne lui permettrait pas d'assister aux séances, et peut-on imaginer d'ailleurs un patron, permettant à un de ses ouvriers de siéger au parlement comme social-démocrate ? Il ne faut pas oublier que la position financière du prolétaire est un obstacle, car les membres du parlement allemand (Reichstag) ne reçoivent aucune indemnité et, quoique le parti allemand paie à ses membres une indemnité, il ne les indemnise que pour les jours où le parlement s'assemble.

Les ouvriers qui remplissent un rôle prépondérant, perdent leurs places et doivent chercher une autre carrière. Ici on ouvrait un café ou un bureau de tabac, là on devenait colporteur, on installait une librairie ou bien on se faisait rédacteur d'un journal pour les ouvriers. Ces hommes se créaient ainsi une existence petit-bourgeoise : Auer, qui fut garçon sellier, monta en 1881 un magasin de meubles ; Schuhmacher, garçon tanneur, fonda en 1879 une tannerie ; Stolle, jardinier-fleuriste, tint un café ; Dreesbach, primitivement ébéniste devint marchand de tabac.

On peut allonger cette liste à volonté. Naturellement ces hommes furent les meilleurs adhérents du parti. Mais on comprend que le milieu dans lequel on vit, exerce une grande influence sur l'existence et la façon de penser ; les hommes dont nous venons de parler n'ont pu se soustraire à la règle générale et leur changement de position a été accompagné d'un changement d'opinion.

Beaucoup des chefs locaux de la social-démocratie sont égarés par leur existence petit-bourgeoise. Ils ne sont plus les représentants du mouvement purement prolétarien, mais, arrachés des rangs des prolétaires, ils ont perdu leurs idées révolutionnaires. Ils commencent à parler de l'amélioration de la position des petits bourgeois, dans le cadre de la société actuelle.

La prudence est conseillée. Déjà ils ont perdu leur place une première fois, ils vont désormais penser davantage à leurs femmes, à leurs enfants ; ils ont maintenant quelque chose à perdre, ils se disent qu'on peut rester socialiste sans faire toujours le révolutionnaire.

Le petit bourgeois de fraîche date abandonne ainsi son point de vue prolétarien et révolutionnaire et il devient un socialiste pratique et petit-bourgeois.

Une telle explication est naturelle et compréhensible; il serait étrange que le contraire se produisît.

Mais ces messieurs furent les chefs locaux et ces modérés exercèrent une certaine influence dans leur entourage. Dans la pratique il fallait se mêler aux élections et gagner les votes des petits patrons, des paysans, des fonctionnaires subalternes, etc. [1]. Dans les manifestes électoraux on trouve partout cette préoccupation, et de cette manière on gagnait toujours des votes.

Avec les élections le succès est tout; et qui ne met volontiers de l'eau dans son vin, si c'est pour triompher? On parle rarement des principes ou même jamais, on veut être des hommes pratiques et on se borne aux réformes mesquines et proches.

Le docteur Müller fait le récit d'une réunion dans le Mecklembourg, où on applaudissait beaucoup l'orateur socialiste. Il demanda à un des auditeurs ce que ces social-démocrates voulaient obtenir et la réponse fut : les social-démocrates veulent abolir l'impôt sur l'alcool.

L'alcool est un facteur d'une considérable influence

1. Voyez les superbes pages sur les élections dans le roman de Georges Renard. *La conversion d'André Savenay*.

Les parlementaires connaissent très bien la corruption électorale, mais comme hommes pratiques ils en font usage à leur profit si c'est possible. Leur théorie est : chacun son tour. C'est pour cela qu'ils pratiquent le « ôte-toi de là que je m'y mette. »

dans les élections, comme on peut le constater dans la brochure de Bebel sur l'attitude des social-démocrates au parlement allemand pendant les années 1887-90 et dans laquelle il dit textuellement : quand le peuple élit au parlement les mêmes membres qui ont voté pour l'augmentation des impôts et ont défendu les intérêts des agrariens, nous pouvons nous attendre à une augmentation de l'impôt sur l'eau-de-vie, et une augmentation de l'impôt sur la bière ne tardera pas. Donc les électeurs sont conduits à donner leurs votes aux candidats socialistes, de crainte que l'eau-de-vie et la bière ne soient beaucoup plus chères ! Bebel disait la même chose que ce simple paysan de Mecklembourg !

De même en Belgique l'influence de l'alcool est terrible et tous les partis, y compris les socialistes, en profitent.

Dans certains manifestes pour les électeurs, on ne trouve aucun des desiderata prolétariens ! Pour les élections du Landtag saxon, les social-démocrates demandaient la réglementation de la nomination des instituteurs par l'État, que les subventions pour les écoles soient aux mains de l'État, l'instruction obligatoire jusqu'à l'âge de quatorze ans, la distribution des fournitures scolaires, l'exonération de l'impôt jusqu'à un revenu de neuf cents marks, le suffrage universel, et un impôt sur le capital remplaçant les impôts indirects. On reconnaîtra qu'on peut ne pas se nommer socialiste, même quand on accepte tous ces desiderata.

L'attitude du journal *Vorwaerts* dans le mouvement des sans-travail en 1892 fut caractéristique. L'indignation de ce journal, qui représente la classe des non-possédants, fut ridicule, lorsque la rédaction s'indigna du ravage de la propriété des trois social-démocrates honorables par une bande de sans-travail !!

Un article sur la Psychologie de la petite bourgeoisie dans le *Neue Zeit* (Nouveaux Temps) de 1890 par le docteur Schoenlank) mérite encore l'attention de tous, surtout des socialistes réformistes parlementaires.

Il y a de cela quelques mois, une très intéressante brochure parut, écrite par M. Calwer [1], rédacteur d'un journal socialiste de Brunswick. Nous n'en pouvons trop recommander la lecture.

D'après Bebel c'est surtout en l'Allemagne du Sud que l'élément petit-bourgeois est prédominant dans le parti : « L'Allemagne du Sud, dit Bebel, est un pays » principalement petit-bourgeois, et petit-bourgeois » veut dire en même temps petit-paysan ». La grande » industrie, à part dans l'Alsace-Lorraine et quelques » villes, n'y est pas développée et la prolétarisation des » masses, par conséquent, pas très avancée. Les » masses y vivent — quoique parfois dans de misérables conditions — en général d'une vie de » petits-bourgeois ou de petits-paysans, de sorte que » la façon de penser prolétarienne n'y est pas encore parvenue à toute sa netteté. Il y a ensuite le » sentiment de l'isolement politique, plus vif dans » l'Allemagne du Sud à cause même des conditions » économiques. La véritable expression politique » de cet état de choses c'est le petit-bourgeois « parti » du Peuple » (*Volkspartei*) qui, pour ces raisons, » se manifeste le plus puissamment dans le Wurtemberg, le pays le plus petit-bourgeois de l'Allemagne et y a trouvé son Eldorado. Nos amis du Wurtemberg ont une très lourde tâche là-bas.

« Il est donc très naturel, étant données les conditions sociales et politiques dans lesquelles vivent la

1. Richard Calwer, *Das kommunistische Manifest und die heutige Sozial-demokratie.*

» plupart de nos partisans de l'Allemagne du Sud, » que ceux-ci soient influencés par l'esprit incontes- » tablement petit-bourgeois qui prédomine dans ces » contrées. C'est ainsi qu'en Bade on nomma député » social-démocrate au Landtag un philistin (*Spiesbur-* » *ger*) achevé, un mangeur de prêtre et braillard » du Kulturkampf comme Rüdt qui sut là-bas acqué- » rir l'influence qu'il possède encore aujourd'hui; » c'est ainsi qu'un déplorable pître comme Hansler » a pu jouer un rôle à Mannheim. En disant cela, je » n'ai nullement voulu adresser des reproches à qui » que ce soit. J'ai tout simplement essayé de donner » une explication objective, chose fort importante » pour le développement de notre parti et pour la- » quelle je réclame, non seulement de nos amis de » l'Allemagne du Nord mais aussi et surtout des Al- » lemands du Sud, la plus intense attention. »

Il nous semble qu'ici Bebel apprécie les choses d'un point de vue trop particulariste, et nous partageons plutôt l'avis de Calwer lorsqu'il attribue l'embourgeoisement du parti-social-démocrate — phénomène observé aussi bien dans l'Allemagne septentrionale, en France et ailleurs que dans l'Allemagne du Sud — à des causes générales.

En effet, que s'est-il passé dans tous pays selon Calwer?

Au début ce furent les salariés qui composaient l'élément principal dans l'agitation socialiste. Ainsi qu'aux premiers temps du christianisme des pêcheurs et des artisans allèrent propager l'Evangile, — sans rétribution et pour sa seule cause, — ainsi il en fut du socialisme. Certains propagandistes, par leur attitude indépendante, perdirent leur gagne-pain. D'autres, afin de pouvoir continuer à propager leurs idées, furent contraints de chercher de nouveaux moyens d'existence. Les uns s'établirent mastroquets, les autres montaient une petite librairie où, à la vente des périodiques socialistes, se joignait un commerce de plumes, de papier, etc. D'autres encore ouvraient un débit de tabac et de cette façon tout ce monde cherchait à se caser, soutenu par des amis. Naturellement les braves citoyens ainsi mis à l'aise, en cessant d'être des salariés, deviennent de parfaits petits bourgeois et à partir de ce moment leurs intérêts diffèrent du tout au tout de ceux de leurs anciens camarades. De sorte qu'aujourd'hui on est arrivé à pouvoir satisfaire à tous ses besoins, depuis les vêtements jusqu'aux cigares, en accordant sa clientèle exclusivement à des boutiquiers socialistes. La presse du parti leur fait de la réclame et les ouvriers socialistes se voient moralement obligés à ne faire leurs achats qu'aux bonnes adresses. Calwer dit à ce sujet : « On attelle les chevaux du socialisme au char de l'effort réactionnaire et le travailleur, moyennant espèces, doit prendre place dans cet impraticable et dangereux véhicule. On ne peut pas en vouloir à ces personnes qui, contraintes par leur situation d'entreprendre ce genre de commerce, se remuent et s'agitent pour le faire réussir. Ils sont on ne peut mieux intentionnés tant à leur propre égard qu'à celui des travailleurs. Mais du point de vue strictement prolétarien, ces entreprises ne sont que des trafics réactionnaires, plutôt préjudiciables aux ouvriers. Car ceux-ci se laissent persuader qu'il est de leur devoir de favoriser ces entreprises. Ils y apportent leur bonne monnaie et reçoivent en échange des denrées qu'ils auraient pu se procurer bien plus avantageusement dans un grand magasin. Ceux que je vise ici auront beau

» insister sur la sincérité de leurs conceptions et d·
» leurs considérations social-démocratiques, leur faço.
» de procéder est anti-socialiste et aboutit finalemen
» à cette tendance bourgeoise qui fait miroiter de-
» vant les yeux du travailleur la possibilité d'amélic
» rer son sort par le « *selfhelp* » et lui en recommand
» l'essai. »

En ce sens Calwer appelle l'apposition de marque de contrôle dans des chapeaux une tactique petit-bourgeoise, car, dit-il, « c'est un non-sens que cett
» prétention des travailleurs de vouloir, dans le cadre
» de la société bourgeoise, faire concurrence à la pro-
» duction bourgeoise. Il faut donc ouvertement com-
» battre toutes ces tentatives dès qu'on essaye de les
» abriter sous le drapeau social-démocrate comme
» cela se fait aujourd'hui ». Et plus loin : « Il est im-
» possible d'éviter ces trafics petits-bourgeois et on ne
» peut pas en faire un crime à ceux qui tâchent d'y
» trouver une existence ; on peut même, à la rigueur,
» les considérer avec plus de sympathie que d'autres
» et analogues institutions petit-bourgeoises, —
» mais c'est contraire aux intérêts du prolétariat, et
» blâmable au point de vue socialiste que de recom-
» mander aux ouvriers de soutenir par leurs gros sous
» des entreprises condamnées d'avance, et d'acheter
» des denrées qui ne sont pas aussi bien condition-
» nees (et ne sauraient l'être) que dans des magasins
» et usines techniquement mieux organisés. »

Certes, c'est pénible de voir des ouvriers congédiés et privés de leur gagne-pain à cause de leurs principes, mais tout en reconnaissant que nous devons les aider suivant nos moyens, nous ne devons pas fermer les yeux aux phénomènes qui, dans leur développemen, ont un effet réactionnaire. « La coopération est un mi-
» sérable reflet du capitalisme spéculateur qui tent ,

» d'une manière pitoyable et souvent déplorable, de » forcer les moyens de production et de communica- » tion moderne, dans le cadre des anciennes condi- » tions de propriété, au détriment du prolétariat con- » sommateur. Ces ouvriers excommuniés par les » patrons, qui créent des sociétés de consommation, » ce prolétaire qui devient cabaretier ou boutiquier, » tous ces gens-là changent bientôt leur vie prolétarienne pour une existence de petit-bourgeois. »

Ces victimes de l'agitation prolétarienne se transforment donc en petits bourgeois. Leur existence matérielle dépend de façon directe de la situation plus ou moins florissante du parti. C'est ainsi qu'on arrive à un état de choses que l'on blâme dans l'organisation de l'Eglise : des personnages salariés, directement ou indirectement au service du parti et contraints, pour ainsi dire, à le soutenir envers et contre tous. Il se crée une armée compacte d'individus vivant sur ou par le parti. Et c'eut été bien extraordinaire si cette métamorphose de certains éléments n'avait pas exercé d'influence sur le mouvement socialiste, si purement prolétarien, si net dans son caractère révolutionnaire au début. Dès que l'élément petit-bourgeois s'infiltre et même commence à jouer un rôle prépondérant, il est tout naturel que le caractère révolutionnaire s'affaiblisse.

Comment serait-il possible en effet, dans un parti révolutionnaire, de tenir chaque année un congrès qui dure toute une semaine ? Nul travailleur *travaillant*, à part de fort rares exceptions, ne peut prendre part à un congrès de ce genre. Aussi les délégués sont-ils habituellement des chefs locaux, pour la plupart boutiquiers de naissance ou encore devenus petits bourgeois par droit de conquête. Ainsi se forme une espèce d'hiérarchie comme dans l'Eglise catholique. Les petits chefs locaux sont comme les curés de village. Les délégués au congrès sont les évêques, les membres de la fraction socialiste au Reichstag les cardinaux et des circonstances dépend s'il y a lieu ou non de procéder à la nomination d'un pape. La fraction socialiste au dernier Reichstag se décomposait ainsi : 1 avocat, 2 rentiers, 10 rédacteurs de journaux et auteurs, 4 cabaretiers, 7 fabricants de cigares et boutiquiers, 3 éditeurs et 3 négociants. Les six autres faisaient du trafic pour leur propre compte. Pas un seul travailleur sur ce quart de grosse de représentants du peuple ! Et il ne saurait en être autrement, car un ouvrier ne peut pas risquer les chances si variables d'une élection. Les actes et la tactique d'un parti ne peuvent d'avance et volontairement être arrêtés ; ils subissent l'influence des éléments sociaux dont se compose le parti. Si un parti se compose de bourgeois, il sera capitaliste ; s'il se compose de petits bourgeois il pourra être anticapitaliste mais révolutionnaire jamais ! Tout au plus sera-t-il réformiste. Seul un parti composé de prolétaires sera prolétarien et socialiste-révolutionnaire. Les éléments petit-bourgeois qui s'introduisent dans un parti tentent toujours d'y faire prévaloir leur influence, et fréquemment ils y réussissent. Souvent l'influence d'un petit-bourgeois équivaut à celle de dix ouvriers salariés. Le Dr Müller a grandement raison en disant que là où les chefs s'imaginent peut-être se trouver à la tête d'un parti prolétarien, ils n'ont derrière eux, en réalité, qu'un mouvement semi-prolétarien qui menace de dégénérer en un mouvement exclusivement petit-bourgeois.

Bakounine [1] écrit dans le même sens : « Il faut » bien le dire, la petite bourgeoisie, le petit commerce

1. *Œuvres, Fédéralisme. Socialisme et Antithéologisme. Lettres sur le Patriotisme. Dieu et l'État.* Paris, Stock.

» et la petite industrie commencent à souffrir aujour» d'hui presque autant que les classes ouvrières et si » les choses marchent du même pas, cette majorité » bourgeoise respectable pourrait bien, par sa position » économique, se confondre bientôt avec le prolétariat. » Il en est ainsi dans tous les pays et cela constitue un danger pour le socialisme. Mais il est vrai aussi que « l'initiative du nouveau développement n'appar» tiendra pas à elle (la petite bourgeoisie), mais au » peuple : en l'occident — aux ouvriers des fabriques » et des villes ; chez nous, en Russie, en Pologne, et » dans la majorité des pays slaves, — aux paysans. La » petite bourgeoisie est devenue trop peureuse, trop » timide, trop sceptique pour prendre d'elle-même » une initiative quelconque ; elle se laissera bien en» traîner, mais elle n'entraînera personne ; car en même » temps qu'elle est pauvre d'idées, la foi et la passion » lui manquent. Cette passion qui brise les obstacles » et qui crée des mondes nouveaux se trouve exclu» sivement dans le peuple ». Tout ceci est exact en ce qui concerne le principe révolutionnaire, mais en temps ordinaire, la petite bourgeoisie fait tout son possible pour entraîner les prolétaires sur la voie des soi-disant réformes pratiques.

C'est dans l'élément petit-bourgeois principalement que se recrutent les agitateurs ambulants, les chefs de mouvement dans les différentes localités et les rédacteurs des journaux du parti. Calwer juge sévèrement ce genre de personnages. Il dit : « Nos écrivains » se recrutent dans les milieux les plus hétérogènes. » Leur origine est toujours douteuse. Moi-même, par » exemple, je suis un théologien qui n'ai pas passé » d'examen. Tel autre est étudiant en droit, un tel » maître d'école ou aspirant. Un quatrième n'a même » pas pu arriver aux études supérieures. D'autres en-

» core n'ont pas fait d'études du tout. Parce qu'il y » a un Bebel dans notre parti, beaucoup: écrivains, » artisans, typographes, journalistes, etc., s'imaginent » que c'est chose très facile de devenir, par ses pro- » pres efforts, un écrivain socialiste. Heureusement » nous n'avons pas institué le commission d'examens, » mais des poumons solides et une langue venimeuse » secondent puissamment l'écrivain socialiste. Et c'est » ainsi grâce à la concurrence que se font réciproque- » ment ces personnages de si différentes situations » sociales, que des ignorants, n'ayant absolument rien » compris au socialisme, s'introduisent dans notre » mouvement en qualité de rédacteurs et d'écrivains. » Parfois aussi on aime à faire parade d'un de ces » transfuges des « classes civilisées » et quelque temps » après on assiste au spectacle de voir le monsieur » abjurer solennellement tout ce que dans sa juvénile » présomption il a écrit ou raconté aux ouvriers. Et » alors on fait des reproches à cet honnête homme! Si » seulement nombre de ces écrivains qui n'ont jamais » rien compris au socialisme voulaient suivre cet » exemple! Quel bien n'en résulterait-il pas pour no- » tre agitation! Oui, le « parvenir à l'entière compré- » hension » n'est pas chose aussi aisée qu'on le croit » généralement. Cela exige en premier lieu de l'étude » et de l'observation qui, à leur tour, demandent le » loisir et les connaissances nécessaires. Les excep- » tions confirment la règle. S'imaginer que les con- » naissances qui précèdent les études académiques et » ces études elles-mêmes puissent être remplacées par » quelque lecture et par la seule bonne volonté de » devenir écrivain, c'est donner une preuve de la plus » absolue incompréhension du métier d'écrivain. » Lorsque des personnages capables tout au plus de » remplir les fonctions de second rédacteur sont à la

» tête d'un journal, et qu'ils traitent du haut de leur » grandeur des sous-rédacteurs plus intelligents et » qui ont plus de routine qu'eux-mêmes, alors ils don- » nent bien la preuve qu'ils possèdent toute la présomp- » tion adhérente à leur position mais nullement qu'ils » disposent du *savoir* qu'on a le droit d'exiger chez » nos rédacteurs en chef. Or, ce savoir n'est pas unique- » ment basé sur des aptitudes naturelles mais encore sur » des études méthodiques, continuées jusqu'à la fin des » cours académiques. Ce qui ne veut pas dire que les » études universitaires suffisent pour former l'écrivain » socialiste. Nous avons, au contraire, des personna- » ges ayant fait leurs études et qui cependant ne com- » prennent rien au socialisme. Mais, munis de toute » leur présomption universitaire en même temps que » de leur titre doctoral ils se croient appelés à jouer » un rôle dans le mouvement. — Si je n'étais pas là, » qu'adviendrait-il de la social-démocratie? Voilà ce » qu'ils disent par leur attitude. A peine sont-ils entrés » dans le mouvement qu'ils croient tout savoir et tout » connaître et qu'ils se posent en pédagogues en face » des travailleurs: Voilà ce que vous avez à faire, car » moi, le docteur un tel, je crois cela juste. J'ai à peine » besoin de faire ressortir ici que ces transfuges, dans » la plupart des cas, eussent été totalement incapables » de remplir les fonctions bourgeoises quelconques » qui leur seraient échues. Il faut donc attribuer la mé- » diocrité de la littérature de nos écrivains à leur » éducation défectueuse et à leur présomption. Mais » s'il leur a été possible de prendre une pareille atti- » tude dans le parti, la faute en incombe moins à eux- » mêmes qu'au petit-bourgeoisisme que nous avons » déjà décrit. »

Les grandes vérités contenues dans ces lignes me feront pardonner la longue citation. Moi-même j'avais écrit dans ce sens [1] et ma satisfaction est grande de retrouver les mêmes conclusions chez Calwer.

Le Dr Müller traita la même question, ne fût-ce qu'en passant et voilà que nous voyons Bebel et autres arriver aux mêmes résultats. Quand j'écrivis que le parti avait gagné en quantité ce qu'il avait perdu en qualité, je fus traité de calomniateur du parti allemand. Il ne me déplaît pas d'entendre formuler maintenant les mêmes critiques par ceux qui, à l'époque, m'accusaient de calomnie. Bebel notamment écrit dans le *Vorwaerts*, quatrième article de sa série : « Le parti, en ce » qui concerne son développement intellectuel, a plu» tôt augmenté en largeur qu'en profondeur; au point » de vue numérique nous avons gagné considérable» ment, mais quant à la qualité, le parti ne s'est pas » amélioré. Cela, je le maintiens! Car si cela n'était pas, » la crainte de l'embourbement et de la débilitation » (*Versumpfung*, *Verwasserung*) du parti ne serait » pas aussi grande qu'elle l'est aujourd'hui. » Il écrit encore que « bon nombre de nos agitateurs devraient » s'efforcer de beaucoup mieux se mettre au courant » qu'ils ne le sont actuellement. Ce serait le devoir du » parti d'aider en leurs efforts ces hommes qui, pour » la plupart, sont surchargés de travail et qui vivent dans des conditions matérielles prolétariennes ». Et plus loin : « L'augmentation des forces éminentes et » capables est restée de beaucoup en arrière compa» rée à la croissance du parti. Ce que nous avons » gagné sous ce rapport dans les cinq dernières an» nées peut aisément se compter. » Il rappelle comment, il y a de cela dix ans, et alors qu'il n'y avait pas encore autant à craindre de l'embourbement, ce fut précisément Vollmar qui, lorsque le renouvellement

1. Voir *De sociale Gids*, IIe année, p. 346 et suiv.

des lois d'exception contre les socialistes était à l'ordre du jour, écrivait dans le *Sozialdemocrat* de Zürich que le renouvellement de ces lois serait profitable au développement du parti. A cette époque, il se rendait donc très bien compte du péril, et à présent que le parti est beaucoup plus en danger de perdre son caractère prolétarien et révolutionnaire, ce n'est plus, hélas! Vollmar qui lève la voix pour dénoncer le danger, mais, au contraire, il est devenu l'espoir de tous les éléments petit-bourgeois du parti. N'est-ce pas triste chose de voir ainsi sombrer, sous l'influence d'un changement de milieu, de si grandes facultés? Et s'il est du devoir du parti de repousser toute tendance aboutissant à la débilitation et l'embourbement du parti, comme le dit Bebel, alors on a agi d'une façon inexcusable par l'exclusion des « jeunes », qui, de fait, ont exercé la même critique que Bebel exerce maintenant. Pourquoi ne pas reconnaître l'erreur et la faute commises par cette exclusion, et pourquoi ne pas essayer de les séparer si possible?

Mais revenons au congrès. Bebel a incontestablement raison dans sa crainte de la débilitation du parti, puisque des socialistes vont jusqu'à voter le budget de l'Etat, en Bavière. Mais pendant les discussions sur ce sujet, il fut prouvé que le même phénomène s'était déjà présenté à Bade et à Hesse, sans que l'on ait pensé à incriminer les députés socialistes coupables. Il y avait donc eu des antécédents.

En ce qui concerne la question agraire, on fit preuve de la même indécision. Nous avons déjà montré, dans notre étude: *Le Socialisme en danger* [1], comment Kautsky, dans sa brochure sur le programme d'Erfurt, professe les mêmes idées que

1. Voir *la Société nouvelle*, année 1894, t. I, p. 607.

Vollmar au sujet de la question agraire. Messieurs les chefs du parti ne paraissent pas s'en être aperçus. Etaient-ils d'accord avec Kautsky ou bien s'intéressent-ils si peu à ce qui s'écrit, même de la part de leurs conseillers spirituels, que le fait leur ait échappé ?

Au cours des discussions sur la question agraire, Bebel disait: « Dans l'exposé de Vollmar nous constatons le même reniement du principe de la lute des classes, la même idée non socialiste de conquérir, par l'agitation, des contrées qu'il est impossible de conquérir et qui, même si cela était possible, ne sauraient être gagnées à notre cause que par la dissimulation ou le reniement de nos principes social-démocratiques. Excellent dans un certain sens et irréprochable en ce qui concerne la détermination de certains modes d'agitation suivis jusqu'ici — la dernière partie quelque peu exagérée cependant — ce discours, dans sa partie positive, a été d'autant plus dangereux. Et ces passages dangereux ont été applaudis par un grand nombre de délégués, ce qui corrobore ma conviction que, sur ce terrain aussi, il existe un manque de clarté auquel on ne s'attendrait pas chez des social-démocrates. »

Bebel fit remarquer que Vollmar n'avait rien dit des éléments qui devraient être l'objet principal de notre propagande: les valets de ferme, les ouvriers agricoles et les petits paysans. Par contre, il avait beaucoup parlé des agriculteurs proprement dits, envers qui notre propagande est de très minime importance.

« Pas la moindre mention n'a été faite, dans la question agraire, du but final du parti. C'est comme si la chose n'existait pas. En 1870, lors d'un congrès tenu dans la capitale du pays par le parti ouvrier social-démocrate, l'Etat le plus « petit-paysan » de l'Allemagne, le Wurtemberg, se prononça ouvertement et sans ambages en faveur de la culture communautaire du sol. Le *Allgemeine Deutsche Arbeiterverein* fit de même. En l'an de grâce mil huit cent quatre-vingt-quatorze, on a tourné autour de cette question, comme le fait un chat autour d'une assiette de lait chaud. Voilà le progrès que nous avons réalisé. »

Ledebour, se mêlant à la discussion, arrive à la même conclusion que nous, à savoir que Kautsky partageait les vues de Vollmar. Bebel prétendit ne pas avoir connaissance de ce fait, mais qu'il s'en informerait, et, que si la chose était vraie, il combattrait Kautsky aussi bien que Vollmar. Depuis, Bebel a déclaré que Kautsky, dans sa brochure, n'avait professé aucune hérésie contre le Principe.

Ceci donna occasion à Ledebour de se prononcer plus catégoriquement et il maintint au sujet de Kautsky et de Bebel ce qu'il avait dit. Dans sa brochure, Kautsky écrit : « La transition à la production socialiste n'a non seulement pas comme condition l'expropriation des moyens de consommation, mais elle n'exige pas davantage l'expropriation générale des détenteurs des moyens de production.

» C'est la grande production qui nécessite la société socialiste. La production collective nécessite également la propriété collective des moyens de produire. Mais tout comme la propriété privée de ces moyens est en contradiction avec le travail collectif, la propriété collective ou sociale des moyens est en contradiction avec la petite production. Celle-ci demande la propriété privée des moyens. L'abolition, par rapport à la petite propriété, en serait d'autant plus injustifiable que le socialisme veut mettre les travailleurs en possession des moyens de produire. Pour la petite production, l'expropriation des moyens de produire équivaudrait donc à l'expropriation des possesseurs actuels — qui aussitôt rentreraient en possession de ce qu'on leur aurait enlevé... Ce serait de la folie pure. *La transition de la société socialiste n'a donc nullement comme condition l'expropriation des petits producteurs et des petits paysans.* Cette transition non seulement ne leur prendra rien, mais elle leur profitera grandement. Car, la société socialiste tendant à remplacer la production des denrées par la production pour l'usage direct, doit aussi tendre à transformer tous les services (rendus) à la communauté : impôts ou intérêts hypothécaires devenus propriété commune, — en tant qu'ils n'auront pas été abolis, — de services pécuniaires qu'ils étaient en services en nature sous forme de froment, vin, bétail, etc. Cela serait un grand soulagement pour les paysans. Mais c'est impossible sous le régime de la production des denrées. Seule la société socialiste pourra effectuer cette transformation et combattre ainsi une des causes principales de la ruine de l'agriculture.

» Ce sont les capitalistes qui, en réalité, exproprient les paysans et les artisans, comme nous venons de le voir. La société socialiste mettra un terme à cette expropriation [1]. »

En dépit de leur style embrouillé, ces passages sont caractéristiques et Ledebour nous paraît avoir absolument raison lorsqu'il dit que les considérations politico-agraires de Kautsky sont en parfait accord avec la tactique de Vollmar. Et lorsque Kautsky s'ir-

1. Nous regrettons amèrement de devoir infliger à nos lecteurs cet indigeste morceau de littérature social-démocrate. Mais il le faut.

rite à cause de ces déductions si logiques, Ledebour a encore raison quand il dit : « Si Kautsky veut que son livre plein de contradictions soit compris différemment, il faut d'abord qu'il s'efforce d'être clair et qu'il refasse complètement ce livre. Un écrivain ne saurait être jugé que d'après ce qu'il a écrit et non d'après ce qu'il a voulu écrire. » Le fait est que Kautsky promet « un grand soulagement » (*Erleichterung*) aux petits paysans et qu'il croit possible la continuation de l'industrie petit-bourgeoise à côté de la production socialiste et collective. On ne veut donc exproprier que la grande industrie. Mais où tracera-t-on la ligne de démarcation ? Et lorsque Kautsky ajoute que « d'aucune façon on ne peut dire que la réalisation du programme social-démocrate exige, en toute circonstance, la confiscation des biens dont l'expropriation serait devenue nécessaire », il faudrait être frappé d'aveuglement pour ne pas voir que c'est Kautsky qui, dans sa brochure, tend la main à Vollmar. Il paraît étrange que l'on ne s'en soit jamais aperçu et, pour nous, c'est certainement une satisfaction d'avoir fait remarquer, le premier, les tendances petit-bourgeoises que renferme ce livre. Nous n'oserions pourtant pas affirmer, comme le fait Grillenberger, que Kautsky soit de cent lieues « plus à droite » que Vollmar et Schonlank.

Que Kautsky ait essayé de se laver de ces reproches, cela n'étonnera personne, mais nous doutons fort qu'il y ait réussi [1]. Il attribue l'interprétation erronée de son livre à ce fait « que la conception matérialiste n'a pas encore suffisamment pénétré ces mauvais entendeurs ». Il distingue entre une certaine forme de propriété et un certain mode de production et nous

1. Voir *Neue Zeit*, 1894-1895, n° 10, pp. 262 et suiv.

devons voir dans son écrit non l'idée d'une continuation de la petite industrie dans la société socialiste, mais la conviction que la grande industrie socialiste y mettra plus vite un terme que, jusqu'ici, la grande industrie capitaliste n'a su le faire.

Après tout, il est possible que Kautsky ait *voulu dire* cela, mais on nous accordera qu'il ne l'a *pas dit* et Kautsky ne doit donc s'en prendre qu'à lui-même si son incorrecte et défectueuse manière de s'exprimer a donné lieu à une interprétation erronée.

Le congrès de Cologne avait donné mandat à une commission de préparer un programme agraire pour le congrès suivant de Breslau. La commission a fait son devoir et le programme agraire est publié.

Quel est le résultat?

Un pas en avant dans la direction du socialisme d'Etat. Personne n'en peut être surpris, car c'est une conséquence fatale.

Dans les considérants du programme, on peut lire qu'on veut faire de l'agitation en restant dans le cadre de l'ordre existant de l'Etat et de la société. Figurez-vous bien qu'on veuille démocratiser les institutions publiques dans l'Etat et dans les communes en s'enfermant dans le cadre des lois de l'Etat prussien. Quel non-sens!

Le programme est incompréhensible, car il est écrit dans un jargon allemand, soi-disant philosophique, et s'adresse au paysan allemand comme le latin dans la liturgie catholique. Quand ce paysan l'aura lu, il secouera certainement la tête et il dira qu'il ne comprend rien à ce galimatias scientifique.

Seulement on peut constater que c'est l'Etat qui remplit dans le programme le rôle de providence terrestre. Le mot Etat se trouve au moins dix fois dans le programme. En voici les points principaux pour prouver ce que nous avons avoué plus haut :

N° 7. L'établissement d'écoles industrielles et agricoles, de fermes modèles, de cours agricoles, de champs d'expérimentation agricoles.

N° 11. La suppression de tous les privilèges résultant de certains modes de propriété foncière ; la suppression de certains modes d'héritage, sans indemnité, et aussi des charges et des devoirs, résultant de ces modes.

N° 12. Le maintien et l'augmentation de la propriété foncière et publique et la transformation des biens de l'église en propriété *sous le contrôle de la représentation.*

Les *communes* auront un droit de préemption sur tous les biens vendus à la suite de saisies immobilières.

N° 13. L'*Etat et les communes* devront louer à des associations agricoles ou à des paysans les biens domaniaux et commerciaux ou, lorsque cette méthode ne sera pas rationnelle, donner à bail à des paysans *sous le contrôle de l'Etat ou de la commune.*

N° 14. L'*Etat* doit accorder des crédits aux syndicats pour améliorer la terre par des travaux d'irrigation ou de drainage.

L'*Etat* doit prendre à sa charge l'entretien des voies ferrées, routes et canaux, ainsi que l'entretien des digues.

N°. 15 L'*Etat* se charge des dettes hypothécaires et foncières et prend une rente égale aux frais.

N° 16. Les assurances contre l'incendie, la grêle, les inondations et les épizooties seront monopolisées, et l'*Etat* devra étendre le système d'assurances à toutes les exploitations agricoles et accorder de larges indemnités en cas de catastrophes.

N° 17. Les droits de pacage et d'affouage devront

être modifiés de façon à ce que tous les habitants en profitent également.

Le droit de chasse ne sera plus un privilège et de larges indemnités devront être payées pour les dommages causés par le gibier.

La législation protectrice des ouvriers devra être étendue aux ouvriers agricoles.

On trouve aussi que pour la protection de la classe ouvrière, l'Etat fonde un office impérial de l'agriculture, des conseils d'agriculture dans chaque district et des chambres agricoles.

C'est l'Etat toujours, partout! Hors l'Etat, point de salut!

Si ce n'est pas là du socialisme d'Etat, quel nom faut-il donner à un tel projet? M. Liebknecht, qui dit toujours que la dernière lutte sera entre le socialisme d'Etat et la social-démocratie, devrait nous expliquer quelle est la différence entre le projet social-démocratique de la commission, dont il fut un des membres, et le socialisme d'Etat.

Nous conseillons à chacun de lire dans les petits pamphlets de Bastiat (Œuvres choisies chez Guillaumin) le chapitre de l'Etat et d'examiner sa définition que « l'Etat est la grande fiction à travers laquelle tout le monde s'efforce de vivre aux dépens de tout le monde ».

Kautsky[1] a critiqué le projet de telle manière qu'il est tout à fait disloqué.

Nous allons donner quelques-unes de ses conclusions comme un bouquet de fleurs, et chacun pourra juger combien admirable était le programme proposé.

« Le projet supprime la caractéristique du parti entièrement ; il ne donne pas ce qui nous sépare des

1. *Neue Zeit* XIII, tome 2.

démocrates et des réformateurs sociaux, mais bien ce que nous avons de commun et ainsi on reçoit l'impression que la social-démocratie n'est qu'une sorte de parti réformateur démocratique

» La social-démocratie déclare dans la partie principale du programme qu'il est impossible d'améliorer la position sociale de la classe prolétarienne dans la société actuelle. Quelques couches sociales peuvent arriver à un mode de vie qui, absolument, est plus élevé, mais, relativement, c'est-à-dire vis-à-vis de leurs exploiteurs, la position doit empirer. Et dans le second parti nous considérons comme de notre devoir d'améliorer avant tout la position sociale de la classe prolétarienne. »

« Nous n'avons plus un programme agraire démocratique mais un simple programme agraire ; non pas un programme, qui transporte la lutte des classes parmi les possédants et les non-possédants de la terre, mais un programme qui a pour but de subordonner la lutte des classes du prolétariat aux intérêts des propriétaires du sol. »

« La commission agraire veut une augmentation considérable de la propriété de l'Etat dans le cadre de l'ordre actuel de l'Etat et de la société ». Mais qu'est-ce que cela signifie, sinon d'alimenter le Moloch militaire ? Les résultats de l'administration fiscale sont-ils si beaux ? La position des ouvriers de chemins de fer d'Etat et des mines d'Etat est-elle si excellente, si libre, qu'on doive souhaiter une augmentation du nombre d'esclaves étatistes en faveur de la lutte des classes ?

La commission elle-même a compris le danger de ses desiderata et c'est pourquoi elle y a ajouté : « sous le contrôle de la représentation du peuple, » mais Kautsky dit très bien : « la croyance dans l'influence miraculeuse de ce contrôle reste une pure fiction démocratique (Köhlerglaube [1]), dans cette période de Panamisme, de majorités Crispiennes, de pillages des politiciens américains, etc. Le « contrôle de la représentation du peuple » ne donne pas du tout une garantie pour l'intégrité des affaires qui se feront à la campagne, ni pour l'amélioration de la position des ouvriers d'Etat.

Kautsky dit qu'on voulait que la commission agraire donnât : « Un programme, dans lequel l'harmonie des intérêts des propriétaires du sol et des non-propriétaires fût obtenue, c'est-à-dire la quadrature du cercle ». Très bien, mais pourquoi la commission acceptait-elle un mandat aussi insensé ? Est-ce que les social-démocrates, vieillis dans le mouvement, n'ont pas prévu cela ?

« Les propositions de la commission agraire pour la défense de la classe ouvrière sont muettes sur la défense même des ouvriers agricoles ».

Un programme agraire social-démocratique qui ne change rien au mode de reproduction capitaliste est un non sens.

Est-ce que cette critique est suffisante, oui ou non ?

* * *

Au congrès de Breslau une lutte s'engagea entre les partisans et les ennemis du projet.

Mais quel changement de rôles !

Bebel, qui était encore, l'année d'avant, le défenseur des radicaux, l'ennemi des pitoyables tendances petit-bourgeoises dans le parti, s'était converti et fut l'avocat de la droite marchant avec Vollmar la main

1. La foi du charbonnier.

dans la main. Le Saul de l'année passée s'était changé miraculeusement en Paul et il fut le principal défenseur d'un programme qui ne mérite pas de place dans le cadre des revendications socialistes.

Max Schippel disait au congrès, que « dans le projet social-démocratique on trouvait à peine un desideratum qui ne fût pas dans les programmes des agrairiens, des anti-sémites et des nobles, ces partis de la pire sorte », et il le nommait un « vol socialiste de propriété spirituelle ».

Il qualifie le projet chancelant de « charlatanisme politique » et il finissait par ces mots : « nous voulons aussi conquérir les paysans, mais nous ne voulons pas briser le cheval avec sa queue. Rejetez le projet et épargnez-nous la honte de faire notre entrée dans les campagnes comme l'abbé de Bürger : « retourné sur son âne, avec la queue dans la main au lieu de la bride. »

Kautsky secondant Schippel émit l'opinion que les social-démocrates scindaient leur propre parti avec un tel programme, car ils commençaient par déclarer qu'on ne peut pas sauver les petits paysans, puisqu'ils sont condamnés impitoyablement à mort, et leur offraient ensuite un programme agraire, panacée de salut. « Le système actuel de la propriété foncière conduit à la dévastation, à la rapine du sol.

Chaque amélioration de la production agricole dans la société actuelle est une amélioration des moyens d'exploitation du sol. Et pour obtenir ces résultats, dont l'avantage est problématique nous prenons le chemin glissant du socialisme d'Etat. »

Très bien, seulement nous disons que la social-démocratie allemande s'est avancée déjà beaucoup dans cette direction comme la social-démocratie française et belge.

Quand nous voulons « agir positivement pour la défense des paysans, il ne nous reste que le socialisme d'Etat, et la commission agraire a accepté cette conséquence. » On disait même : « quand nous acceptons les propositions de la commission, nous sommes les défenseurs du paysan comme propriétaire. »

Les social-démocrates, défenseurs des propriétaires, qui pouvait penser à cela il y a quelques années!

Liebknecht suivit sa méthode ordinaire. Il commença par dire qu'il ne s'agissait pas des principes, mais seulement de la tactique. On connaît l'élasticité de ce « soldat de la révolution », qui a dit qu'il change de tactique vingt-quatre fois par jour, si cela lui semble bon. Comme jongleur habile il change une question de principe en une question de tactique, et le tour est joué. Il marchait d'accord avec Bebel et disait : « Quiconque ne veut pas démocratiser dans le cadre des relations existantes, doit écarter toute la seconde partie de notre programme. »

Eh bien, les socialistes hollandais, quoique rarement d'accord avec Liebknecht, avaient déjà rejeté cette seconde partie longtemps avant le conseil correct de Liebknecht.

A la fin de la discussion on a renvoyé la question aux Calendes grecques. Mais nous croyons que Bebel a raison, quand il dit : A quoi bon? on ne vide pas une question en la remettant. Non, elle reviendra jusqu'à ce que la social-démocratie ait décidé qu'elle passe à l'ordre du jour, c'est-à-dire qu'elle reste socialiste ou bien qu'elle soit recueillie par les radicaux dans leur programme de réformes.

La résolution de Kautsky et autres, acceptée par le Congrès, est celle-ci :

Le Congrès décide :

De rejeter le projet de programme agraire; car ce programme ouvre aux paysans la perspective d'améliorer leur position, donc fortifie la propriété privée et favorise la résurrection de leur fanatisme propriétaire;

Déclare que l'intérêt de la production du sol dans l'ordre social actuel est en même temps l'intérêt du prolétariat, et que, cependant, l'intérêt de la culture comme l'intérêt de l'industrie, sous le régime de la propriété privée des moyens de production, est l'intérêt des possesseurs des moyens de production, des exploiteurs du prolétariat. Le projet donne aussi de nouveaux moyens à l'Etat exploiteur et aggrave la lutte des classes, et enfin donne à l'état capitaliste une tâche, que seul pourrait remplir d'une manière suffisante, un Etat dans lequel le prolétariat aurait conquis la force politique.

Le congrès reconnait que l'agriculture a ses lois particulières, qui sont très différentes de celles de l'industrie, et qu'il faut étudier si la social-démocratie veut développer à la campagne une activité féconde. Il donne le mandat au conseil général du parti de confier à un certain nombre de personnes la charge d'étudier les conditions agraires allemandes, en faisant usage des données que la commission agraire a déjà recueillies, et de publier le résultat de ces études dans une série de traités sous le nom de Recueil des traités politiques agraires du parti social-démocratique en Allemagne.

Le conseil général reçoit l'autorisation de donner aux personnes auxquelles on a confié cette tâche l'argent nécessaire pour la remplir d'une manière convenable.

On espérait éviter les écueils en acceptant cette résolution, mais on a simplement reculé et il faudra se rallier à gauche ou à droite.

Quand Calwer a lu ce projet, il a pu répéter ces paroles : « Nous cinglons joyeusement avec des procédés théoriques vers un socialisme petit-bourgeois idéal, qui est en réalité réactionnaire et utopiste. »

La *Gazette de Francfort* écrivait très bien :

« Quand le programme agraire sera accepté, la pratique et la concurrence électorale feront le reste, de sorte que le parti se montrera carrément réformateur, un parti ayant premièrement pour but de démocratiser les institutions publiques dans l'Etat et la commune, d'améliorer la condition sociale de la classe ouvrière, de hausser l'industrie, l'agriculture, le commerce et les communications » dans le cadre de l'ordre actuel de l'Etat et de la société. Cette nouvelle définition de la position de la social-démocratie, qui écarte naturellement toute aspiration vers l'Etat futur, s'accorde tout à fait avec la position de la démocratie bourgeoise, en ce qui concerne le contenu du programme. Nous n'approuvons pas tous les détails du nouveau programme, mais cette position elle-même peut être acceptée pour tout parti avancé, qui veut être social... La social-démocratie montre sa bonne volonté, pour coopérer à l'amélioration des conditions actuelles. »

La critique du programme dans les journaux social-démocrates a été dure et surtout dans le sens désapprobatif. Dans un des journaux (Sachsische Arbeiterzeitung) on a demandé : « qu'est-ce qu'on trouve de socialiste dans ce projet? Les desiderata du programme peuvent tous être acceptés par la démocratie agraire.. »

La question agraire était d'une importance telle

que Frédéric Engels se crut obligé de s'en occuper et, dans un intéressant article, il traita du problème agraire en France et en Allemagne [1].

Quand on lit cet article, on admire l'habileté avec laquelle Engels, tout en ménageant leur susceptibilité, critique les marxistes français au sujet de leur programme pour les travailleurs agraires. Quelle différence dans les procédés. Si Eugène Duhring avait osé proposer la moitié des mesures adoptées par les marxistes français dans leur congrès de Nantes (1894), Engels l'eût cloué au pilori comme ignorant et imbécile. Mais lorsqu'il s'agit des marxistes français, lesquels, en ce qui concerne l' « embourbement », ont dépassé depuis longtemps leurs frères allemands, Engels applique la méthode que les Anglais appellent *the give-and-take-criticism* et distribue tour à tour des coups et des caresses. Le lecteur attentif y découvre entre les lignes l'énumération de toutes les fautes commises. Mais à chaque bout de phrase, Engels, miséricordieux, ajoute : « Nos amis français ne sont pas aussi méchants qu'ils en ont l'air. » Engels énumère leurs demandes en faveur des petits agriculteurs ;

« Achat par la commune de machines agricoles et leur location au prix de revient aux travailleurs agricoles ;

» Création d'associations de travailleurs agricoles pour l'achat des engrais, de grains, de semences, de plantes, etc., et pour la vente des produits;

» Suppression des droits de mutation pour les propriétés au-dessous de 5,000 francs ;

» Réduction par des commissions d'arbritage, comme en Irlande, des baux de fermage et de mé-

1. Voir *Neue Zeit*, 1894-1895, n° 9, pp. 278 et suiv.

tayage et indemnité aux fermiers et aux métayers sortants pour la plus-value donnée à la propriété ;

» Suppression de l'article 2102 du Code civil, donnant au propriétaire un privilège sur la récolte ;

» Suppression de la saisie-brandon, c'est-à-dire des récoltes sur pied ; constitution pour le cultivateur d'une réserve insaisissable, comprenant les instruments aratoires, le fumier et les têtes de bétail indispensables à l'exercice de son métier ;

» Révision du cadastre et, en attendant la réalisation générale de cette mesure, révision parcellaire pour les communes ;

» Cours gratuits d'agronomie et champs d'expérimentations agricoles [1]. »

Et ensuite il écrit : « On voit que les demandes en faveur des paysans ne vont pas loin. Une partie en a déjà été réalisée ailleurs. Des tribunaux d'arbitrage pour les métayers seront organisés d'après le modèle irlandais. Des associations coopératives de paysans existent déjà dans les provinces rhénanes. La révision du cadastre, souhait de tous les libéraux et même des bureaucrates, est constamment remise en question dans toute l'Europe occidentale. Toutes les autres clauses pourraient aussi bien être réalisées sans porter la moindre atteinte à la société bourgeoise existante. »

C'est la caractéristique du programme.

Et pourquoi ?

« Avec ce programme, le parti a si bien réussi auprès des paysans dans les contrées les plus diverses de la France, — l'appétit vient en mangeant ! — que l'on fut tenté d'encore mieux l'assaisonner au goût des paysans. On se rendit très bien compte du dan-

1. *Revue socialiste*, juillet-décembre 1872, p. 490.

gereux terrain où on allait s'engager. Comment alors venir en aide au paysan, non en sa qualité de futur prolétaire mais en tant que paysan-propriétaire actuel, sans renier les principes du programme socialiste général ? »

A cette question on répondit en faisant précéder le programme par une série de considérations théoriques, tout comme l'avaient fait les socialistes allemands, belges et hollandais. Oui, certes, tous nous avons commis cette erreur, et, pour notre part, nous en faisons très franchement l'aveu. Tous nous avons eu un programme contenant les principes socialistes et où même l'idée communiste fondamentale : *De chacun selon ses facultés, à chacun selon ses besoins*, trouva son expression. Ensuite venait l'énumération des soi-disant *réformes pratiques* qui pourraient être réalisées immédiatement dans la société actuelle. Ainsi se rencontrèrent de fait deux éléments absolument hétérogènes : d'un côté les communistes purs, acceptant les « considérants », sans d'ailleurs s'occuper des « réformes pratiques » et, d'autre part, les partisans de ces réformes, lesquels, sans y attacher la moindre valeur, acceptaient aussi les « considérants », en même temps que le « programme pratique ». Par suite du développement des idées, l'illogisme de cette situation se manifesta de plus en plus et, finalement, les vrais socialistes et les réformateurs se séparèrent [1].

Voilà la lutte qui se livre entre les différentes tendances dans le parti socialiste même.

1. Lire la brochure de M. Edmond Picard : *Comment on devient socialiste*. Cette brochure aurait très bien pu être écrite par un radical malgré son titre socialiste. M. Picard y dit, en passant, qu'il veut l'abolition de la propriété privée. Et il ajoute : « J'y crois, à ce paradis terrestre, comme les chrétiens à leur idéal céleste. »

Et voyez les beaux résultats auxquels on arrive!

Dans tel « considérant » on déclare que la propriété parcellaire est irrémédiablement condamnée à disparaître, et aussitôt après on affirme qu'au socialisme incombe l'impérieux devoir de maintenir en possession de leur morceau de terre les petits paysans producteurs, et de les protéger contre le fisc, l'usure et la concurrence des grands cultivateurs [1].

1. Voici, à titre documentaire, le programme agricole des socialistes belges, adopté au Congrès national des 25-26 décembre 1893 :

1° Réorganisation des comices agricoles :

a. Nomination des délégués en nombre égal par les propriétaires, les fermiers et les ouvriers ;

b. Intervention des comices dans les contestations collectives et individuelles entre les propriétaires, les fermiers et les ouvriers agricoles.

2° Réglementation du contrat de louage :

a. Fixation du taux des fermages par des comités d'arbitrage ou par les comices agricoles réformés ;

b. Indemnité au fermier sortant pour la plus value donnée à la propriété ;

c. Participation du propriétaire dans une mesure plus étendue que celle fixée par la loi aux pertes subies par le fermier ;

d. Suppression du privilège du propriétaire ;

3° Assurance par les provinces et réassurance par l'Etat contre les épizooties, les maladies des plantes, la grêle, les inondations et autres risques agricoles ;

4° Organisation par les pouvoirs publics d'un enseignement agricole gratuit. Création ou développement de fermes modèles et de laboratoires agricoles ;

5° Organisation d'un service médical à la campagne ;

6° Réforme de la loi sur la chasse. Droit pour le locataire de détruire en toute saison les animaux nuisibles à la culture ;

7° Intervention des pouvoirs publics dans la coopération agricole pour :

a. L'achat de semences et d'engrais ;

b. La fabrication du beurre ;

c. L'achat et l'exploitation en commun de machines agricoles

d. La vente des produits ;

e. L'exploitation collective des terres.

On pense ainsi conduire la population agricole à l'idéal collectiviste : la terre au paysan.

Sans insister davantage sur l'illogisme de cette formule, à laquelle nous préférons celle-ci : la terre à tous, nous croyons cependant devoir faire remarquer que la réalisation de ces vœux nous éloignerait plus que jamais de l'idéal.

Toutes ces réformes, en effet, ont pour but de prolonger artificiellement l'existence des petits agriculteurs ; des laboureurs salariés, des véritables travailleurs de la terre, il est à peine fait mention.

De simples radicaux pourraient parfaitement souscrire à un tel programme, qui est tout plutôt que socialiste.

Il est temps de se mettre en garde !

On veut donc sauver ce qui est irrémissiblement perdu !

Quelle logique !

Il est assez naturel que Engels finisse par s'en apercevoir et qu'il s'écrie : « Combien aisément et doucement on glisse une fois que l'on est sur la pente. Si maintenant le petit, le moyen agriculteur d'Allemagne vient s'adresser aux socialistes français pour les prier d'intervenir en sa faveur auprès des social-démocrates allemands afin que ceux-ci le protègent pour pouvoir exploiter ses domestiques et ses servantes et qu'il se base, pour justifier cette intervention, sur ce qu'il est lui-même victime de l'usurier, du percepteur, du spéculateur en grains et du marchand de bétail, — que pourront-ils bien lui répondre ? Et qui leur garantit que nos grands propriétaires terriens ne leur enverront pas leur comte Kanitz qui, lui-même, a proposé la monopolisation (*Verstaatlichung*) de l'importation du blé), afin d'implorer également l'aide des socialistes pour l'exploitation des travailleurs agricoles, arguant, eux aussi, du traitement qu'ils ont à subir de la part des usuriers et des spéculateurs en argent et en grains ? »

Il est difficile de dire les choses d'une façon plus nette, et, néanmoins, aussitôt après les avoir dites, Engels plaide les circonstances atténuantes. Il affirme qu'il s'agit ici d'un cas exceptionnel, spécial aux départements septentrionaux de la France, où les paysans louent des terrains avec l'obligation qui leur est imposée d'y cultiver des betteraves et dans des conditions très onéreuses. En effet, ils s'obligent à vendre leurs betteraves aux usuriers contre un prix fixé d'avance, à ne cultiver qu'une certaine espèce de betteraves, à employer une certaine quantité d'engrais. Par dessus le marché ils sont encore horriblement volés à la livraison de leurs produits.

Mais la situation, à quelques particularités près, n'est-elle pas partout la même dans l'Europe occidentale ? Si l'on veut prendre sous sa protection une certaine catégorie de paysans, on doit en convenir loyalement. Engels a parfaitement raison lorsqu'il dit : « La phrase, telle quelle, dans sa généralité sans limites, est non seulement un reniement direct du programme français, mais du principe fondamental même du socialisme, et ses rédacteurs n'auront pas le droit de se plaindre si la rédaction défectueuse en a été exploitée contre leur intention et de la façon la plus différente. »

Le désaveu est on ne peut plus catégorique.

Et comme nous pensons avec Engels quand il dit : « COMBIEN AISÉMENT ET DOUCEMENT ON GLISSE, UNE FOIS SUR LA PENTE ! » Cela devrait être inscrit au frontispice de tous les locaux de réunion et en tête de tous les journaux socialistes. Et si on ne veut pas écouter ma voix, il faut espérer qu'Engels du moins obtiendra plus de succès. Ou bien les social-démocrates sont-ils déjà tombés si bas qu'on puisse dire d'eux : « Quand même un ange (Engels) descendrait du ciel, ils ne l'écouteraient pas ? »

Ceci s'applique aux « considérants». Mais bien des points du programme aussi « trahissent la même légèreté de rédaction que ces considérants ». Prenons par exemple cet article : Remplacement de tous les impôts directs par un impôt progressif sur le revenu, sur tous les revenus au-dessus de 3,000 francs. On trouve cette proposition dans presque tous les programmes social-démocrates ; mais ici on a ajouté — bizarre innovation ! — que cette mesure s'appliquerait spécialement aux petits agriculteurs. Ce qui prouve combien peu on en a compris la portée. Engels cite l'exemple de l'Angleterre. Le budget de l'Etat y est de 90 millions de livres sterling ; l'impôt sur le revenu y est compris pour 13 1/2 à 14 millions, tandis que les autres 76 millions sont fournis en partie par le revenu des postes et télégraphes et du timbre, et le reste par les droits d'entrée sur des articles de consommation. Dans la société actuelle il est quasi-impossible de faire face aux dépenses d'une autre façon. Supposons que la totalité de ces 90 millions de livres sterling doive être fournie par l'imposition progressive de tous les revenus de 120 livres (3,000 francs) et au-dessus. L'augmentation annuelle et moyenne de la richesse nationale a été, selon Giffen, de 1865 à 1875, de 240 millions de livres sterling. Supposons qu'elle soit actuellement de 300 millions. Une imposition de 90 millions engloutirait presque un tiers de cette augmentation. En d'autres termes, aucun gouvernement ne peut entreprendre une pareille chose, si ce n'est un gouvernement socialiste.

Et lorsque les socialistes auront le pouvoir en mains, il est à espérer qu'ils prendront de tout autres mesures que cette réforme insignifiante.

De toût cela on se rend bien compte et voilà pourquoi on fait miroiter aux yeux des paysans — « en attendant » ! — la suppression des impôts fonciers pour tous les paysans cultivant eux-mêmes leurs terres et la diminution de ces impôts pour tous les terrains chargés d'hypothèques. Mais la deuxième moitié de cette réforme applicable seulement aux fermes considérables serait favorable à d'autres que le paysan. Elle le serait aussi aux paysans exploiteurs « d'ouvriers ».

Avec de nouvelles lois contre l'usure et d'autres réformes du même genre on n'avance pas d'un pas : il est donc tout à fait ridicule de les prôner.

Et quel est le résultat pratique de toutes ces choses illogiques ?

« Bref, après le pompeux élan théorique des « considérants », les parties pratiques du nouveau programme agraire ne nous expliquent pas comment le parti ouvrier français compte s'y prendre pour laisser les petits paysans en possession de leur parcellaire propriété qui, selon cette même théorie, est vouée à la ruine. »

Or, ceci n'est autre chose qu'une simple duperie, (*Bauernfaengerei*) à la manière de Vollmar et de Schönlank. Cela fait gagner des voix aux élections, Engels est bien forcé de le reconnaître et le fait loyalement : « Ils s'efforcent, autant que possible, à gagner les voix du petit paysan, pour les prochaines élections générales. Et ils ne peuvent atteindre ce but que par des promesses générales et risquées, pour la défense desquelles ils se voient obligés de formuler des considérants théoriques plus risqués encore. En y regardant de plus près on voit que ces promeses générales se contredisent elles-mêmes (l'assurance de vouloir conserver un état de choses que l'on déclare impossible) et que les autres mesures, ou bien seront absolument dérisoires (lois contre l'usure) ou répondront aux exigences générales des ouvriers, ou bien que ces règlements ne profiteront qu'à la grande propriété terrienne, ou encore seront de ces réformes dont la portée n'est d'aucune importance pour l'intérêt du petit paysan. De sorte que la partie directement pratique du programme pallie de soi-même la première tendance marquée et réduit les grands mots à aspect dangereux des considérants à un règlement tout à fait inoffensif. »

Il y encore un danger dans cette méthode. Car si nous réussissons ainsi à gagner le paysan, il se révoltera contre nous dès qu'il verra que nos promesses ne se réalisent pas. « Nous ne pouvons considérer comme un des nôtres le petit paysan qui nous demande d'éterniser sa propriété parcellaire, pas plus que le petit patron qui essaie de toujours rester patron. »

Il serait difficile d'imaginer une critique plus véhémente et nous sourions lorsque nous voyons Engels flatter les frères français : « Je ne veux pas abandonner ce sujet sans exprimer la conviction, qu'au fond les rédacteurs du programme de Nantes sont du même avis que moi. Ils sont trop intelligents pour ne pas savoir que ces mêmes terrains qui actuellement sont propriété parcellaire, sont destinés à devenir propriété collective. Ils reconnaissent eux-mêmes que la propriété parcellaire est condamnée. L'exposé de Lafargue au congrès de Nantes confirme du tout au tout cette opinion. La contradiction dans les termes du programme indique suffisamment que ce que les rédacteurs ne disent n'est pas ce qu'ils voudraient dire. Et s'ils ne sont pas compris, et si leurs expressions sont mal interprétées, comme cela est arrivé, en effet, la faute en est à eux.

Quoi qu'il en soit, ils seront obligés d'expliquer plus clairement leur programme et le prochain congrès français devra le réviser entièrement. »

Que ces paroles sont conciliantes! Engels dit en d'autres termes : Il ne faut pas trop leur en vouloir pour ce qu'ils disent. Nous savons tous ce que parler veut dire! Mais il ne paraît pas comprendre que par de semblables excuses il place ses amis dans une situation peu favorable. Au lieu de faire croire à un mensonge inconscient, il dépeint leur façon de faire comme une duperie volontaire. Les social-démocrates français ont plein droit de s'écrier en présence des amabilités de Frédéric Engels : Dieu nous préserve de nos amis!

* * *

Par ce qui précède nous croyons avoir suffisamment démontré comment les social-démocrates, une fois sur cette route, ont continué à marcher dans cette voie.

Bebel, qui était de la « glissade », s'est tout à coup ressaisi en s'apercevant que Vollmar était homme à revendiquer la responsabilité de ses actes. Vollmar, en effet, dit : « Ce que je fais et ce qu'on me reproche a toujours été la ligne de conduite du parti tout entier. » Pour notre part nous sommes convaincus que Bebel n'osera pas aller jusqu'au bout, car en ce cas il lui faudrait rompre avec son parti et reconnaître, implicitement, que les jeunes avaient raison en se méfiant.

La paix, un moment troublée, est déjà rétablie dans les rangs des social-démocrates allemands. Le cas Bebel-Vollmar appartient au passé et les deux champions reprennent fraternellement leur place dans les rangs. L'imbécile proposition de loi connue sous le nom de « Anti-Umsturzvorlage » a beaucoup contribué à cette réconciliation [1]. Cette proposition de loi elle-même prouve que le vieil esprit bismarckien a finalement triomphé chez l'empereur.

Rien, pour le développement du socialisme autoritaire, ne vaut des lois d'exception et des persécutions. Aussi n'est-ce pas un hasard que ce socialisme-là prédomine, surtout en Allemagne.

Combien vraies sont ces paroles de Bakounine : « La nation allemande possède beaucoup d'autres qualités solides qui en font une nation tout à fait respectable : elle est laborieuse, économe, raisonnable, studieuse, réfléchie, savante, grande raisonneuse et amoureuse de la discipline hiérarchique en même temps et douée d'une force d'expansion considérable ; les Allemands, peu attachés à leur propre pays, vont chercher leurs moyens d'existence partout et, comme je l'ai déjà observé, ils adoptent facilement, sinon toujours heureusement, les mœurs et les coutumes des pays étrangers qu'ils habitent. Mais à côté de tant d'avantages indiscutables, IL LEUR EN MANQUE UN : L'AMOUR DE LA LIBERTÉ, L'INSTINCT DE LA RÉVOLTE. Ils sont le peuple le plus résigné et le plus obéissant du monde. Avec cela ils ont un autre grand défaut : c'est l'esprit d'accaparement, d'absorption systématique et lente, de domination, ce qui en fait, dans ce moment sur-

1. Comme on le sait, le parlement allemand a rejeté ce projet de loi.

tout, la nation la plus dangereuse pour la liberté du monde [1]. »

Cette citation nous montre le contraste entre les deux courants incarnés dans ces deux hommes : Bakounine et Marx. La lutte que nous avons à soutenir actuellement dans le camp socialiste n'est en somme que la continuation de celle qui divisait l'ancienne « Internationale ».

Marx était le représentant attitré du socialisme autoritaire. En disant cela, je sais à quoi je m'expose. On m'accusera de sacrilège commis contre la mémoire de Marx. Accusation étrange, ainsi formulée contre un homme qui aime s'appeler élève de Marx et qui s'est efforcé de populariser son chef-d'œuvre : *Das Kapital*, par la publication d'une brochure tirée de ce livre.

Autant que qui que ce soit, je respecte Marx. Son esprit génial a fait de lui un Darwin sur le terrain économique. Qui donc ne rendrait volontiers hommage à un homme, qui, par sa méthode scientifique, a forcé la science officielle à l'honorer ? Son adversaire Bakounine lui-même ne reste pas en arrière pour témoigner de Marx que sa « science économique était incontestablement très sérieuse, très profonde », et qu'il est un « révolutionnaire sérieux, sinon toujours très sincère, qu'il veut réellement le soulèvement des masses ». Son influence fut tellement puissante que ses disciples en arrivèrent à une sorte d'adoration du maître. Ce que la tradition rapporte de Pythagore, à savoir que le αὐτὸς ἔφα (*il l'a dit*) mettait fin, chez ses disciples, à toute controverse, s'applique aujourd'hui à l'école de Marx. La marxolâtrie est comme la vénération que certaines personnes

1. Voir *la Société Nouvelle*, 10e année, t. II, p. 26.

ont pour la Bible. Il existe même une science, celle des commentaires officiels et, sous l'inspiration d'Engels, chaque déviation du dogme est stigmatisée comme une hérésie et le coupable est jeté hors du temple des fidèles. Moi-même, à un moment donné, j'ai senti cette puissance occulte, hypnotisé comme je l'étais par Marx, mais graduellement, surtout par suite de la conduite des fanatiques gardiens postés sur les murs de la Sion socialiste, je me suis ressaisi, et sans vouloir attenter à l'intégrité de Marx, je me suis aperçu aussi qu'il a été l'homme du socialisme autoritaire. Il est vrai que ses disciples l'ont dépassé en autoritarisme.

On se rappelle peut-être la discussion sur la priorité de la découverte d'idée entre Rodbertus et Marx au sujet de la question de la « plus-value », traitée par Engels dans sa préface à la brochure de Marx contre Proudhon [1]. Pour notre part, nous avons toujours jugé ridicule cette question, car qui pourrait bien se vanter d'avoir, le premier, trouvé telle idée ? Les idées sont dans l'air. En même temps que Darwin, Wallace et Herbert Spencer avaient des idées analogues sur la loi naturelle de l'évolution. Et si l'on appelle Rodbertus le père du socialisme étatiste, il nous semble qu'il partage cet honneur avec Marx lequel, très réellement, était un partisan décidé du socialisme d'Etat. « Les marxistes sont adorateurs du pouvoir de l'Etat et nécessairement aussi les prophètes de la discipline politique et sociale, les champions de l'ordre établi de haut en bas, toujours au nom du suffrage

1. *Das Elend der Philosophie. Antwort auf Proudhon's Philosophie des Elends*, von KARL MARX, 1885.

Du reste, on retrouve non seulement cette question mais encore les noms dans les *Principes du Socialisme, manifeste de la démocratie au* XIXe *siècle*, par VICTOR CONSIDÉRANT.

universel et de la souveraineté des masses, auxquelles on réserve le bonheur et l'honneur d'obéir à des chefs, à des maîtres élus. Les marxistes n'admettent point d'autre émancipation que celle qu'ils attendent de leur Etat soi-disant populaire. Ils sont si peu les ennemis du patriotisme que leur Internationale même porte trop souvent les couleurs du pangermanisme. Il existe entre la politique bismarckienne et la politique marxiste une différence sans doute très sensible, mais entre les marxistes et nous il y a un abîme. »

Il y a une équivoque, qui fut éclaircie peu à peu.

En mars 1848, le Conseil général de la fédération communiste (Kommunistenbund) formulait ses desiderata et on y parle surtout de l'Etat. Par exemple : n° 7 : les mines, les carrières, les biens féodaux, etc., propriété *de l'Etat*; n° 8 : les hypothèques, propriété *de l'Etat*, la rente payée par les paysans *à l'Etat*; n° 9 : la rente foncière ou la ferme payée comme impôt *à l'Etat*; n° 11 : les moyens de communication : les chemins de fer, les canaux, les bateaux à vapeur, les routes, la poste, etc., dans les mains de *l'Etat*. Ils sont changés en *propriété d'Etat* et mis à la disposition de la classe des déshérités; n° 16 : établissement des ateliers nationaux. *L'Etat* garantit l'existence à tous les ouvriers et prend soin des invalides.

Selon ce manifeste, les prolétaires doivent combattre chaque effort tendant à donner les biens féodaux expropriés en libre propriété aux paysans. Les biens doivent rester *biens nationaux* et être transformés en colonies ouvrières. Les ouvriers doivent faire tout le possible pour centraliser le pouvoir entre les mains de l'Etat contrairement à ceux qui veulent fonder la république fédéraliste.

Voilà le pur socialisme d'Etat et qui le nierait ignore ce que veut le socialisme d'Etat.

Mais on suivait alors la même méthode que maintenant, on était irréductible sur les principes dans les considérants, et on devenait opportuniste dans les desiderata pratiques en oubliant la signification des considérants.

Comment peut-on accorder avec ces desiderata pratiques l'opinion suivante de la fédération communiste en mars 1850 : « les ouvriers doivent veiller à ce que l'insurrection révolutionnaire immédiate ne soit pas supprimée directement après le triomphe. Leur intérêt est au contraire de la continuer aussi longtemps que possible. Au lieu de supprimer les soi-disant excès, on doit non seulement tolérer mais prendre la direction de la vengeance populaire contre les personnes les plus haïes ou les édifices publics. » Les intérêts des ouvriers sont opposés à ceux de la bourgeoisie, qui veut tirer profit de l'insurrection pour elle-même et frustrer le prolétariat des fruits du triomphe. Plus loin : « nous avons vu comment les démocrates prendont la direction des mouvements, comment ils seront obligés de proposer des mesures plus ou moins socialistes. On demandera quelles mesures les ouvriers vont opposer à ces propositions. Les ouvriers ne peuvent naturellement demander au début du mouvement des mesures purement communistes, mais ils peuvent :

1° Forcer les démocrates à modifier l'ordre social actuel, à troubler la marche régulière et à se compromettre eux-mêmes ;

2° Amener les propositions des démocrates, qui ne sont pas révolutionnaires mais seulement réformatrices, à se transformer en attaques directes contre la propriété privée. Par exemple : quand les petits bourgeois proposent d'acheter les chemins de fer et les fabriques, les ouvriers exigent leur confiscation sans indemnité comme propriété des réactionnaires; quand les démocrates proposent les impôts proportionnels, les ouvriers exigent les impôts progressifs; quand les démocrates proposent une progression modérée, les ouvriers exigent une progression qui ruine le grand capital; quand les démocrates proposent une réduction des dettes nationales, les ouvriers exigent la banqueroute de l'Etat. » Et leur manifeste finit avec ces mots : « leur devise dans la lutte (c'est-à-dire celle du parti prolétarien) doit être la révolution en permanence. »

Quelle différence avec la tendance étatiste des premiers desiderata! Marx ne savait pas précisément ce qu'il voulait et c'est pourquoi tous les deux ont raison, M. le professeur Georg Adler, qui met le doigt sur les tendances anarchistes de Marx et M. Kautsky, qui affaiblit la signification des paroles de Marx et signale ses idées centralistes, car le premier cite la première moitié, les considérants, et le second la seconde moitié avec les desiderata pratiques [1].

1. Die neue Zeit XIII tome I, *Marx et Engels, le couple anarchiste*, par Kautsky.

En parlant de la « révolution en permanence », il dit que Marx n'a pas voulu la révolution perpétuelle pour la révolution, car il ajoute les mots suivants : « les petits bourgeois veulent clore la révolution aussitôt que possible, mais notre intérêt et notre tâche est de faire la révolution permanente, jusqu'au moment où les classes plus ou moins possédantes seront chassées du pouvoir, où le prolétariat aura conquis le pouvoir et où l'association des prolétaires non seulement dans un seul pays, mais dans tous les pays du monde entier, sera affranchie de toute concurrence et concentrera toutes les forces productives. »

Naturellement, mais personne ne veut la révolution pour la révolution elle-même, chacun sait que la révolution n'est qu'un moyen et non pas le but.

Mais le point de vue de Marx en ce temps-là fut bien autre

Contre ces traits caractéristiques des marxistes, il n'y a pas grand'chose à dire. Et si jadis j'ai pu croire qu'il ne fallait pas attribuer à Marx la tactique que ses partisans aveugles ont déclarée la seule salutaire, j'ai fini par me rendre compte que Marx lui-même suivrait cette direction. J'en ai acquis la certitude par la lecture de cette lettre de Bakounine où il écrit : « Le fait principal, qui se retrouve également dans le manifeste rédigé par M. Marx en 1864, au nom du conseil général provisoire et qui a été éliminé du programme de l'Internationale par le congrès de Genève, c'est la CONQUÊTE DU POUVOIR POLITIQUE PAR LA CLASSE OUVRIÈRE. On comprend que des hommes aussi indispensables que MM. Marx et Engels soient les partisans d'un programme qui, en consacrant et en préconisant le pouvoir politique, ouvre la porte à toutes les ambitions. Puisqu'il y aura un pouvoir politique, il y aura nécessairement des sujets travestis républicainement en citoyens, il est vrai, mais qui n'en seront pas moins des sujets, et qui comme tels seront forcés d'obéir, parce que sans obéissance il n'y a point de pouvoir possible. On m'objectera qu'ils n'obéissent pas à des hommes mais à des lois qu'ils auront faites eux-mêmes. A cela je répondrai que tout le monde sait comment, dans les pays les plus démocratiques les plus libres mais politiquement gouvernés, le peuple fait les lois, et ce que signifie son obéissance à ces lois. Quiconque n'a pas le parti pris de prendre des fictions pour des réalités, devra bien reconnaître que, même dans ces pays, le peuple obéit non à des lois qu'il fait réellement, mais qu'on fait en son nom,

que celui de nos social-démocrates parlementaires et réformateurs d'aujourd'hui.

et qu'obéir à ces lois n'a jamais d'autre sens pour lui que de le soumettre à l'arbitraire d'une minorité tutélaire et gouvernante quelconque, ou, ce qui veut dire la même chose, d'être librement esclave. »

Nous voyons que « la conquête du pouvoir politique par la classe ouvrière » fut déjà son idée fixe et lorsqu'il parlait de la dictature du prolétariat, ne voulait-il pas parler en réalité de la dictature des *meneurs* du prolétariat? En ce cas, il faut l'avouer, le parti social-démocrate allemand a suivi religieusement la ligne de conduite tracée par Marx. L'idéal peut donc se condenser dans ces quelques mots : « L'assujettissement politique et l'exploitation économique des classes. » Il est impossible de se soustraire à cette logique conclusion lorsqu'on vise à « la conquête du pouvoir politique par la classe ouvrière » avec toutes ses inévitables conséquences. Lorsque Bebel — au congrès de Francfort — dit, et fort justement : « Si les paysans ne veulent pas se laisser convaincre nous n'aurons pas à nous occuper des paysans. Leurs préjugés, leur ignorance, leur étroitesse d'esprit ne doivent pas nous pousser à abandonner en partie nos principes », et qu'en s'adressant aux députés bavarois il ajoute ceci : « Vous n'êtes pas les représentants des paysans bavarois, mais d'intelligents ouvriers industriels », il ne fit que répéter ce que Bakounine avait déjà dit en 1872. D'après Bakounine, en effet, les marxistes s'imaginent que « le prolétariat des villes est appelé aujourd'hui à détrôner la classe bourgeoise, à l'absorber et à partager avec elle la domination et l'exploitation du prolétariat des campagnes, ce dernier paria de l'histoire, sauf à celui-ci de se révolter et de supprimer toutes les classes, toutes les dominations, tous les pouvoirs, en un mot tous les Etats plus tard ». Et comme il apprécie bien la signification des candidatures ouvrières pour les corps législatifs lorsqu'il écrit : « C'est toujours le même tempérament allemand et la même logique qui les conduit directement, fatalement dans ce que nous appelons le *socialisme bourgeois*, et à la conclusion d'un pacte politique nouveau entre la bourgeoisie radicale, ou forcée de se faire telle, et la minorité *intelligente*, respectable, c'est-à-dire *embourgeoisée* du prolétariat des villes, à l'exclusion et au détriment de la masse du prolétariat, non seulement des campagnes mais des villes. Tel est le vrai sens des candidatures ouvrières aux parlements des Etats existants et celui de la conquête du pouvoir politique par la classe ouvrière. »

Encore une fois, que peut-on raisonnablement objecter à cette argumentation ? Et c'est vraiment étrange que cette lettre inédite de Bakounine, qui parut à la fin de l'année dernière, ait été absolument ignorée par les social-démocrates allemands. Pour dire vrai, cela n'est pas étrange du tout, mais au contraire fort naturel. Car ces messieurs ne désirent nullement se placer sur un terrain où leur socialisme autoritaire est aussi clairement et aussi véridiquement exposé et combattu.

On sait que Marx lui-même pensait de cette façon, et nous ne comprenons pas qu'Engels, qui si pieusement veilla sur l'héritage spirituel de son ami, contemplât, en l'approuvant, le mouvement allemand, quoique dans ses productions scientifiques, il se montrât quelque peu anarchiste.

D'étranges révélations ont cependant été faites au sujet de la situation de Marx vis-à-vis du programme social-démocrate allemand. Car, alors qu'universellement Marx était considéré comme le père spirituel de ce programme, — depuis 1875 le programme du parti, — on a appris par un article qu'Engels publia en 1891 dans la *Neue Zeit* contre le désir formel de Bebel, que Marx, loin d'avoir été l'inspirateur de ce programme, l'avait véhémentement combattu et qu'on l'avait adopté malgré lui. La fraction social-démocrate du Reichstag s'est donc rendue coupable d'un véritable abus de confiance et rien n'a autant aidé à ébranler ma confiance dans les chefs du parti allemand que cette inexcusable action. Quinze ans durant on a laissé croire aux membres du parti que leur programme avait été élaboré avec l'approbation de Marx, et le plus étonnant est que cela se soit fait avec l'assentiment tacite de Marx et d'Engels qui, ni l'un ni l'autre, ne se sont opposés à cette *pia fraus*. Des chefs de parti qui se permettent de pareilles erreurs sont certes capables de bien d'autres choses encore. Voyons dans quels termes réprobateurs, anéantissants même, Marx critique ce programme : « Il est de mon devoir de ne pas accepter, même par un silence diplomatique, un programme qu'à mon avis il faudrait rejeter comme démoralisant le parti. » Ce qui n'empêche nullement Marx de se taire et de ne pas protester, le programme une fois adopté. En ce qui concerne la partie « pratique » du programme, Marx dit : « Ses réclamations politiques ne contiennent pas autre chose que l'antique et universelle litanie démocratique : suffrage universel, législation directe, droit populaire, etc. Elles ne sont qu'un écho du parti du peuple (*Volkspartei*) bourgeois et de la ligue de la paix et de la liberté [1]. » Et pour de pareilles fariboles on engagerait la lutte

1. Comme cette raillerie concorde peu avec son idée de faire de la « conquête du pouvoir politique » le but principal du parti. Car comment réaliser cet idéal sans l'inéluctable litanie ?

contre le monde entier! Pour des niaiseries semblables nous risquerions la prison, voire même la potence! Et plus loin : « Le programme tout entier, malgré ses fioritures démocratiques, est complètement empoisonné par la croyance de « sujet à l'Etat » de la secte lassallienne, ou bien, ce qui ne vaut guère mieux, par la croyance aux merveilles démocratiques, ou, plutôt, par le compromis entre ces deux sortes de croyance aux miracles, toutes deux également éloignées du socialisme. »

Marx dit encore : « Quel changement l'Etat subira-t-il dans une société communiste ? En d'autres termes : Quelles fonctions sociales subsisteront, analogues aux fonctions actuelles de l'Etat? A cette question, il faut une réponse scientifique et on n'approche pas d'un saut de puce de la solution en faisant mille combinaisons du mot *peuple* avec le mot *Etat*. Entre la société capitaliste et la société communiste il y a la période transitoire révolutionnaire. A celle-ci correspond une période transitoire politique dont la forme ne saurait être que la dictature révolutionnaire du prolétariat. » Fort judicieusement, Merlino dit à ce sujet : « Marx a bien prévu que l'Etat sombrerait un jour, mais il a renvoyé son abolition au lendemain de l'abolition du capitalisme, comme les prêtres placent après la mort le paradis. »

Une lamentable mystification a donc eu lieu ici, contre laquelle on ne saurait trop protester.

Au congrès de Halle, dit Merlino, les social-démocrates se sont démasqués : ils ont publiquement dit adieu à la révolution et désavoué quelques théories révolutionnaires d'antan, pour se lancer dans la politique parlementaire et dans le fatras de la législation ouvrière. A notre avis, on a *toujours* suivi cette voie. Seulement, petit à petit, tout le monde s'en est aperçu.

Si Marx juge le programme social-démocrate allemand « infecté, d'un bout à l'autre, de fétichisme envers l'Etat », on est bien tenté de croire qu'il y a quelque chose qui n'est pas net ! Liebknecht lui-même ne reconnaît-il pas que le parti allemand — de 1875 à 1891, c'est-à-dire du moins du congrès de Gotha au congrès d'Erfurt — professait le socialisme d'Etat ? Au congrès de Berlin, au sujet du socialisme étatiste, Liebknecht dit : « Si l'Etat faisait peau neuve, s'il cessait d'être un Etat de classes en faisant disparaître l'opposition des classes par l'abolition des classes mêmes, alors... mais alors il devient l'Etat socialiste, en ce sens nous pourrions dire, si toutefois nous voulions encore donner le nom d'Etat à la société que nous désirons établir : Ce que nous voulons c'est le socialisme étatiste ! Mais en ce sens-là seulement ! Or, ce n'est pas cette signification qu'y attachent tous ces messieurs : ils ont en vue l'Etat actuel ; ils veulent (réaliser) le socialisme dans l'Etat actuel, c'est-à-dire la quadrature du cercle, — un socialisme qui n'est pas le socialisme dans un Etat qui est tout le contraire du socialisme. Oui, une tentative a été faite d'instaurer en Allemagne le socialisme d'Etat dans son sens idéal : la réelle transformation de l'Etat en un Etat socialiste. Cette tentative fut l'œuvre de Lassalle par sa fameuse proposition de créer, avec l'aide de l'Etat, des associations productrices qui, graduellement, prendraient en mains la production et réaliseraient, après une période transitoire de concurrence avec la production capitaliste privée, le véritable socialisme d'Etat. C'était une utopie et nous avons tous compris que cete idée n'est pas réalisable. Nous avons si complètement et formellement rompu avec cette idée utopique à présent que, au lieu du programme-compromis de 1875 qui contenait encore, quoique sous toutes sortes de réserves, l'idée de ce socialisme d'Etat, nous avons adopté le nouveau programme d'Erfurt. Je dis « avec toutes sortes de réserves », car alors on s'aperçut qu'il y avait ici une contradiction ; que le socialisme est révolutionnaire, qu'il doit être révolutionnaire et qu'il est sur un pied de guerre à mort contre l'Etat réactionnaire. On s'efforça donc d'obtenir autant de garantie que possible, afin que l'Etat ne pût abuser du pouvoir économique obtenu par ces associations productrices et que tout bonnement il s'assassinât lui-même. Dans le programme de Gotha on lit : « Le parti ouvrier socialiste allemand réclame, afin d'aplanir la voie vers la solution de la question sociale, la création d'associations productrices socialistes avec l'aide de l'Etat et sous le contrôle démocratique du peuple travailleur. » On s'imaginait donc que dans l'Etat actuel, qui grâce à un miracle quelconque se serait converti à un honnête socialisme d'Etat, un contrôle démocratique serait possible, c'est-à-dire un Etat démocratique dans un Etat bureaucratique, semi-féodal et policier, qui, de par son essence même, ne saurait être ni socialiste ni démocrate. La phrase suivante : « Les associations » productrices doivent être créées, pour l'industrie » et pour l'agriculture, dans de telles proportions, que » d'elles dérive l'organisation socialiste de la production tout entière », prouve clairement jusqu'à quel degré on s'illusionnait encore au sujet des rapports entre l'Etat actuel et le socialisme. Autre garantie contre l'abus du socialisme d'Etat : on déclara que nous voulions établir l'Etat *libre* et la société socialiste. Mais l'Etat libre ne saurait jamais être l'Etat actuel ; un Etat libre ne sera jamais possible sur les bases de la production capitaliste, parce que, comme cela est démontré clairement dans notre nouveau programme, le capitalisme, qui a comme condition vitale le monopole des moyens de production, réclame, outre le pouvoir économique, l'esclavage politique de sorte que l'Etat actuel ne pourra jamais être socialiste [1]. »

Malgré tout cela, et suivant les déclarations de Liebknecht lui-même, le parti-social-démocrate allemand a professé pendant quinze années le socialisme d'Etat.

Et il n'a pas encore perdu ce caractère, quoi qu'on en dise. Or n'est-il pas vrai que, dans l'idée des collectivistes, l'Etat, c'est-à-dire la représentation nationale ou communale, prend la place du patron et que, pour le reste, rien ne change [2]? Fort justement Kropotkine écrit : « Ce sont les représentants de la nation ou de la commune et leurs délégués, leurs fonctionnaires qui deviennent gérants de l'industrie. Ce sont eux aussi qui se réservent le droit d'employer dans l'intérêt de tous la plus-value de la production [3] ». N'est-il pas vrai que le parlementarisme conduise inévitablement au socialisme étatiste ? Bernstein ne parle-t-il pas d'une « étatisation » de la grande production (*Verstaatlichung der Grossproduktion*), laissant sans solution la question de savoir « si l'Etat réglera d'abord seulement le contrôle, ou bien s'il s'emparera immédiatement de la direction effective de

1. Voir le *Protokoll der Verhandlungen des Parteitages der Sozial-demokratischen Partei Deutschlands zu Berlin*, pp. 175-176.

2. Dans la *Revue Socialiste* de mars 1895, M. Jaurès écrit : « En fait, le collectivisme que nous voulons réaliser dans l'ordre économique existe déjà dans l'ordre politique. » Donc, ce que veulent ces messieurs, c'est la centralisation politique autant qu'économique.

3. *La Conquête du pain*, p. 74.

la production [1] ». Très catégoriquement Bernstein envisage donc la direction immédiate de l'industrie par l'Etat comme le *but final* à atteindre.

Certes, cela ne ressemble en rien à l'Etat *libre*. Il est vrai que les social-démocrates allemands ne désirent nullement la liberté. Pas plus qu'ils ne tolèrent la liberté dans leur propre parti, ils ne la toléreraient si en Allemagne ou ailleurs ils étaient les maîtres. Le lit de Procuste de la social-démocratie allemande n'est pas fait pour l'homme libre.

Merlino disait du programme d'Erfurt : « Tel est le programme d'Erfurt, fruit de quinze ans de réaction socialiste et d'agitation électorale, à base de suffrage universel accordé aux classes ouvrières, pour les tromper, les diviser et les détourner de la voie révolutionnaire [2]. »

***

Il est regrettable que, généralement, les différences

1. *Sozial-demokratische Bibliothek. I. Gesellschaftliches und Privateigenthum*, von E. BERNSTEIN, pp. 27-29.

2. Les radicaux bourgeois voient avec satisfaction les socialistes devenir de plus en plus malléables. Aussi M. Georges Lorand, un radical perspicace, écrivit-il, après ce congrès, que les social-démocrates allemands agissaient sagement et que, à peu de chose près, les radicaux pourraient très bien adhérer à leur programme. Cela ne prouve-t-il pas abondamment qu'il y a « quelque chose de pourri » dans la social-démocratie?

Un autre radical, M. Emile Féron, écrit dans la *Réforme* du 20 mars 1895 : « Il y a vingt-neuf députés socialistes qui ont, sur presque toutes les réformes pratiques et immédiatement réalisables, le même programme que les progressistes. L'accord n'existe pas sur le collectivisme, c'est entendu. Encore faut-il dire que plus on avance et plus ce qu'il y avait d'excessif et d'absolu dans le collectivisme du parti ouvrier se corrige et s'assouplit aux nécessités de la pratique des choses. Mais sans d'opinion donnent lieu à des discussions peu courtoises. Pourquoi, en effet, ne pas reconnaître loyalement les mérites ou le savoir de l'adversaire? Faut-il donc nécessairement être, dans le monde de la science, ou dieu, ou diable?

S'il faut en croire Engels, Dühring ne serait qu'un faible esprit et un zéro « irresponsable et possédé par la manie des grandeurs ». Par contre, Dühring, dans ses écrits, ne se borne pas à critiquer les œuvres de Marx : il injurie l'écrivain. Quand même il aurait raison dans ses critiques, il y a quelque chose de repoussant dans l'allure personnelle et subjective de ses attaques. Il dit de Marx : « Son communisme d'Etat, théocratique et autoritaire est injuste, immoral et contraire à la liberté. Supposons, au jubilé marxiste, toute propriété dans la grande armoire à provisions de l'Etat socialiste. Chacun sera alors renseigné par Marx et ses amis sur ce qu'il mangera et boira et sur ce qu'il recevra de l'armoire aux provisions; puis encore sur les corvées à exécuter dans les casernes du travail. A en juger d'après la presse et l'agitation marxistes, la justice et la vérité seraient certainement la dernière des choses prises en considération dans cet Etat despotique et autoritaire [1]. La plus despotique confiscation de la liberté individuelle, oui, la spoliation à tous les degrés, sous la forme de l'arbitraire bureaucratique et communiste, serait la base

qu'il soit même nécessaire d'insister sur ce point, il reste acquis que députés socialistes et députés progressistes seront d'accord sur la plupart des réformes immédiatement nécessaires. » Ce n'est pas encore l'annexion du parti socialiste, mais peu s'en faut. L'évolution du socialisme promet!

1. De cela je puis parler en connaissance de cause. Dans le *Vorwaerts* on se refuse à toute discussion principielle avec ses adversaires, on falsifie les textes et on calomnie de la plus impudente façon.

de cet Etat. Par exemple, les productions de l'esprit ne seraient tolérées dans l'Etat marxiste qu'avec l'autorisation de Marx et des siens et Marx, en sa qualité de grand-policier, grand-censeur et grand-prêtre, n'hésiterait pas, au nom du bien-être socialiste, à exterminer les hérésies qu'actuellement il ne peut combattre qu'au moyen de quelques chicanes littéraires. Il n'y aurait, physiquement et moralement, que des serviteurs communistes de l'Etat et, pour se servir de la dénomination antique, que des esclaves publics. Quels sont, dans leurs subdivisions, les rapports mutuels du troupeau de cette étable communiste, combien les besoins de la nourriture, les rations à l'auge et les différentes corvées sont « *allerhöchst staatsspielerisch* » et comment on en tiendrait la comptabilité, voilà le secret qui doit rester caché jusqu'après l'année jubilaire ; car Marx considérerait cette révélation comme du socialisme fantaisiste. C'est justement pour cette raison que le public, qui devait être mystifié, est renvoyé aux calendes grecques par l'inventeur de l'année jubilaire, Marx, qui prétend qu'on ne peut demander des renseignements sur les situations de l'avenir [1] »

Une telle critique, quoique juste au fond, répugne par sa forme grossière. Soyez rigoureux dans l'analyse, ne ménagez rien dans la critique, mais ne gâtez pas votre cause en lui donnant une forme qui dépasse les bornes d'un débat convenable.

L'admirateur de Dühring, le Dr B. Friedlaender, va également trop loin lorsqu'il écrit dans son intéressante brochure [2] : « Pour être aussi hérésiarque

1. Dr T. Duehring. *Kritische Geschichte der Nationalœkonomie und des Socialismus*, 3e éd., pp. 557 et 558.

2. Benedict Friedlænder. *Der freiheitliche Sozialismus im Gegensatz zum Staatsknechtsthum der Marxisten.*

que possible envers ceux qui prétendent que la liberté de la critique doit s'arrêter à Marx, je prétends : Avec la même somme de capital et de travail, — c'est-à-dire avec la somme d'argent, de réclame et de contre-réclame à l'aide de laquelle Marx est arrivé, parmi la masse, à la considération et à la gloire dont il jouit et dont il jouira encore quelque temps, probablement, — on aurait pu gonfler n'importe quel écrivain socialiste jusqu'à en faire une autorité inaccessible. » Même le plus grand adversaire de Marx considérera ce jugement comme inexact. Marx restera incontestablement, pour les générations futures, un des grands précurseurs de cette économie politique qui, surtout au point de vue critique, a combattu le vieux dogme. Par un jugement pareil on se fait plus de tort que de bien. Ceci nous remémore la réflexion spirituelle de Paul-Louis Courier : « Je voudrais bien répondre à ce monsieur, mais je le crois fâché. Il m'appelle jacobin, révolutionnaire, plagiaire, voleur, empoisonneur, faussaire, pestiféré ou pestifère, enragé, imposteur, calomniateur, libelliste, homme horrible, ordurier, grimacier, chiffonnier. C'est tout, si j'ai mémoire. Je vois ce qu'il veut dire : il entend que lui et moi sommes d'avis différent. »

Quels efforts que je fasse pour me faire une conception de l'Etat, je ne puis trouver comment le marxiste pourra se délivrer du socialisme d'Etat. En disant cela je n'accuse point Marx et ceux qui veulent me combattre n'ont qu'à prouver qu'on peut aboutir à un autre résultat. Comment les marxistes réaliseront-ils l'ensemble de leur programme pratique, *sinon par l'Etat* et par l'extension continuelle de son autorité ? — cela se passe déjà actuellement. — Son pouvoir et son champ d'action s'étendent d'une manière extraordinaire. Ainsi il s'empare continuellement de nouvelles organisations : chemins de fer de l'Etat, téléphones de l'Etat, assurance par l'Etat, banque hypothécaire d'Etat, pharmacies de l'Etat, médecins de l'Etat, mines de l'Etat, monopole d'Etat pour le sel, le tabac..., et où cela finira-t-il, une fois engagé sur cette route ? Au lieu d'être des esclaves particuliers, les travailleurs seront les esclaves de l'Etat. Oui, on parle déjà de la protection légale des ouvriers contre les patrons, comme jadis on avait la protection des esclaves contre leurs propriétaires.

A ce point de vue je suis de l'avis du Dr Friedlaender lorsqu'il écrit : « Quand on songe que c'est l'Etat qui encourage l'exploitation et la rend possible en maintenant par la force les soi-disant droits de propriété qui ne constituent pas précisément un vol, mais conduisent à une spoliation des travailleurs équivalant à un vol proprement dit, — on est tout étonné de voir précisément cet Etat — source du vol et de l'esclavage — jouer le rôle de protecteur des spoliés et de libérateur des esclaves salariés. L'Etat maintient l'exploitation par son pouvoir autoritaire et cherche en même temps à faire dévier les conséquences extrêmes de l'esclavage des salariés qu'il a érigé en principe, par des lois contre les accidents et la vieillesse, des lois sur les fabriques, et la fixation, par des règlements, de la durée de la journée de travail. Cette atténuation d'une contrainte remplacée par une autre peut être considérée en général comme un adoucissement, mais le côté dangereux de la chose c'est que la marche en avant dans cette voie consolide le pouvoir de l'Etat et aboutit finalement au socialisme d'Etat. La diminution du sentiment libertaire, à mesure que s'améliore la situation sociale, est un axiome connu déjà au temps des empereurs de l'ancienne Rome. *Panem et circenses!* Du pain et les jeux du cirque! Que leur chaut la liberté, l'indépendance, la dignité humaine? C'est ainsi que la soi-disant social-démocratie prépare de toutes ses forces l'avénement du socialisme d'Etat et favorise la servitude et le culte du pouvoir. »

Nous demandons de nouveau que l'on nous prouve comment on se soustraira à ces conséquences fatales, une fois engagé dans cette voie. On n'arrive pas d'un seul effort aussi loin, mais on avance pas à pas et tout à coup on découvre qu'on est embourbé. Pour retourner il manque à la plupart le courage moral, la force pour renier leur passé et combattre leurs anciens amis. Bebel, par exemple, qui vient de retrouver son moi, pour ainsi dire, n'avancera plus et louvoiera toujours dans les mêmes eaux [1].

On ne peut douter de la loyauté de quelqu'un, même lorsqu'il raconte des choses invraisemblables. Comment, par exemple, un ami du prolétariat, un révolutionnaire, qui prétend vouloir sérieusement l'affranchissement des masses et se met plus ou moins à la tête des mouvements révolutionnaires dans les divers pays, peut-il rêver que le prolétariat se soumettrait à une idée unique, éclose dans son cerveau? Comment peut-il se figurer la dictature d'une ou de quelques personnalités sans y voir en germe la destruction de son œuvre? Bakounine a écrit si justement :

« Je pense que M. Marx est un révolutionnaire très sérieux, sinon toujours très sincère, qu'il veut réellement le soulèvement des masses ; et je me demande comment il fait pour ne point voir que l'établissement d'une dictature universelle, collective,

1. C'est déjà prouvé par son attitude au dernier congrès de Breslau en 1896.

ou individuelle, — d'une dictature qui ferait en quelque sorte la besogne d'un ingénieur en chef de la révolution mondiale, réglant et dirigeant le mouvement insurrectionnel des masses dans tous les pays, comme on dirige une machine, — que cet établissement suffirait à lui seul pour tuer la révolution, paralyser et fausser tous les mouvements populaires? Quel homme, quel groupe d'individus, si grand que soit leur génie, oseraient se flatter de pouvoir seulement embrasser et comprendre l'infinie multitude d'intérêts, de tendances et d'actions si diverses dans chaque pays, chaque province, chaque localité, chaque métier, dont l'ensemble immense, unifié mais non uniformisé par une grande aspiration commune et par quelques principes fondamentaux, passés désormais dans la conscience des masses, constituera la future révolution sociale? »

Qu'on se remémore par exemple le congrès international où tous les pays étaient représentés, mais où une certaine fraction avait le droit de rappel à l'ordre, même par la force, qu'on songe à ce qui s'est passé à Zurich où une minorité, d'opinion divergente, mais socialiste comme les autres, fut tout simplement exclue! Comme on fait déjà fi de la liberté dans ces congrès où l'on ne dispose encore que de peu de pouvoir! Et qu'y fait-on de la soi-disant dictature du prolétariat? On peut s'écrier sans arrière-pensée : Adieu liberté... Sur ce terrain-là on a plutôt reculé qu'avancé et telle société posséderait déjà, à sa naissance, les germes de sa décomposition. C'est surtout sur le terrain intellectuel que toute contrainte doit être abolie car dès que la libre expression des idées est entravée, on nuit à la société. Mill dit à ce suje.[1] : « Le mal qu'il y a à

1. *On liberty*.

étouffer une opinion réside en ce que par là l'humanité est spoliée : la postérité aussi bien que la génération actuelle, ceux qui ne préconisent pas cette idée encore plus que ceux qui en sont partisans. Si une opinion est vraie, ils n'auront pas l'occasion d'échanger une erreur contre une vérité ; et si elle est fausse, ils y perdront un grand avantage : une conception plus nette, une impression plus vivante de la vérité, jaillie de sa lutte avec l'erreur. » Examinons n'importe quelle question : la nourriture, la vaccine, etc. La grande masse, ainsi que la science, prétend que la nourriture qui convient le plus à l'homme est un mélange de mets à base de viande et de végétaux. Pourra-t-on me forcer à renoncer au végétarisme pur, puisque celui-ci me paraît meilleur? N'aurai-je pas la liberté de travailler à sa diffusion ? Dois-je me soumettre parce que mes idées diététiques sont des hérésies pour les autres? Il en est de même de la vaccine. Lorsque toute la Faculté considère la vaccine comme un préservatif contre la petite vérole et que je considère ce moyen comme un danger, peut-on me forcer à renier mon opinion et à me soumettre à une pratique que j'abhorre? Il a été prouvé maintes fois que l'hérésie d'un individu était la religion de l'avenir. S'il ne lui est pas possible de se faire entendre, la science y perd et l'humanité ne peut profiter des progrès de l'esprit lirebment développé.

Les critiques du socialisme concernent spécialement le socialisme autoritaire, préconisé surtout par les social-démocrates allemands. A ce point de vue on comprend le livre de Richter[1] et sa critique atteint le but pour autant qu'elle s'adresse au socialisme autoritaire. Mais son grand défaut est de considérer un

1. *Sozialdemokratische Zukunftsbilder.*

courant du socialisme — et non le meilleur — comme *le* socialisme.

En Allemagne et partout où les marxistes sont en majorité ils donnent à entendre qu'on n'obtiendra la justice économique qu'au prix de la liberté personnelle et par l'oppression des meilleures tendances du socialisme. C'est à peine si l'on connaît un autre courant socialiste ; car dès qu'on osa combattre les théories de Marx : Dühring, Hertzka et Kropotkine par exemple, furent exécutés par le tribunal sectaire sous la présidence d'Engels. Utopiste, fanatique, imposteur, anarchiste, mouchard, voilà les épithètes employées en diverses circonstances. Et les petits faisaient chorus avec les grands, car ici vient à propos le dicton :

« Quand un gendarme rit
Dans la gendarmerie,
Tous les gendarmes rient
Dans la gendarmerie ».

On veut la réglementation de la production. C'est parfait ; mais comment ? La question de la propriété est résolue et toute la propriété individuelle est collective. L'Etat — ou, comme disent les prudents, la société — disposera donc du sol et de tous les moyens de production. (Souvent on emploie indifféremment les mots Etat et Société parce qu'on leur donne la même signification. On emploie encore le non-sens « Etat populaire ».)

Les propriétaires actuels seront remplacés par les employés de l'Etat ; les esclaves privés deviendront esclaves de l'Etat. Le peuple souverain nommera des titulaires aux différentes fonctions. Cette organisation donnera, comme le remarque Herbert Spencer, une société ayant beaucoup de ressemblance avec l'ancien Pérou, « où la masse populaire était divisée artificiellement en groupes de 10, 50, 100, 500 et 1000 individus, surveillés par des employés de tout grade, enchaînés à la terre, surveillés et contrôlés dans leur travail aussi bien que dans leur vie privée, s'exténuant sans espoir pour entretenir les employés du système gouvernemental ». Il est vrai qu'ils reçoivent leur suffisance de tout et, loin de considérer cet avantage comme minime, nous reconnaissons volontiers que c'est un progrès, qui ne peut cependant être considéré comme un idéal par un homme pensant, un libertaire.

Sur ce point-là également il n'y a pas de divergence d'opinion entre socialistes, à quelque école qu'ils appartiennent ; tous changent le principe *ab Jove principium* en *ab ventre principium* ou, comme le disait Frédéric II : « Toute civilisation a pour origine l'estomac. » « C'est que la faim est un rude et invincible despote et la nécessité de se nourrir, nécessité tout individuelle, est la première loi, la condition suprême de l'existence. C'est la base de toute vie humaine et sociale, comme c'est aussi celle de la vie animale et végétale. Se révolter contre elle, c'est anéantir tout le reste, c'est se condamner au néant. » (BAKOUNINE.) Mais le despotisme également pourrait donner assez à tous, c'est donc une question qui ne peut nous laisser indifférents.

Que ceux qui considèrent ceci comme une raillerie des idés marxistes, nous prouvent que dans leurs écrits ils parlent d'autre chose que de tutelle de l'Etat ; qu'ils traitent de la prise de possession de certaines branches de production par des groupes autonomes d'ouvriers, ne dépendant pas de l'Etat, même pas de l'Etat populaire. La réglementation individuelle est autre chose que la réglementation centralisée de la production, quoique, en fait, on lui ait ôté superficiellement ce semblant d'individualisme par le suffrage universel. Même, par suite des critiques de Richter et d'autres, on a été forcé de donner un peu plus d'explications; toutefois, dans la brochure de Kurt Falk [1], on parle d' « associations économiques (*wirthschaftliche*) indépendantes », qui forment probablement des fédérations avec d'autres associations, etc.; mais du côté scientifique socialiste officiel cette idée des tendances plus libres fut toujours combattue à outrance. Remarquons, entre parenthèses, que Kurt Falk (p.67), croyant être excessivement radical, fait la proposition que les habitants d'une prison choisissent eux-mêmes leurs gardiens ! Quelle belle société, en effet, qui n'a pas su se délivrer seulement des prisons. Nous sommes de tels utopistes que nous entrevoyons une société où la prison n'existera plus et nous ne voudrions pas collaborer à la réalisation d'une société future, si nous avions la certitude de devoir y conserver des prisons avec leurs gardiens, — fussent-ils élus, — la police, la justice et autres inutilités.

Voilà pourquoi les marxistes traitent d'une manière superficielle l'organisation de la société future, quoique Bebel se soit oublié un jour à en donner un aperçu dans un ouvrage où personne ne le chercherait, son livre sur la *Femme*, dont un quart traite la question féminine et, le reste l'organisation future de la société.

Il y a une certaine vérité dans la réponse faite aux interrogateurs importuns, que « la forme future de la société sera le résultat de son développement et que prématurément nous ne pouvons la définir », mais ce n'est pas non plus sans raison que Kropotkine, interprétant ces paroles des marxistes : « Nous ne

1. Social-démocrate, qui sous ce pseudonyme a critiqué le livre de M. Richter.

voulons pas discuter les théories de l'avenir », prétend qu'elles signifient réellement : « Ne discutez pas notre théorie, mais aidez-nous à la réaliser » C'est-à-dire, on force la plupart à suivre les meneurs, sans savoir si on ne va pas au devant de nouvelles désillusions, qu'on aurait pu éviter en connaissant la direction vers laquelle on marchait. »

Deux remarques de Kropotkine et de Quinet s'imposent à la réflexion. Elles sont tellement exactes que chaque fois que nous traitons ce sujet elles nous reviennent à la mémoire : D'abord celle de Quinet que la caractéristique de la Grande Révolution est la témérité des actes des *ancêtres* et la simplicité de leurs idées, c'est-à-dire des actes ultra-révolutionnaires à côté d'idées timides et réactionnaires. En second lieu, que l'on ne sait pas abandonner les organisations du passé. On suppose l'avenir coulé dans le même moule que le passé contre lequel on se révolte, et on est tellement attaché à ce passé qu'on n'arrive pas à marcher crânement vers l'avenir. Les révolutions n'ont pas échoué parce qu'elles allaient trop loin, mais parce qu'elles n'allaient pas assez loin. *Echouer* n'est en somme pas le mot propre, car toute révolution a donné ce qu'elle pouvait. Mais nous prétendons qu'elles n'apportèrent pas la délivrance des classes travailleuses et que celles-ci, malgré toutes les révolutions, croupissent toujours dans l'esclavage, la misère et l'ignorance.

La bourgeoisie de 1789 ne savait pas non plus ce que l'avenir apporterait, mais elle savait ce qu'elle voulait et elle exécuta ses projets. Depuis longtemps elle s'y préparait et lorsque le peuple se révolta, elle le laissa collaborer à la réalisation de son idéal, qu'elle atteignit, en effet, dans ses grandes lignes.

Mais aujourd'hui il n'est presque plus permis de

parler de l'avenir. Ce n'est pas étonnant, la préoccupation principale étant de gagner des voix aux élections. Lorsqu'on traite de cet avenir où la classe intermédiaire des petits boutiquiers et paysans sera supprimée, on se fait de ces gens des ennemis et il n'y a plus à compter sur les victoires socialistes aux élections. Parlez-leur de réformes qui promettent de l'amélioration à leur situation, ils vous suivront, mais dès qu'on s'occupe du rôle de la révolution, ils vous lâchent. On doit bien se convaincre du rôle de la révolution et ériger à côté de l'œuvre de destruction de l'idée, celle de sa revivification.

C'est difficile parce qu'il faut se défaire, pour y arriver, d'une masse de préjugés, comme le dit Kropotkine : « Tous, nous avons été nourris de préjugés sur les fonctions providentielles de l'Etat. Toute notre éducation, depuis l'enseignement des traditions romaines jusqu'au code de Byzance que l'on étudie sous le nom de droit romain, et les sciences diverses professées dans les universités, nous habituent à croire au gouvernement et aux vertus de l'Etat-Providence. Des systèmes de philosophie ont été élaborés et enseignés pour maintenir ce préjugé. Des théories de la loi sont rédigées dans le même but. Toute la politique est basée sur ce principe; et chaque politicien, quelle que soit sa nuance, vient toujours dire au peuple : « Donnez-moi le pouvoir, je veux, je peux vous affranchir des misères qui pèsent sur vous. Du berceau au tombeau, tous nos agissements sont dirigés par ce principe. »

Voilà l'obstacle. mais si difficile qu'il soit à surmonter, on ne doit pas s'arrêter. Nous sommes forcés, dans notre propre intérêt, de savoir ce que l'avenir peut et doit nous apporter.

Il est donc inexact de prétendre que divers chemins

mènent au même but; non, on ne cherche pas à atteindre la même solution, mais on suit des lignes parallèles qui ne se touchent pas. Et, quoiqu'il soit possible que l'avenir appartienne à ceux qui poursuivent la conquête du pouvoir politique, nous sommes convaincus que, par les expériences qu'ils font du parlementarisme, les ouvriers seront précisément guéris de croire à la possibilité d'obtenir par là leur affranchissement. De tels socialistes appartiennent à un parti radical de réformes, qui conserve dans son programme la transformation de la propriété privée en propriété collective, mais en mettant cette transformation à l'arrière-plan. Les considérants du programme étaient communistes et on y indiqua le but à atteindre; mais par le programme pratique on aida à la conservation de l'Etat actuel. Il y avait donc contradiction entre la partie théorique avec ses considérants principiels et la partie pratique, réalisable dans le cadre de la société actuelle, toutes deux se juxtaposant l'une à l'autre sans aucun trait d'union, comme nous l'avons prouvé précédemment.

Cela fut possible au commencement, mais, par suite du développement des idées, cette contradiction apparut plus nettement. Ce qui ne se ressemble ne s'assemble. Et ne vaudrait-il pas mieux se séparer à la bifurcation du chemin? Pas plus que précédemment, les marxistes n'admettent qu'il y ait différentes manières d'être socialiste. Bakounine s'en plaignait déjà lorsqu'il écrivait : « Nous reconnaissons parfaitement leur droit (des marxistes) de marcher dans la voie qui leur paraît la meilleure, pourvu qu'ils nous laissent la même liberté! Nous reconnaissons même qu'il est fort possible que, par toute leur histoire, leur nature particulière, l'état de leur civilisation et toute leur situation actuelle, ils soient forcés de marcher dans cette voie. Que les travailleurs allemands, américains et anglais s'efforcent de conquérir le pouvoir politique, puisque cela leur plaît. Mais qu'ils permettent aux travailleurs des autres pays de marcher avec la même énergie à la destruction de tous les pouvoirs politiques. La liberté pour tous et le respect mutuel de cette liberté, ai-je dit, telles sont les conditions essentielles de la solidarité internationale.

Mais M. Marx ne veut évidemment pas de cette solidarité, puisqu'il refuse de reconnaître la liberté individuelle. Pour appuyer ce refus, il a une théorie toute spéciale, qui n'est, d'ailleurs, qu'une conséquence logique de son système. L'état politique de chaque pays, dit-il, est toujours le produit et l'expression fidèle de sa situation économique; pour changer le premier, il faut transformer cette dernière. Tout le secret des évolutions historiques, selon M. Marx, est là. Il ne tient aucun compte des autres éléments de l'histoire : tels que la réaction pourtant évidente des institutions politiques, juridiques et religieuses sur la situation économique. »

Voici la parole d'un homme libertaire et tolérant : Ne mérite la liberté que celui qui respecte celle des autres! Combien peu, même parmi les grands hommes, respectent la liberté de pensée, surtout quand l'opinion des autres est diamétralement opposée à la leur. On conspue le dogme de l'infaillibilité papale, mais combien prônent leur propre infaillibilité ! Comme si l'une n'était pas aussi absurde que l'autre!

Il est impossible de comprimer les esprits dans l'étau de ses propres idées; mais on doit laisser à chacun la liberté de se développer suivant sa propre individualité. Dès qu'on prononce des mots comme le « véritable intérêt populaire », le « bien public », etc., c'est souvent avec l'arrière-pensée de masquer par là la dénégation de la liberté individuelle à la minorité. Et ce n'est autre chose que la proclamation de l'absolutisme le plus illimité. En effet, devant ce principe, tout gouvernement (monarchie, représentation du peuple ou majorité du peuple) ne doit pas seulement proclamer ce qu'*il* considère comme le véritable intérêt populaire, le bien public, mais il est obligé de forcer tout individu à accepter son opinion. Toute autre doctrine, toute hérésie, toute religion contraire doit être exterminée dès que le gouvernement croit que cela est nécessaire au véritable intérêt populaire, au bien public.

Le Dr Friedlaender fait mention de trois courants de l'idée socialiste qu'il détermine comme suit :

1° Les marxistes veulent, au nom de la « société », s'emparer du produit du travail et le faire partager par les bureaucrates pour le soi-disant « bien-être de tous ». Et, si je ne me soumets pas, on emploiera la force. L'idée motrice de l'activité économique résulterait d'une espèce de sensation du devoir inspiré par le communisme d'Etat, et là où elle ne suffirait pas, de la contrainte économique ou brutale de l'Etat; d'après le modèle du soi-disant devoir militaire d'aujourd'hui, où il y a également des « volontaires ».

« 2° Les anarchistes communistes proclament le « droit de jouissance » sur les produits du travail des autres. Quand on accepte cela sans une rémunération de même valeur, on se laisse doter. En vérité le communisme anarchiste aboutit à une dotation réciproque, sans s'occuper de la valeur des objets ou services échangés. L'idée motrice de l'activité économique serait d'une part le penchant inné vers le travail économique, penchant qui n'a pas de but égoïste, d'autre part, un sentiment de justice, pour ne pas dire de pudeur, qui empêcherait que l'on se laissât continuellement doter sans services réciproques.

« 3° Le système anticrate-socialitaire de Dühring, c'est-à-dire le socialisme-libertaire, proclame, à côté de l'égalité des conditions de production, le droit de jouissance complet sur le produit du travail individuel et, comme complément, le libre échange des produits de même valeur. L'idée motrice de l'activité économique serait l'intérêt personnel, non dans son acception égoïste basée sur la spoliation des autres, mais dans le sens d'un égoïsme salutaire. Nous travaillons pour vivre, pour consommer. Nous travaillons plus pour pouvoir consommer plus. Nous travaillons non par force, non par devoir, non pour notre propre satisfaction (tant mieux pour moi si le travail me procure une satisfaction), mais par intérêt personnel. Est-ce que ce système n'aurait pas une base plus solide que le communisme anarchiste? Celui qui aime à donner peut le faire, mais peut-on ériger en règle générale la dotation réciproque? »

Cette explication ne brille ni par la clarté ni par la simplicité et elle est très mal formulée.

Ces deux derniers systèmes sont donc défendus par des socialistes libertaires et le premier par les partisans du socialisme autoritaire. Comme Dühring n'est pas un communiste et diffère conséquemment avec nous sur ce point, nous ne pouvons admettre sa doctrine économique. Car nous avons la conviction qu'il est impossible de donner une formule plus simple et meilleure que : « Chacun donne selon ses forces; chacun reçoit selon ses besoins. » Et ceci ne suppose nullement une réglementation, individuelle ou collective, qui détermine les forces et les besoins. Chacun, mieux que n'importe qui, peut déterminer ses forces et quand nous supposons que dans une société communiste chacun sera bien nourri et éduqué, il est clair qu'un homme normalement développé, mettra ses forces à la disposition de la communauté sans y être contraint. Dès qu'il y a contrainte, elle ne peut avoir qu'une influence néfaste sur le travail.

Il serait absurde de supposer que les socialistes autoritaires cherchent à sacrifier une partie de leur liberté individuelle à une forme particulière de gouvernement; eux aussi poursuivent la réalisation d'une société déterminée, parce qu'ils croient que celle-ci rendra possible le degré de liberté individuelle nécessaire au plus grand épanouissement du bien-être personnel. Mais c'est une utopie de leur part lorsqu'ils pensent garantir suffisamment par leur système le degré de liberté qu'ils souhaitent. Ils se rendent coupables d'une fausse conception qui pourrait avoir des résultats funestes, et nous devons tâcher de les en convaincre et de leur démontrer que leur système n'est pas l'affirmation de la liberté, mais la négation de toute liberté individuelle.

Il y a là une tendance incontestable à renforcer le pouvoir de la société et à diminuer celui de l'individu. C'est une raison de plus pour s'y opposer.

La question principale peut ainsi être nettement posée : « Comment peut et doit être limitée la liberté d'action de l'individu vis-à-vis de la société? Ceci est la plus grande énigme du sphynx social et nous ne pouvons nous soustraire à sa solution. En premier lieu l'homme est un être personnel, formant un tout en soi-même, (*individuum, in* et *dividuum*, de *divido*, diviser, c'est-à-dire un être indivisé et indivisible). En second lieu, il est un animal vivant en troupeau.

Celui qui vit isolé dans une île est complètement libre de ses actions, en tant que la nature et les éléments ne le contrarient pas. Mais lorsque, poussé par le sentiment de sociabilité, il veut vivre en groupe, ce sentiment doit être assez puissant qu'il lui sacrifie une partie de sa liberté individuelle. Celui qui aimera la liberté individuelle mènera une vie isolée, et celui qui préférera la communauté, la sociabilité, préconisera ces états sociaux, même en sacrifiant une partie de sa liberté.

La liberté n'exclut pas tout pouvoir. Voici comment Bakounine répond à cette question[1] : « S'ensuit-il que je repousse toute autorité ? Loin de moi cette pensée... Mais je ne me contente pas de consulter une seule autorité spécialiste, j'en consulte plusieurs ; je compare leurs opinions et je choisis celle qui me paraît la plus juste. Mais je ne reconnais point d'autorité infaillible, même dans les questions spéciales ; par conséquent, quelque respect que je puisse avoir pour l'humanité et pour la sincérité de tel ou tel individu, je n'ai de foi absolue en personne. Une telle foi serait fatale à ma raison, à ma liberté et au succès même de mes entreprises ; elle me transformerait immédiatement en un esclave stupide, en un instrument de la volonté et des intérêts d'autrui. » Et plus loin : « Je reçois et je donne, telle est la vie humaine. Chacun est dirigeant et chacun est dirigé à son tour. Donc il n'y a point d'autorité fixe et constante, mais un échange continu d'autorité et de subordination mutuelles, passagères et surtout volontaires. »

C'est sous la foi d'autres personnes que nous acceptons comme vérités une foule de choses. Penser librement ne signifie pas : penser arbitrairement, mais mettre ses idées en concordance avec des phénomènes dûment constatés qui se produisent en nous

1. *Dieu et l'Etat.*

et au dehors de nous, sans abstraire notre conception des lois de la logique. L'homme qui n'accepte rien sur la foi des autres, afin de pouvoir se faire une opinion personnelle, est certainement un homme éclairé. Mais nous ne craignons pas de prétendre qu'une soumission préalable à l'autorité d'autres personnes est nécessaire pour arriver à pouvoir exprimer un jugement sain et indépendant. La recherche de l'abolition de toute autorité n'est donc pas la caractéristique d'un esprit supérieur, ni la conséquence de l'amour de la liberté, mais généralement une preuve de pauvreté d'esprit et de vanité. Cette soumission se fait volontairement. Et de même qu'on n'a pas le droit de nous soumettre par force à une autorité quelconque, de même on n'a pas le droit de nous empêcher de nous soustraire à cette autorité.

Quand et pourquoi recherche-t-on la société des autres? Parce que seul, isolé, on ne parviendrait pas à vivre et qu'on a besoin d'aide. Si nous pouvions nous suffire à nous-mêmes, nous ne songerions jamais à nous faire aider par d'autres. C'est l'intérêt qui pousse les hommes à faire dépendre leur volonté, dans des limites tracées d'avance, de la volonté d'autres hommes. Mais toujours nous devons être libres de reprendre notre liberté individuelle dès que les liens que nous avons acceptés librement et qui ne nous serraient pas, commencent à nous gêner, car un jour viendra ou peut venir où ces liens seront tellement lourds que nous tâcherons de nous en délivrer. La satisfaction de nos besoins est donc le but de la réglementation de la société. S'il est possible d'y arriver d'une manière différente et meilleure, chaque individu doit pouvoir se séparer du groupe dans lequel il lui a été jusque-là le plus facile de contenter ses besoins et se rallier à un autre groupe qui, d'après lui, répond mieux au but qu'il veut atteindre. Rien ne répugne plus à l'homme libre que de devoir remplir une tâche dont l'accomplissement est rendu obligatoire par la force; chaque fois même que sa conviction personnelle ne considère pas cette tâche comme un devoir, il la regarde comme un mal et s'efforce de ne pas l'accomplir. La contrainte de l'Etat — qu'il s'agisse d'un despote, du suffrage universel ou de n'importe quoi — est la plus odieuse de toutes, parce qu'on ne peut s'y soustraire. Si je suis membre d'une société quelconque qui prend des résolutions contraires à mes opinions, je puis démissionner. Ceci n'est pas le cas pour l'Etat. Presque toujours il est impossible de quitter l'Etat, c'est-à-dire le pays. Si c'est un indépendant qui cherche à le faire, il doit abandonner tout ce qui le retient au pays, au peuple, car les frontières de l'Etat sont les frontières du pays, du peuple. Et d'ailleurs, on ne peut quitter un Etat sans sentir aussitôt le joug d'un autre Etat. On peut ne plus être Hollandais, mais on devient Belge, Allemand, Français. etc. Quand on est coreligionnaire de l'Eglise réformée, personne ne vous force, lorsque vous la quittez, de devenir membre d'une autre Eglise, mais on ne peut cesser de faire partie d'un Etat sans devenir de droit membre d'un autre Etat. Quel intérêt y a-t-il à quitter un Etat mauvais pour un autre qui n'est pas meilleur? On doit payer pour ce qu'on n'admet pas, on doit remplir des devoirs qu'on considère comme opposés à sa dignité. Tout cela n'a aucune importance; vous n'avez qu'à vous soumettre au pouvoir et, si vous ne voulez pas, vous sentirez le bras pesant de l'autorité. Et pourtant on veut nous faire accroire que nous sommes des hommes libres dans un Etat libre. Plus grand est le territoire sur lequel l'Etat exerce son autorité, plus grande sera sa tyrannie sur nous.

Le juriste allemand Lhering écrivait en toute vérité : « Quand l'Etat peut donner force de loi à tout ce qui lui semble bon, moral et utile, ce droit n'a pas de limites ; ce que l'Etat permettra de faire ne sera qu'une concession. La conception d'une toute-puissance de l'Etat absorbant tout en soi et produisant tout, en dépit du riche vêtement dans lequel elle aime à se draper et des phrases ronflantes de bien-être du peuple, de respect des principes objectifs, de loi morale, n'est qu'un misérable produit de l'arbitraire et la théorie du despotisme, qu'elle soit mise en pratique par la volonté populaire ou par une monarchie absolue. Son acceptation constitue pour l'individu un suicide moral. On prive l'homme de la possibilité d'être bon, parce qu'on ne lui permet pas de faire le bien de son propre mouvement. »

La toute-puissance de l'Etat est la plus grande tyrannie possible, même dans un Etat populaire. La soi-disant liberté, acquise lorsque le peuple nomme ses propres maîtres, est plutôt une comédie qu'une réalité, car, dès que le bulletin est déposé dans l'urne, le souverain redevient sujet pour longtemps. On croit être son propre maître et on se réjouit déjà de cette soi-disant suprématie. En 1529, à la diète de l'Empire, à Spiers, on proclama un principe dont la portée était bien plus grande qu'on le soupçonnait alors : « Dans beaucoup de cas la majorité n'a pas de droits envers la minorité, parce que la chose ne concerne pas l'ensemble mais chacun en particulier. » Si l'on avait agi d'après ce principe, il n'y aurait plus eu tant de contrainte et de tyrannie.

Lorsque Bastiat considère l'Etat comme « la collection des individus », il oublie qu'une collection d'objets, de grains de sable, par exemple, ne constitue pas encore un ensemble.

John-Stuart Mill, dans son excellent livre sur la liberté [1], parle de la liberté inviolable qui doit être réservée à tout individu, en opposition à la puissance de l'Etat et il dit : « L'unique cause pour laquelle des hommes, individuellement ou unis, puissent limiter la liberté d'un d'entre eux, est la conservation et la défense de soi-même. L'unique cause pour laquelle la puissance peut être légitimement exercée contre la volonté propre d'un membre d'une société civilisée, c'est pour empêcher ce membre de nuire aux autres. Son propre bien-être, tant matériel que moral, n'y donne pas le moindre droit. Les seuls actes de sa conduite pour lesquels un individu est responsable vis-à-vis de la société sont ceux qui ont rapport aux autres. Pour ceux qui le concernent personnellement, son indépendance est illimitée. L'individu est le maître souverain de soi-même, de son propre corps et esprit. Ici se présente néanmoins encore une difficulté : Existe-t-il des actions qui concernent uniquement celui qui en est l'auteur et n'ont d'influence sur aucune autre personne ? » Et Mill répond : « Ce qui me concerne peut, d'une manière médiate, avoir une grande influence sur d'autres » et il proclame la liberté individuelle seulement dans le cas où par suite de l'action d'un individu, personne que lui n'est touché immédiatement. Mais existe-t-il une limite entre l'action médiate et l'action immédiate ? Qui délimitera la frontière où l'une commence et l'autre finit ?

A côté de la liberté individuelle, Mill veut encore, « pour chaque groupe d'individus, une liberté de convenance, leur permettant de régler de commun ac-

1. *On liberty*.

cord tout ce qui les concerne et ne regarde personne d'autre ».

Nous ne voulons pas approfondir la chose, quoiqu'il faille constater que Mill est souvent en opposition avec ses propres principes. Ainsi il pense que celui qui s'enivre et ne nuit par là qu'à soi-même, doit être libre de le faire et que l'Etat n'a pas le moindre droit de s'occuper de cette action. Qui proclamera que c'est uniquement à soi-même qu'il fait tort ? Lorsque cet individu procrée des enfants héritiers du même mal, ne nuit-il pas à d'autres en dotant la société d'individus gangrenés? Mais, dit Mill, dès que, sous l'influence de la boisson, il a fait du tort à d'autres, il doit dommages et intérêts et, à l'avenir, il peut être mis sous la surveillance de la police ; mais, lorsqu'il s'enivre encore, il ne peut être puni que pour cela. Il n'a donc pas la liberté de s'enivrer de nouveau, quoiqu'il ne fasse de tort à personne. La grande difficulté dans ce cas est la délimitation des droits respectifs de l'individu et de la société.

Il y a des choses qui ne peuvent être faites que collectivement, d'autres ne concernent que l'individu et, quoiqu'il soit difficile de résoudre cette question, tous les penseurs s'en occupent. La disparition de l'individualisme ferait un tort considérable à la société, car celui qui a perdu son individualité ne possède plus ni caractère ni personnalité. L'homme de génie n'est pas celui qui produit une nouveauté, mais celui qui met le sceau de son génie personnel sur ce qui existait déjà avant lui et lui donne ainsi une nouvelle importance par la manière dont il le produit.

Mill parle dans le même sens lorsqu'il dit : « Nul ne peut nier que la personnalité ne soit un élément de valeur. Il y a toujours manque d'individus, non seulement pour découvrir de nouvelles vérités, et montrer que ce qui fut la vérité ne l'est plus, mais également pour commencer de nouvelles actions et donner l'exemple d'une conduite plus éclairée, d'une meilleure compréhension et un meilleur sentiment de la vie humaine. Cela ne peut être nié que par ceux qui croient que le monde atteindra la perfection complète. Il est vrai que cet avantage n'est pas le privilège de tous à la fois; en comparaison de l'humanité entière il n'y a que peu d'hommes dont les expériences, acceptées par d'autres, ne seraient en même temps le perfectionnement d'une habitude déjà existante. Mais ce petit nombre d'hommes est comme le sel de la terre. Sans eux la vie humaine deviendrait un marécage stagnant. Non seulement ils nous apportent de bonnes choses qui n'existaient pas, mais ils maintiennent la vie dans ce qui existe déjà. Si rien de nouveau ne se produisait, la vie humaine deviendrait inutile. Les hommes de génie formeront toujours une faible minorité; mais pour les avoir, il est nécessaire de cultiver le sol qui les produit. Le génie ne peut respirer librement que dans une atmosphère de liberté. Les hommes de génie sont plus individualistes que les autres ; par conséquent moins disposés à se soumettre, sans en être blessés, aux petites formes étriquées qu'emploie la société pour épargner à ses membres la peine de former leur propre caractère [1] ».

Et je craindrais que cette originalité ne se perdît si on mettait des entraves quelconques à la libre initiative.

Donnons encore la parole à Bakounine : « Qu'est-ce que l'autorité? Est-ce la puissance inévitable des lois naturelles qui se manifestent dans l'enchaînement et dans la succession fatale des phénomènes du

1. Mill, *On liberty*.

monde physique et du monde social? En effet, contre les lois, la révolte est non seulement défendue, mais elle est encore impossible. Nous pouvons les méconnaître ou ne point encore les connaître, mais nous ne pouvons pas leur désobéir, parce qu'elles constituent la base et les conditions mêmes de notre existence: elles nous enveloppent, nous pénètrent, règlent tous nos mouvements, nos pensées et nos actes; alors même que nous croyons leur désobéir, nous ne faisons autre chose que manifester leur toute-puissance.

Oui, nous sommes absolument les esclaves de ces lois. Mais il n'y a rien d'humiliant dans cet esclavage. Car l'esclavage suppose un maître extérieur, un législateur qui se trouve en dehors de celui auquel il commande; tandis que ces lois ne sont pas en dehors de nous: elles nous sont inhérentes, elles constituent notre être, tout notre être, corporellement, intellectuellement et moralement: nous ne vivons, nous ne respirons, nous n'agissons, nous ne pensons, nous ne voulons que par elles. En dehors d'elles, nous ne sommes rien, *nous ne sommes pas.* D'où nous viendrait donc le pouvoir et le vouloir de nous révolter contre elles? Vis-à-vis des lois naturelles, il n'est pour l'homme qu'une seule liberté possible: c'est de les reconnaître et de les appliquer toujours davantage, conformément au but d'émancipation ou d'humanisation collective et individuelle qu'il poursuit. »

On ne peut réagir contre cette autorité-là. On pourrait dire: C'est l'autorité naturelle ou plutôt l'influence naturelle de l'un sur l'autre à laquelle nous ne pouvons nous soustraire et à laquelle nous nous soumettons, presque toujours sans le savoir.

En quoi consiste la liberté?

Bakounine répond : « La liberté de l'homme consiste uniquement en ceci : qu'il obéit aux lois naturelles, parce qu'il les a reconnues *lui-même* comme telles et non parce qu'elles lui ont été extérieurement imposées par une volonté étrangère, divine ou humaine, collective ou individuelle quelconque. Nous reconnaissons donc l'autorité absolue de la science, parce que la science n'a d'autre objet que la reproduction mentale, réfléchie et aussi systématique que possible des lois naturelles qui sont inhérentes à la vie matérielle, intellectuelle et morale, tant du monde physique que du monde social, ces deux mondes ne constituant, dans le fait, qu'un seul et même monde naturel. En dehors de cette autorité uniquement légitime, parce qu'elle est rationnelle et conforme à la liberté humaine, nous déclarons toutes les autres autorités mensongères, arbitraires et funestes. Nous reconnaissons l'autorité absolue de la science, mais nous repoussons l'infaillibilité et l'universalité du savant ».

Voilà la conception de l'autorité et de la liberté. Et celui qui aime la liberté n'acceptera d'autre autorité extérieure que celle qui se trouve dans le caractère même des choses.

Lorsque Cicéron comprenait déjà que « la raison d'être de la liberté est de vivre comme on l'entend [1] », et que « la liberté ne peut avoir de résidence fixe que dans un Etat où les lois sont égales et le pouvoir de l'opinion publique fort [2] », cela prouve que l'humanité était déjà traversée par un courant libertaire et Spencer ne fit réellement que répéter les paroles de Cicéron lorsqu'il écrivit [3] : « L'homme doit avoir la

1. *De Officio.*
2. *De Republica.*
3. *Social Statisc.*

liberté d'aller et de venir, de voir, de sentir, de parler, de travailler, d'obtenir sa nourriture, ses habillements, son logement, et de satisfaire les besoins de la nature aussi bien pour lui que pour les autres. Il doit être libre afin de pouvoir faire tout ce qui est nécessaire, soit directement soit indirectement, à la satisfaction de ses besoins moraux et physiques. »

Ce que tout homme pensant désire posséder, c'est la liberté qui nous permet de développer notre individualité dans toute son expansion, mais, dès qu'il aspire à cette liberté pour lui-même, il doit collaborer à ce qu'on n'empêche personne de satisfaire ce besoin vital.

Car l'aspiration vers la liberté est forte chez l'homme et après les besoins corporels, la liberté est incontestablement le plus puissant des besoins de l'homme.

La définition du philosophe Spinoza dans son *Ethique* est une des meilleures qu'on puisse trouver. Il dit : une chose est libre qui existe par la nécessité de sa nature et est définie par soi-même, pour agir ; au contraire dépendant ou plutôt contraint cet objet qui est défini *par un autre* pour exister et agir d'une manière fixe et inébranlable.

Et le consciencieux savant Mill [1] a parfaitement bien compris que dans l'avenir la victoire serait au principe qui donnerait le plus de garanties à la liberté individuelle. Après avoir fait la comparaison entre la propriété individuelle et le socialisme avec la propriété collective, il dit très prudemment : « Si nous faisions une supposition, nous dirions que la réponse à la question : « Lequel des deux principes triomphera et donnera à la société sa forme définitive? » dépendra surtout de cette autre question : « Lequel

1. *Principles of political economy.*

des deux systèmes permet la plus grande expansion de la liberté et de la spontanéité des hommes? » Et plus loin : « Les institutions sociales aussi bien que la moralité pratique arriveraient à la perfection si la complète indépendance et liberté d'agir de chacun étaient garanties sans autre contrainte que le devoir de ne pas faire du mal à d'autres. Une éducation basée sur des institutions sociales nécessitant le sacrifice de la liberté d'action pour atteindre à un plus haut haut degré de bonheur ou d'abondance, ou pour avoir une égalité complète, annihilerait une des caractéristiques principales de la nature humaine. »

Maintenant il nie que les critiques actuelles du communisme soient exagérées, car « les contraintes imposées par le communisme seraient de la liberté en les comparant à la situation de la grande majorité » ; il trouve qu'aujourd'hui les travailleurs ont tout aussi peu de choix de travail ou de liberté de mouvement, qu'ils sont tout aussi dépendants de règles fixes et du bon vouloir d'étrangers qu'ils pourraient l'être sous n'importe quel système, l'esclavage excepté. Et il arrive à la conclusion que si un choix devait être fait entre le communisme avec ses bons et mauvais côtés et la situation actuelle avec ses souffrances et injustices, toutes les difficultés, grandes et petites du communisme ne compteraient pour lui que comme un peu de poussière dans la balance.

Rarement un adversaire fit plus honnête déclaration. Pour lui la question n'est pas encore vidée, car il nie que nous connaissions dans leur meilleure expression le travail individuel et le socialisme. Et il tient tellement à l'individualisme, ce que l'on possède, du reste, de préférable, qu'il craint toujours qu'il ne soit effacé et annihilé. En exprimant un doute il dit : « La question est de savoir s'il restera quelque espace pour le caractère individuel; si l'opinion publique ne sera pas un joug tyrannique; si la dépendance totale de chacun à tous et le contrôle de tous sur tous ne seront pas la cause d'une sotte uniformité de sentir et d'agir. »

On peut facilement glisser sur cette question et la noyer dans un flot de phrases creuses, comme : Quand chacun aura du pain, cette liberté viendra toute seule, mais ceci constitue pour nous une preuve d'étourderie et de superficialité, une preuve que soi-même l'on n'a pas un grand besoin de la liberté. Mill ne glisse pas si facilement sur cette question, car il y revient souvent. Le communisme lui sourirait s'il devait lui garantir son individualité. On doit encore prouver que le communisme s'accommoderait de ce développement multiforme de la nature humaine, de toutes ces variétés, de cette différence de goût et de talent, de cette richesse de points de vue intellectuels qui, non seulement rendent la vie humaine intéressante, mais constituent également la source principale de civilisation intellectuelle et de progrès moral en donnant à chaque individu une foule de conceptions que celui-ci n'aurait pas trouvées tout seul.

Ne doit-on pas reconnaître que c'est vraiment *la* question par excellence. Et les conceptions libertaires font de tels progrès que ceux-là mêmes qui sont partisans d'une réglementation centralisée de la production, font toutes sortes de concessions à leur principe dès qu'ils le discutent. Quelquefois les étatistes principiels sont anti-étatistes dans leurs raisonnements. Le malheur c'est que les social-démocrates précisent si peu. Ils sont tellement absorbés par les élections, par toutes sortes de réformes du système actuel, que le temps leur manque pour discuter les autres questions. Ces réformes sont pour la plus grande partie les mêmes que celles que demandent les radicaux et tendent toutes à maintenir le système actuel de propriété privée et à rendre le joug de l'esclavage un peu plus supportable pour les travailleurs. Ainsi se forment plus nettement deux fractions, dont l'une se fond avec la bourgeoisie radicale, quoiqu'elle garde, dans les considérants de son programme, l'abolition de la propriété privée, et dont l'autre poursuit plutôt un changement radical de la société, sans s'occuper de tous les compromis qui sont la suite inévitable du concours prêté aux besognes parlementaires dans nos assemblées actuelles.

Les marxistes se basent sur l'Etat.

Les anarchistes, au contraire, se basent sur l'individu et le groupement libre.

Mais le choix n'est pas borné entre ces deux thèses.

Est-ce que Kropotkine, par exemple, qui dans son livre *La Conquête du pain* parle d'une réglementation, d'une organisation de la production, aurait bien le droit de se considérer comme anarchiste, d'après la signification que l'on donne habituellement à ce mot, et qui est la même que ce qu'en Hollande, nous avons considéré toujours comme le socialisme, tout en conservant le principe de la liberté ?

On s'oppose à cette classification et on dira que nous ne rendons pas justice à Marx. On dit que Marx donnait à l'Etat une tout autre signification que celle dans laquelle nous employons ce mot, qu'il ne croyait pas au vieil Etat patriarcal et absolu, mais considérait l'Etat et la société comme une unité. La réponse de Tucker est assez caractéristique : « Oui, il les considérait comme une unité, de la même manière que l'agneau et le lion forment une unité *lorsque le lion a dévoré l'agneau.* L'unité de l'Etat et de la société ressemble pour Marx à l'unité de l'homme et de la femme devant la loi. L'homme et la femme ne font qu'un, mais cette unité c'est l'homme. Ainsi, d'après Marx, l'Etat et la société forment une unité, mais cette unité, c'est l'Etat seul. Si Marx avait unifié l'Etat et la société et que *cette unité fût la société*, les anarchistes n'auraient différé avec lui que de peu de chose. Car pour les anarchistes, la société est tout simplement le développement de l'ensemble des relations entre individus naturellement libres de toute puissance extérieure, constituée, autoritaire. Que Marx ne comprenait pas l'Etat de cette façon, cela ressort clairement de son plan qui comportait l'établissement et le maintien du socialisme, c'est-à-dire la prise de possession du capital et son administration publique par un pouvoir autoritaire, qui n'est pas moins autoritaire parce qu'il est démocratique au lieu d'être patriarcal [1]. »

En effet, pourquoi se disputer lorsqu'on poursuit le même but ? Et si cela n'est pas, quelle autre différence y a-t-il que celle que nous avons fait ressortir ? Je sais qu'on peut invoquer d'autres explications de Marx afin de prouver sa conception et, à ce point de vue là, on pourrait presque l'appeler le père de l'anarchie. Mais cette conception est en opposition complète avec sa principale argumentation. Aujourd'hui on en agit avec Marx comme avec la Bible : chacun y puise, pour se donner raison, ce qui lui convient, comme les croyants pillent les textes de la Bible pour défendre leurs propres idées.

Mais lorsque Rodbertus déclare que si « jamais la justice et la liberté règnent sur terre, le remplacement

1. BENJAMIN TUCKER, *Instead of a book*, pp. 375 et 376.

de la propriété terrienne et capitaliste par la propriété collective du sol et des moyens de production sera nécessaire et inévitable »[1], nous voudrions bien connaître la différence entre lui et Marx, qui préconise la même chose comme base de toutes ses conceptions.

Vollmar le reconnaît dans sa brochure sur le socialisme d'Etat, mais il prétend que « *trotzdem* (quand même) » ils se trouvent à un tout autre point de vue que les socialistes d'Etat : « Leur caractère est autoritaire, leurs moyens, pour autant qu'ils mènent à la solution, sont si faibles que l'humanité pourrait attendre encore sa délivrance durant plusieurs siècles. » Pour cette raison il qualifiait le socialisme d'Etat de « tendance ennemie » et affirmait même que lorsqu'on prétend que la social-démocratie se rapproche de ce courant d'idées, cela signifie que le socialisme renie ses principes fondamentaux, ment à son essence intrinsèque.

La résolution suivante du Congrès du parti-socialiste allemand à Berlin exprime la même chose : « La démocratie socialiste est révolutionnaire dans son essence, le socialisme d'Etat est conservateur. Démocratie socialiste et socialisme d'Etat sont des antithèses irréconciliables. »

Tout cela paraît très beau, mais ce que Liebknecht et Vollmar attribuent au socialisme d'Etat, nous le reprochons à leur démocratie socialiste. Il est vrai qu'ils parlent du « soi-disant socialisme d'Etat » et continuent comme suit : « Le soi-disant socialisme d'Etat, en tant qu'il a pour but des réglementations fiscales, veut remplacer les capitalistes privés par l'Etat et lui donner le pouvoir d'imposer au peuple travailleur le double joug de l'exploitation économique et de l'esclavage politique. »

1. *Das Kapital* (*vierter sozialer Brief an Kirchmann*).

Si duo faciunt idem, non est idem (si deux personnes font la même chose, ce n'est pas encore la même chose); ce proverbe est basé sur la grande différence qui peut exister dans les mobiles. Qu'une mesure soit prise dans un but fiscal ou dans un autre but, cela reste équivalent quant à la mesure prise. Ainsi, par exemple, ceux qui veulent augmenter les revenus de l'Etat avec les produits des chemins de fer, aussi bien que ceux qui, pour des raisons stratégiques, croient à la nécessité de l'exploitation des chemins de fer par l'Etat et ceux qui trouvent que les moyens généraux de communication doivent appartenir à l'Etat voteront la reprise des chemins de fer par l'Etat, tandis que ceux qui admettent le principe mais se défient de l'Etat actuel, voteront contre. Il nous paraît que la phrase « en tant qu'il a pour but des réglementations fiscales » peut être supprimée. Mais pourquoi parler de socialisme d'Etat lorsqu'on désigne plutôt le capitalisme d'Etat ? Liebknecht remarque justement : « Si l'Etat était le maître de tous les métiers, l'ouvrier devrait se soumettre à toutes les conditions, parce qu'il ne saurait trouver d'autre besogne. Et ce soi-disant socialisme d'Etat, *qui est en réalité du capitalisme d'Etat*, ne ferait qu'augmenter dans de notables proportions la dépendance politique et économique; l'esclavage économique augmenterait l'esclavage politique, et celui-ci augmenterait et intensifierait l'esclavage économique. »

Cela n'est pourtant pas exprimé sans parti-pris. Les socialistes de toute école combattent *ce socialisme d'Etat*, et ainsi Vollmar et Liebknecht, Rodbertus même, peuvent se tendre la main : ce n'est pas sans raison qu'on les traite aussi de capitalistes d'Etat, et le mot « soi-disant » joue le rôle de paratonnerre pour détourner l'attention.

« Le socialisme d'Etat dans le sens actuel est la *Verstaatlichung* [1] poussée à l'extrême, la *Verstaatlichung* des différentes branches de la production, comme cela existe déjà généralement pour les chemins de fer et ainsi que l'on a essayé de le faire pour l'industrie du tabac. Petit à petit on veut mettre un métier après l'autre sous la dépendance de l'Etat, c'est-à-dire remplacer les patrons par l'Etat, continuer le métier capitaliste, avec changement d'exploiteurs, mettre l'Etat à la place du capitaliste privé. »

Voilà comment s'exprime Liebknecht. Mais les social-démocrates veulent-ils autre chose ? Si les lois ouvrières, proposées par la fraction socialiste au Reichstag, étaient admises, est-ce que l'Etat ne serait pas leur exécuteur ? Qu'on le veuille ou non, on serait forcé d'augmenter considérablement la compétence de l'Etat. Lisez les *Fabian Essays* [2] sur le socialisme et vous verrez que ce n'est autre chose que du socialisme d'Etat. Lisez ce qu'écrit Lacy [3] : « Le socialisme, c'est la justice basée sur la raison et fortifiée par la puissance de l'Etat. Ou bien : Le socialisme est la doctrine ou théorie qui assure que les intérêts de chacun et de tous seront le mieux servis par la subordination des intérêts individuels à ceux de tous. En reconnaissant que les intérêts individuels ne peuvent être assurés et confirmés que par l'autorité et la protection de l'Etat, il considère l'Etat comme étant placé au-dessus de tous les individus. Mais si l'essence de l'Etat dépend de l'existence des indivi-

1. Mise sous la dépendance de l'Etat.

2. Les *Fabian Essays* sont une série d'articles écrits par les membres d'une société intitulée *Fabian Society*.

3. GEORGES LACY, *Liberty and Law*, p. 247.

dus et si sa solidité est soumise à l'harmonie qu'il y a entre ses unités individuelles, il faut qu'il emploie son autorité de telle manière qu'il fasse disparaître toutes les causes de discorde, d'inégalité et d'injustice. Lacy ne craint pas de promettre à tous la plus grande somme de bonheur par la puissance et l'autorité de l'Etat. » Et plus clairement encore il dit : « Il n'existe pas de prévention contre l'Etat qui agit comme entrepreneur privé; mais jamais ne se présentera la nécessité que l'Etat soit le seul entrepreneur, en tant qu'une coopération fédéralisée répondrait à tous les besoins de justice et atteindrait plutôt le but en accordant des récompenses convenables aux produits, c'est-à-dire en provoquant et en soutenant l'individualisme. Les mines constituant une partie du pays, peuvent être la propriété de l'Etat et exploitées par lui, parce qu'il y a une grande différence entre les mines et l'agriculture. Les chemins de fer, routes ou canaux appartiendraient donc naturellement à l'Etat et seraient exploités par lui et l'Etat créerait également des lignes de bateaux à vapeur faisant le service avec les colonies et les pays étrangers. Le commerce de l'alcool pourrait être un monopole de l'Etat ainsi que la fabrication et la vente des matières explosibles, armes, poisons et autres choses nuisibles à la vie humaine. Etendue plus loin, la possession par l'Etat des moyens de production ne serait ni pratique ni utile et n'est pas réclamée par les principes du socialisme [1] ».

Parcourez l'opuscule de Blatchford, intitulé *Merrie England*, qui est écrit d'une manière attrayante, simple et aura beaucoup d'influence comme brochure de propagande. L'auteur en arrive à demander un monopole assurant à l'ouvrier la jouissance de tout ce qu'il pro-

1. Lacy, p. 293.

duit. Mais comment le faire autrement que par un monopole d'Etat ?

Il me semble, du reste, que le socialisme d'Etat et le socialisme communal ne possèdent nulle part plus de défenseurs qu'en Angleterre.

Tout cela n'est-il pas du socialisme d'Etat réclamé par des social-démocrates ? Tous les barrages qu'on voudra élever seront inutiles. Une fois engagé sur cette pente, on doit glisser jusqu'au bout et on en fera l'expérience de gré ou de force.

« Le soi-disant socialisme d'Etat, en tant qu'il s'occupe de réformes sociales ou de l'amélioration de la situation des classes ouvrières, est un système de demi-mesures, qui doit son existence à la peur de la social-démocratie. Il a pour but, par de petites concessions et toutes sortes de demi-moyens, de détourner la classe ouvrière de la social-démocratie et de diminuer la force de celle-ci. » Voilà ce que dit la résolution du congrès du parti à Berlin. Mais la social-démocratie, qui poursuit au Reichstag la réalisation du programme pratique, n'est en réalité autre chose qu'un système de demi-mesures. N'agrandit-on pas ainsi la compétence de l'Etat actuel ? Qui donc, si ce n'est l'Etat, doit exécuter les résolutions, dès que les diverses revendications sont réalisées ? On sait que la fraction socialiste du Reichstag allemand a présenté un projet de loi de protection. En supposant qu'il eût été admis dans son ensemble, l'on n'aurait eu que des demi-réformes. Le système capitaliste n'aurait pas été attaqué. Et quelle est alors, diantre ! la différence entre socialistes d'Etat poursuivant l'amélioration de la situation des classes ouvrières, et social-démocrates qui font la même chose ? La raison pour laquelle les socialistes d'Etat préconisent ces réformes n'a rien à y voir.

« La social-démocratie n'a jamais dédaigné de réclamer de l'Etat, ou de s'y rallier, quand étaient proposées par d'autres, les réformes tendant à l'amélioration de la situation de la classe ouvrière sous le système économique actuel. Elle ne considère ces réformes que comme de petits acomptes qui ne pourront la détourner de son but : la transformation socialiste de l'Etat et de la société. »

Les libéraux progressistes disent absolument la même chose : Soyez reconnaissants mais non satisfaits ; acceptez ce que vous pouvez obtenir et considérez-le comme un acompte. Vraiment, alors il est inutile d'être social-démocrate.

Rien d'étonnant qu'une telle résolution fût acceptée par les deux partis, que Liebknecht et Vollmar s'y ralliassent, car elle tourne adroitement autour du principe. A proprement parler, elle ne dit rien, mais avec des résolutions aussi vagues et sans signification on n'avance guère par rapport au principe. Seulement on a sauvé, aux yeux de l'étranger, le semblant d'unité du Parti allemand. Mais les idées se développent et nous croyons que la question du socialisme d'Etat prendra bientôt une place prépondérante dans les discussions. Et si la social-démocratie n'échoue pas sur le rocher du socialisme d'Etat, ce sera grâce aux anarchistes. Tous nous nous sommes inclinés plus ou moins devant l'autel où trônait le socialisme d'Etat ; mais dans tous les pays la même évolution se produit maintenant ; reconnaissons honnêtement que ce sont les anarchistes qui nous ont arrêtés pour la plupart et nous ont débarrassés du socialisme d'Etat. Personnellement, je me suis aperçu peu à peu que mes principes socialistes, modelés d'après Marx et le Parti allemand, étaient en réalité du socialisme d'Etat et loin d'en rougir je le reconnais ; je les ai reniés parce que j'ai la conviction qu'ils constituaient une négation du principe de liberté. Je puis donc facilement me placer au point de vue des socialistes parlementaires, qui sont ou deviendront socialistes d'Etat, et j'ai la conviction que les événements les forceront à rompre à jamais avec leurs idées ou à devenir franchement des socialistes d'Etat.

On a donc obtenu un nettoyage et nous soumettons à l'examen de tous l'idée de Kropotkine : « Si l'on veut parler de lois historiques, on pourrait plutôt dire que l'Etat faiblit à mesure qu'il ne se sent plus capable d'enrichir une classe de citoyens, soit aux dépens d'une autre classe, soit aux dépens d'autres Etats. Il dépérit dès qu'il manque à sa mission historique. Réveil des exploités et affaiblissement de l'idée de l'Etat sont, historiquement parlant, deux faits parallèles. »

Nous avons donc un socialisme autoritaire et un socialisme libertaire.

Le choix devra se faire entre les deux.

Etre libre est une conception générale qui ne signifie rien en elle-même. On doit toujours être libre en quelque manière. Mais la liberté est en soi-même une chose vide, négative. La liberté est l'atmosphère dans laquelle on veut vivre. La liberté c'est l'enveloppe. Et son contenu ? Doit être l'égalité.

Ces deux termes se complètent, forment en quelque sorte une dualité. L'égalité porte en soi la liberté, car inégalité signifie arbitraire et esclavage. La liberté sans égalité est un mensonge. Il ne peut être question de liberté que lorsqu'on est complètement indépendant sous le rapport économique. Tous ceux qui sont indépendants de la même manière et armés des mêmes moyens de pouvoir, sont libres parce qu'ils sont égaux.

Le socialisme prétend qu'il y a une triple liberté :

1° Une liberté économique ou la libre participation aux moyens de travail;

2° Une liberté intellectuelle, ou la liberté de penser librement;

3° Une liberté morale, ou la faculté de développer librement ses penchants.

Après des siècles de lutte, les deux dernières sont reconnues comme droits abstraits par la majorité des peuples civilisés et instruits, mais elles sont complètement annihilées par l'absence de liberté économique, la clef de voûte de la liberté proprement dite.

Pourquoi changer de joug si cela ne sert à rien?

Bakounine le dit fort à propos : « Le premier mot de l'émancipation universelle ne peut être que la *liberté*, non cette *liberté* politique bourgeoise tant préconisée et recommandée comme un objet de conquête préalable par M. Marx et ses adhérents, mais la *grande liberté humaine* qui, détruisant les chaînes dogmatiques, métaphysiques, politiques et juridiques dont tous se trouvent aujourd'hui accablés, rendra à tous, collectivités aussi bien qu'individus, la pleine autonomie, le libre développement, en nous délivrant une fois pour toutes de tous inspecteurs, directeurs et tuteurs.

» Le second mot de cette émancipation, c'est la *solidarité*, non la solidarité marxienne, organisée de haut en bas par un gouvernement quelconque et imposée, soit par ruse, soit par force, aux masses populaires; non cette solidarité de tous qui est la négation de la liberté de chacun et qui par là-même devient un mensonge, une fiction, ayant pour doublure réelle l'esclavage, mais la solidarité qui est au contraire la confirmation et la réalisation de toute liberté, prenant sa source non dans une loi politique quelconque mais dans la propre nature collective de l'homme, en vertu de laquelle aucun homme n'est libre, si tous les hommes qui l'entourent et qui exercent la moindre influence sur sa vie, ne le sont également. »

Et la solidarité a comme « bases essentielles l'*égalité*, le *travail collectif*, devenu obligatoire pour chacun, non par la force des lois mais par la force des choses, la *propriété collective*, pour guider l'expérience, c'est-à-dire la pratique et la science de la vie collective, et, pour but final, *la constitution de l'humanité*, par conséquent la ruine de tous les États ».

Le socialisme autoritaire présuppose toujours une camisole de force servant à dompter les insoumis, mais, quand la chose est jugée nécessaire, on laisse rentrer par la porte de derrière ceux qui avaient été jetés par la porte de devant.

La plus forte condamnation de ce socialisme-là, ce sont ses institutions de police socialiste, de gendarmerie socialiste, de prisons socialistes? Car il est absolument égal, lorsqu'on n'a aucune envie d'être appréhendé au collet, de l'être par un agent de police socialiste ou par un agent de police capitaliste; de comparaître devant un juge socialiste ou capitaliste lorsqu'on ne veut pas avoir affaire aux juges; d'être enfermé dans une prison socialiste ou capitaliste, lorsqu'on ne veut pas être emprisonné. Le titre n'y fait rien, le fait seul importe et il n'y a rien à gagner au changement de nom.

Avec le mot « république » ne disparaît pas encore le danger de tyrannie. Il y a quelques années nous avons vu à Paris un congrès ouvrier dissous par la police, pour la seule raison que l'on craignait les tendances socialistes de l'assemblée. Est-ce que ces ouvriers voyaient une différence à être dispersés par la police républicaine ou par les gendarmes impériaux?

Que chaut au meurt-de-faim que la France ait un gouvernement républicain? Qui ne se rappelle l'effroyable drame de la famille Hayem à Paris : un père, une mère et six enfants s'asphyxiant pour en finir avec leur vie de privations et de misère, le même jour où Paris était en liesse et illuminé pour la fête du 14 Juillet, commémorative de la prise de la Bastille? Il importe peu au pauvre qu'il y ait des employés républicains, des receveurs républicains, mettant la main sur le peu qu'il possède lorsqu'il ne paie pas les contributions; qu'il y ait des huissiers républicains qui, après avoir tout vendu, le mettent à la porte; qu'il y ait des gendarmes républicains qui l'arrêtent comme vagabond lorsque la crise industrielle l'empêche de gagner sa vie; qu'il y ait des soldats républicains qui le fusillent lorsqu'il lutte par la grève; que lui fait que tout soit républicain, même l'hôpital où il crève de misère, même la prison où l'on a inscrit cette ironique devise : Liberté, égalité, fraternité!

Voici du reste la déclaration faite par les socialistes au Parlement belge : « Etant donné qu'un gouvernement socialiste serait obligé de maintenir un corps de gendarmes pour arrêter les malfaiteurs de droit commun, nous ne voulons pas voter contre le budget et nous devons nous abstenir » (Séance du 8 mars 1895. Emile Vandervelde).

Il me semble que le socialisme autoritaire ne peut se passer d'une telle espèce de camisole de force.

Mais que ferez-vous des fainéants, des insoumis? nous dit-on.

En premier lieu, leur nombre sera restreint dans une société où chacun pourra travailler selon son caractère et ses aptitudes, mais s'il en reste encore, je préférerais les entretenir dans l'inaction plutôt que d'employer la force envers eux. Faites-leur sentir qu'ils ne mangent en réalité que du pain de miséricorde car ils n'aident pas à la production, faites appel à leur amour-propre, à leur sentiment d'honneur, et presque tous deviendront meilleurs; si, malgré tout, quelques-uns continuaient une vie aussi déshonorante, ce serait la preuve d'un état maladif qu'on devrait tâcher de guérir par l'hygiène. Pourquoi spéculer sur les sentiments vils de l'homme et non sur ses bons sentiments ? Par application de la dernière méthode, on arriverait pourtant à de tout autres résultats qu'avec la première.

Quant à moi, je suis convaincu qu'il n'y aura pas d'amélioration à cette situation tant qu'existera la famille, dans l'acception que l'on donne actuellement à ce mot. Chaque famille forme pour ainsi dire un groupe qui se pose plus ou moins en ennemi vis-à-vis d'un autre groupe. Longtemps encore on pourra prêcher la fraternité; tant que les enfants ne verront pas par l'éducation collective qu'ils appartiennent à une seule famille, ils ne connaîtront pas la fraternité. Règle générale, les parents sont les pires éducateurs de leurs propres enfants. Je pourrais citer des exemples d'excellents éducateurs pour les enfants des autres donnant une très mauvaise éducation à leurs propres enfants.

Les enfants, aussi longtemps qu'ils prennent le sein, resteraient sous la surveillance de la mère, après quoi ils seraient élevés collectivement, sous la surveillance des parents. Nous ne voulons point d'orphelinats ou d'établissements où les enfants soient enfermés derrière d'épaisses murailles, sans connaître les soins familiaux; non, tout ce qui sent l'hospice doit être banni. Il faut des institutions accessibles à tous, et surveillées constamment par la communauté. Et nous ne croyons pas que l'affection en soit exclue et que les enfants y soient privés de la chaleur bienfaisante de l'amour.

Nous devons demander d'abord s'il existe quelque chose que l'on puisse appeler amour maternel? si la soi-disant consanguinité a quelque valeur? Supposons qu'après la naissance d'un enfant on remplace celui-ci par un autre : la question est de savoir si la mère s'en apercevrait ? S'il existe une sorte de lien du sang, elle devrait le remarquer. Il n'y a rien de tout cela. Quelqu'un qui s'est chargé de soigner continuellement un enfant, ne l'aime-t-il pas autant que si c'était son propre enfant ? Nous ne parlons pas du père, car l'amour paternel est naturellement tout autre. Si l'enfant appartient à l'un des parents, c'est évidemment à la mère. Même par rapport à l'amour maternel la question se pose si ce n'est pas une suggestion, une imagination. Il existe évidemment un lien entre la mère et l'enfant, non parce qu'ils sont consanguins, mais parce que la mère a toujours soigné l'enfant. C'est une question d'habitude et la tyrannie des habitudes et coutumes est encore plus grande que celle des lois. (Songez par exemple à la puissance de la mode, à laquelle personne n'est forcé de se soumettre, mais à laquelle chacun obéit.) Si l'amour rend aveugle, c'est évidemment parce qu'il a tort. Les parents sont quelquefois tellement aveuglés qu'ils ne voient pas les défauts de leurs enfants — quelquefois leurs propres défauts — et ne font rien pour les corriger. D'autres parents sont injustes envers leurs enfants pour ne pas avoir l'air de les favoriser ; cela aussi est blâmable. Nous pensons que le principe *mes enfants*, impliquant une idée de propriété privée, devra disparaître complètement et faire place au principe : *nos enfants*.

Mais il serait insensé d'obliger les mères à se séparer de leurs enfants, car par là on ferait naître dans le cœur maternel un sentiment d'inimitié. Non, elles doivent en arriver, par suite d'une instruction appropriée, à se séparer de plein gré de leurs enfants et à comprendre qu'elles-mêmes ne pourraient jamais les entourer d'aussi bons soins que la collectivité ; par elle les enfants seraient mieux traités, s'amuseraient davantage et comme, dans l'avenir, le nombre des mères instruites et sensées ne peut qu'augmenter, elles prouveront leur véritable amour maternel en se préoccupant plus du bien-être de leur enfant que de leur propre plaisir. Non par contrainte (car il est probable que quelques-uns des partisans du principe s'y opposeraient dès qu'on exercerait une contrainte quelconque), mais librement.

Ainsi encore pour d'autres choses.

Combien nous sommes redevables à l'initiative privée, poussée par l'intérêt ! Kropotkine en a cité quelques exemples heureux, comme la Société de sauvetage, fondée par libre entente et initiative individuelle. Le système du volontariat y fut appliqué avec succès. Autre exemple : c'est la Société de la Croix-Rouge, qui soigne les blessés. L'abnégation des hommes et des femmes qui s'engagent volontairement à faire cette œuvre d'amour, est au-dessus de tout éloge. Là où les officiers de santé salariés s'enfuient ainsi que leurs aides, les volontaires de la Croix-Rouge restent à leur poste au milieu du sifflement des balles et exposés à la brutalité des officiers ennemis.

Pour l'autoritaire, « l'idéal, c'est le major du régiment, le salarié de l'Etat. Au diable donc la Croix-Rouge avec ses hôpitaux hygiéniques, si les garde-malade ne sont pas des fonctionnaires ! » (Kropotkine.)

Ne voyage-t-on pas directement de Paris à Constantinople, de Madrid à Saint-Pétersbourg, quoique plusieurs directions de chemins de fer aient dû contribuer à l'organisation de ces services internationaux? L'intérêt les a poussés à prendre de telles résolutions et cela s'est organisé parfaitement sans ordres de supérieurs.

Aussi longtemps que le monde ne sera pas en état de comprendre ces choses-là et qu'elles devront être imposées, elles ne pourront prendre racine dans l'humanité.

Mettons donc la libre initiative au premier plan et surtout ne l'anéantissons pas, car ce serait un préjudice énorme pour la société. Dans une assemblée de gens bien élevés, instruits, on ne commence pas par décréter des lois auxquelles on devra se soumettre; chacun sait se conformer aux lois non écrites qui nous disent de ne pas nous nuire respectivement, et chacun agit en conséquence. Les diverses forces et tendances de la société changeront toujours suivant les circonstances et prendront de nouvelles formes. L'esprit de combinaison rassemblera des éléments non assortis. Le monde est une incessante division, un changement, une transformation, c'est-à-dire un continuel devenir. Les formes de la société humaine possèdent une force de croissance aussi grande que les plantes dans la nature.

Personne ne constitue un être isolé et la comparaison de la société au corps humain n'est pas dénuée de vérité. Lorsqu'un seul membre souffre, tout le corps souffre. Une chose dépend de l'autre et les plus petites causes ont parfois les plus grands effets, qui se font sentir partout. Le tort qu'un individu se fait à lui-même peut être non seulement la source de torts envers ses parents les plus proches, mais peut avoir des suites désastreuses pour le tout, pour la communauté.

L'Etat et la société ne sont pas deux cercles qui ont un seul point central et dont les circonférences ne se touchent pas, par conséquent; mais ils se complètent, dépendent l'un de l'autre, se transforment continuellement. Parfois l'Etat est un lien qui enserre la société de telle manière qu'il l'empêche de se développer. C'est le cas aujourd'hui. L'État peut avoir été pendant un certain temps une transition nécessaire, sans qu'il soit nécessaire qu'il existe éternellement. En certaines circonstances mêm il peut avoir été un progrèe dont on n'a plus que faire maintenant.

Bakounine, dit également, que « l'Etat est un mal, mais un mal historiquement nécessaire, aussi nécessaire dans le passé que le sera tôt ou tard son extinction complète, aussi nécessaire que l'ont été la bestialité primitive et les divagations théologiques des hommes. L'Etat n'est point la société, il n'en est qu'une forme historique aussi brutale qu'abstraite ».

Actuellement nous nous éloignons de l'État dans lequel nous avons été enchaînés pendant des siècles, et de plus en plus se forme en nous la conviction : « Où l'Etat commence, la liberté individuelle finit, et vice versa. »

On répondra : « Mais cet Etat, qui est le représentant du bien-être général, ne peut prendre à l'homme une partie de sa liberté quand ainsi il la lui assure toute. » Si céla était toujours vrai, comment expliquer alors l'opposition que l'on fait à l'Etat? Il s'agit en outre de savoir si la partie que l'on cite ne constitue justement pas l'essence, le commencement de la liberté. Et dès que cela se présente, on proteste naturellement contre cette contrainte qui, sous l'apparence de garantir la liberté, la supprime.

» L'État, par son principe même, est un immense cimetière où viennent se sacrifier, mourir, s'enterrer toutes les manifestations de la vie individuelle et locale, tous les intérêts des parties dont l'ensemble constitue précisément la société. C'est l'autel où la liberté réelle et le bien-être des peuples sont immolés à la grandeur politique ; et plus cette immolation est complète, plus l'Etat est parfait. J'en conclus, et c'est une conviction, que l'empire de Russie est l'Etat par excellence, l'Etat sans rhétorique et sans phrases, l'Etat le plus parfait en Europe. Tous les Etats au contraire dans lesquels les peuples peuvent encore respirer sont, au point de vue de l'idéal, des Etats incomplets, comme toutes les autres Eglises, en comparaison de l'Eglise catholique romaine, sont des Eglises manquées. » (Bakounine.)

L'Etat doit donc être tout ou il devient rien, et ne constitue qu'une phase d'évolution prédestinée à disparaître. L'expression employée à ce sujet par Bakounine est spirituelle ; il dit : « Chaque Etat est une Eglise terrestre, comme toute Eglise, à son tour, avec son ciel, séjour des bienheureux et ses dieux immortels, n'est rien qu'un céleste Etat. »

Qui prétendra que l'Etat ne se dissoudra pas un jour dans la société, qu'un temps ne viendra pas où les individus se développeront librement sans nuire à la liberté ? Si la conscience et la vie individuelle constituent une partie intégrale de l'homme, cette partie ne peut se fondre dans la communauté, mais reste séparée tout en donnant son empreinte à l'individu. On ne peut non plus anéantir le sentiment de solidarité, car celui-ci également se développe chez l'individu.

Bakounine s'élève contre la prétention que la liberté individuelle de chacun est limitée par celle des autres. Il y trouve même « en germe, toute la théorie du despotisme ». Et il le démontre de la manière suivante : « Je ne suis vraiment libre que lorsque tous les êtres humains qui m'entourent, hommes et femmes, sont également libres. La liberté d'autrui, loin d'être une limite ou la négation de ma liberté, en est au contraire la condition nécessaire et la confirmation. Je ne deviens libre vraiment que par la liberté des autres, de sorte que plus nombreux sont les hommes libres qui m'entourent et plus profonde et plus large est leur indépendance, plus étendue, plus profonde et plus large devient ma propre liberté. C'est au contraire l'esclavage des hommes qui pose une barrière à ma liberté, ou, ce qui revient au même, c'est leur bestialité qui est une négation de mon humanité, parce que, encore une fois, je ne puis me dire libre vraiment que lorsque ma liberté ou ce qui veut dire la même chose, lorsque ma dignité d'homme, mon droit humain, qui consiste à n'obéir à aucun autre homme et à ne déterminer mes actes que conformément à mes convictions propres, réfléchies par la conscience également libre de tous, me reviennent confirmés par l'assentiment de tout le monde. Ma liberté personnelle ainsi confirmée par la liberté de tout le monde s'étend à l'infini. »

C'est jouer sur les mots. Liberté absolue est une impossiblité. Du reste, nous parlons de la liberté d'hommes libres l'un envers l'autre. Ne seront-ils jamais en conflit? Quoique le but consiste à éviter tout conflit, cela ne peut se réaliser dans son entier et alors la liberté de l'un vaut autant que celle de l'autre. Bakounine ne démolit pas cette affirmation et lorsqu'il divise la liberté en trois moments d'évolution, 1° le plein développement et la pleine jouissance de toutes les facultés et puissances humaines pour chacun par l'éducation, par l'instruction scientifique et par la prospérité matérielle ; 2° la révolte de l'individu humain contre toute autorité divine et humaine, collective et individuelle, qu'il subdivise de nouveau en « théorie du fantôme suprême de la théologie contre Dieu », c'est-à-dire l'Eglise, et la « révolte de chacun contre la tyrannie des hommes, contre l'autorité tant individuelle que sociale, représentée et légalisée par l'Etat », nous pouvons le suivre. Nous croyons que la probabilité de conflit croît en proportion du degré de développement des individus.

Tâchons maintenant d'avoir assez d'espace, assez de liberté pour chaque individu, de manière à ce qu'ils ne se heurtent pas et que chacun trouve son propre terrain d'activité, et nous ferons disparaître une des pierres d'achoppement de l'humanité. Il est facile de philosopher là-dessus, mais dans la réalité on verra que la liberté absolue est impossible dans l'humanité et qu'il faut chercher une limite que chacun puisse accepter pour sa liberté personnelle ; et si cette limite ne convient pas, on doit en donner une autre ou prouver que l'on peut s'en passer, mais alors on doit fournir de meilleurs arguments que les phrases de Bakounine.

Ainsi, pour l'avenir, la question se pose : « Quelle place l'individu prendra-t-il dans la société ? » Cette question sera décisive, et il vaudra toujours mieux l'attaquer en face.

Que de choses oubliées parce qu'elles n'étaient plus en corrélation avec le monde moderne ! Comme le dit Goethe : « Tout ce qui naît vaut qu'il disparaisse », c'est-à-dire rien n'est durable et tout ce qui naît porte en soi le germe de sa décomposition. Les formes et systèmes surannés s'anéantissent, non parce qu'ils sont combattus par des arguments, mais parce que de nouvelles situations sont nées auxquelles ils ne s'adaptent pas et qui empêchent par conséquent leur viabilité. Dans la lutte pour la vie plusieurs croyances n'existent plus et celles-là seules se sont maintenues qui ont pu s'adapter aux situations nouvelles. Si l'homme a besoin d'une religion — et il y a des gens qui prétendent que l'homme est un animal religieux — et que les anciennes religions sont malades, mourantes ou mortes, comme c'est le cas pour les religions existantes, il nous faut une religion nouvelle s'adaptant aux nouvelles situations. Impossible de précipiter la marche de la nature : c'est un enfant faible que celui qui naît avant terme.

Il en est de même des systèmes politiques et économiques. Ils deviennent surannés et à de nouvelles conditions de vie il faut de nouvelles formes de vie.

Le développement de la civilisation a été comparé avec raison à une spirale. L'humanité, en apparence, est arrêtée continuellement à la même hauteur, ou prend même une direction rétrograde, et il faut du temps avant de constater qu'elle ait avancé. Mais d'habitude, elle avance toujours car nous voyons l'horizon se déplacer continuellement.

Progrès signifie plus de savoir intellectuel, plus de puissance matérielle, plus d'homogénéité dans la morale et dans la société.

Il y a au monde deux principes : *autorité* et *liberté*.

L'un se retrouve dans le socialisme autoritaire, l'autre dans le socialisme libertaire.

Nous appelons socialiste d'Etat celui qui préconise des réformes tendant à augmenter et agrandir la compétence de l'Etat dans la société existante. C'est ce que font les social-democrates qui prennent l'Allemagne comme modèle ; voilà pourquoi nous avons le droit de les classer sous cette rubrique.

Le socialisme libertaire veut le groupement libre des hommes qui, par leurs intérêts, sont poussés à se réunir afin de coopérer au même idéal, mais qui gardent la liberté, instantanée pour ainsi dire, de se retirer de cette coopération.

L'esprit de fraternité et de solidarité n'animera et pénétrera l'humanité que lorsqu'elle aura pris comme base l'égalité, comme forme la liberté.

IV

LE SOCIALISME D'ÉTAT DES SOCIAL-DÉMOCRATES ET LA LIBERTÉ DU SOCIALISME ANTI-AUTORITAIRE

LE SOCIALISME D'ÉTAT

DES SOCIAL-DÉMOCRATES

ET LA LIBERTÉ DU SOCIALISME ANTI-AUTORITAIRE

Un mouvement n'est jamais plus pur, plus idéologique qu'à ses débuts. Il est inspiré par des hommes de dévouement et de sacrifice, et nul ambitieux ne le gâte, car à y participer on a tout à perdre et rien à gagner. On ne connaît alors ni les compromis ni les intrigues, ni l'esprit d'opportunisme, prêt à accommoder les principes selon les intérêts. Un souffle bienfaisant de solidarité, de liberté et de fraternité anime tous les partisans de la même cause, et ils sont encore un de cœur, de pensée et d'âme.

Que l'on prenne n'importe quel mouvement, on y trouve toujours cette période idéaliste pendant laquelle les individus sont susceptibles de s'élever à un tel degré de hauteur qu'ils peuvent sacrifier tous leurs biens, leur repos, même leur vie. Ils sont des apôtres prêts, si les circonstansces l'exigent, à devenir des martyrs.

Tous les grands courants d'idées offrent d'ailleurs si on les prend à leur naissance, des analogies singulières. Les points de ressemblance entre le christianisme au commencement de notre ère et le socialisme de notre temps à son éclosion, sont si remarquables que l'observateur historien doit en être frappé. Dans leur origine comme dans leur développement, les mêmes caractères se constatent et, toutes choses changées, on peut dire en étudiant les étapes du premier : il en est maintenant comme alors. On peut même dans leur commune dégénérescence observer les phénomènes identiques.

Le christianisme apporta un évangile pour les pauvres, les opprimés et les déshérités. Parmi les premiers chrétiens on ne trouve ni savants, ni puissants, ni riches, mais seulement des ouvriers, des pêcheurs et des gueux. Ils peinaient pour subvenir à leurs besoins et c'était aux heures du repos, la journée finie, qu'ils allaient prêcher leur doctrine sans ambition d'en tirer profit. Aussi, quand, en traversant Jérusalem, on demandait, dans les maisons des gens aisés et responsables, ce que voulaient et ce qu'étaient ces chrétiens — dont le nom seul était à ce moment une injure, — ceux qui étaient interrogés répondaient que les chrétiens étaient de pauvres hères au milieu desquels on ne trouvait aucun personnage de rang ou de bonne famille.

N'en est-il pas ainsi dans le socialisme d'aujourd'hui ?

Les socialistes, de nos jours, sont des prolétaires, des pauvres, méprisés par les savants et par les puissants, haïs et persécutés par les gouvernants et le monde officiel. Leurs orateurs sont pour la plupart des hommes qui ont beaucoup souffert, qu'on a chassés de l'usine, de l'atelier, dont on a brisé la carrière parce qu'ils avaient des principes que les chefs et les patrons ne tolèrent pas. Mais, malgré les persécutions, ils continuent leur route et ils prêchent leur évangile avec la même ardeur et la même conviction que les anciens chrétiens. Les persécutions même ont été pour eux un moyen de triompher, car, en les voyant souffrir et supporter leurs souffrances avec résignation et avec courage, beaucoup ont commencé à penser et à étudier. Une conviction susceptible de donner tant de force à braver la mort même, devait être quelque chose de bon et de beau. Ainsi souvent, un Saul fanatique devient un Paul convaincu.

Lentement le christianisme triompha, ce ne fut qu'au commencement du quatrième siècle qu'il fut si fort qu'un empereur habile, Constantin le Grand — ainsi le nomme l'histoire, car l'histoire a été écrite par des chrétiens, sinon on le signalerait comme il le mérite, c'est-à-dire comme un monstre cruel et lâche — se convertit. Ce ne fut pas là un acte de foi, mais un acte de politique.

Le christianisme était pour lui le chemin qui menait au trône. Le monde officiel suivit Constantin et la religion chrétienne devint religion d'Etat. Mais dès cette époque, les pieux, les vrais chrétiens voyaient tout cela avec inquiétude, ils comprenaient que lorsqu'un mouvement est détourné au profit d'un politique, ce mouvement est perdu. Un d'entre ces hommes nous a légué ces belles paroles : « Quand les églises furent de bois, le christianisme fut d'or, mais quand les églises furent d'or le christianisme fut de bois ». Nous pouvons dire que Constantin, en faisant triompher l'église chrétienne, a tué le christianisme et l'esprit de Jésus-Christ. Naturellement les petites sectes, les vrais chrétiens furent chassés comme hérétiques, il n'y avait plus de place dans l'Eglise pour l'esprit de Jésus.

L'histoire ne se répète-t-elle pas? pouvons-nous

nous demander en observant le développement du socialisme. N'avons-nous pas vu que les puissants de la terre se sont emparés du socialisme ou bien qu'ils veulent s'en emparer. Un politicien anglais ne disait-il pas, il y a peu de temps : « nous sommes tous des socialistes » ? M. de Bismarck s'est déclaré socialiste, tout comme le prédicateur de la cour de Berlin, M. Stöcker. L'empereur Guillaume II a commencé sa carrière en se donnant des airs de socialiste, il a même semblé un moment, que ce prince voulût jouer le rôle d'un nouveau Constantin. Le pape aussi, le chef du corps le plus réactionnaire du monde, de l'Eglise catholique, a donné une encyclique dans laquelle il se rapprochait du socialisme. Chaque jour enfin on entend dire de M. X ou de M. Y qu'il s'est déclaré socialiste. Kropotkine a très bien caractérisé ces gens-là, quand il a écrit : « Il se constituait au sein de la bourgeoisie, un noyau d'aventuriers qui comprenaient que, sans endosser l'étiquette socialiste, ils ne parviendraient jamais à escalader les marches du pouvoir. Il leur fallait donc un moyen de se faire accepter par le parti sans en adopter les principes. D'autre part, ceux qui ont compris que le moyen le plus facile de maîtriser le socialisme c'est d'entrer dans ses rangs, de corrompre ses principes, de faire dévier son action, faisaient une poussée dans le même sens ».

Cependant il y a peut-être plus de danger pour nous dans la politique de ces hommes qui se disent tous des socialistes, peut-être même les *vrais* socialistes, et en acceptent l'étiquette que dans une politique qui consisterait à se montrer tels qu'ils sont, c'est-à-dire, des ennemis du socialisme, car de la première manière, ils trompent des gens simples qui pensent que le nom et le principe sont toujours chose conforme.

Et que voulait-on ainsi ? Le socialisme d'Etat, ainsi

que Constantin et les siens voulaient le christianisme religion d'Etat. Les deux tendances sont étatistes, c'est-à-dire prétendent faire de l'Etat une providence terrestre omnipotente, réglant tout : les affaires matérielles aussi bien que les affaires spirituelles.

Le développement de ces deux mouvements fut aussi le même. Les chrétiens eurent leurs conciles où les évêques venaient de partout délibérer ensemble pour établir les dogmes nécessaires au salut des croyants. Les socialistes ont leurs congrès où leurs chefs viennent de partout, pour délibérer ensemble, régler leur tactique et suivre le même chemin qui doit conduire le prolétariat au salut. Ils sont exclusivistes et intolérants, comme le furent les chrétiens, et on se tue à cause d'une seule lettre. Un exemple remarquable en va donner la preuve.

Au concile de Nicée on discutait pour savoir si le fils est semblable au père (homoousios), ou bien si le fils est identique au père (homoïousios). On avait deux sectes, les homoousioï et les homoïousioï, se dévorant entre elles pour une lettre, pour un *i*.

Au Congrès socialiste de Londres, on discutait la question de l'action politique. Les uns disaient : l'action politique est le salut pour les ouvriers, c'est la seule méthode pour conquérir les pouvoirs publics.

Les autres disaient : l'*action* politique n'est autre que l'*auction* politique, la corruption, l'intrigue, le moyen pour les ambitieux de monter sur le dos des ouvriers. Pensez à Tolain, à d'autres encore. Ainsi, on avait deux sectes combattant entre elles pour une seule lettre pour un *u*. Cette ressemblance n'est-elle pas curieuse ?

Donc le même esprit d'intolérance et de sectarisme domine les deux mouvements, et c'est pour cela que tous les siècles pendant lesquels ils se sont tous développés ont passé sans exercer une favorable influence sur la marche de l'humanité, dont on pourrait presque désespérer qu'elle se puisse émanciper des préjugés.

Mais heureusement, maintenant comme auparavant, l'hérésie est le sel du monde, propre à le sauver des idées étroites et bornées, et les hérétiques sont encore les promoteurs du progrès.

A ses débuts, le christianisme fut révolutionnaire, et qui le fut plus que Jésus lui-même qui chassait les marchands et les banquiers de la synagogue et disait ne pas être venu apporter la paix, mais le glaive? Toutefois, quand le christianisme devint la religion officielle, l'esprit révolutionnaire l'abandonna.

Jadis aussi, les anciens socialistes et ceux qui sont restés tels disaient : « La prochaine révolution ne doit plus être un simple changement de gouvernement suivi de quelques améliorations de la machine gouvernementale, elle doit être la *Révolution Sociale.* Mais maintenant, l'esprit révolutionnaire va diminuant. Les chefs du socialisme espèrent arriver au pouvoir ; dès lors ils tendent à devenir conservateurs, étant eux-mêmes l'autorité future, ils deviennent tout naturellement autoritaires.

Ainsi, christianisme et socialisme ont sacrifié les principes à la tactique, l'un et l'autre sont devenus étatistes, à la religion d'Etat répond le socialisme d'Etat. Et la tristesse est grande à voir ceux qui combattaient autrefois avec ardeur, renier leur passé et devenir des radicaux et des réformateurs.

Mais avant d aller plus loin, avant de dire : ceux-ci ou ceux-là sont ou ne sont pas des socialistes, comme on le fait en niant le socialisme des anarchistes, il est nécessaire de savoir ce que c'est que le socialisme. N'est-il pas essentiel, si on veut discuter avec profit, de définir la chose même qu'on discute?

Le principe fondamental du socialisme fut dès l'origine celui qui posait la nécessité d'abolir le salariat, et la propriété individuelle, propriété du sol, des habitations, des usines, des instruments de travail, le principe de la socialisation des moyens de production. Ce qui caractérisait le socialiste, était d'admettre la nécessité de supprimer la propriété individuelle, source de l'esclavage économique et moral, et cela non dans deux cents, cinq cents ou mille années, mais dès aujourd'hui. La propagande socialiste se faisait en vue de préparer l'expropriation lors de la révolution prochaine.

Il semble désormais que plusieurs socialistes veuillent renvoyer cette suppression de la propriété individuelle ainsi que l'expropriation aux calendes grecques. Ils s'occupent de réformes réalisables dans l'état de la société actuelle et dans son cadre même et ils considèrent ceux qui restent fidèles à cette idée de l'expropriation comme des rêveurs et des utopistes. Qu'entend-on dire, en effet? Quand nous serons les maîtres de la machine gouvernementale et législative, nous améliorerons peu à peu le sort des ouvriers. Tout ne se fait pas en une seule fois. Et Bebel promettait : « Quand nous aurons en main le pouvoir législatif, tout s'arrangera bien. » Ils oublient les paroles de Clara Zetkin au Congrès de Breslau : « Quand on veut démocratiser et socialiser en gardant les cadres actuels de l'Etat et de la société, on demande à la social-démocratie une tâche qu'elle ne peut remplir. Qui veut démocratiser en conservant l'ordre existant, fait penser à celui qui voudrait une république avec un grand duc à la tête. Cependant cet esprit d'autrefois, cet effort de trouver la quadrature du cercle domine souvent [1]. » Toutefois, Clara Zetkin n'a osé tirer les

1. *Protokoll des Parteitages in Breslau.*

conséquences de ses paroles et tout en estimant certains révolutionnaires, elle trouve leurs opinions abominables.

Quelles que soient ces opinions, il est évident que le principe de l'abolition de la propriété individuelle fut celui qui permettait de distinguer les socialistes des défenseurs de l'ordre.

Consultons maintenant les dictionnaires des savants et voyons la définition qu'ils donnent du socialisme :

Webster :

Une théorie, ou un système de réformes sociales par lequel on aspire à une reconstruction complète de la société et à une distribution plus juste du travail.

Encyclopédie Américaine :

Le socialisme en général peut être défini comme un mouvement ayant pour but de détruire les inégalités des conditions sociales dans le monde, par une transformation économique. Dans tous les exposés socialistes on trouve l'idée du changement de gouvernement, avec cependant cette différence radicale que quelques socialistes désirent l'abolition finale des formes existantes de gouvernement et veulent l'établissement de la démocratie pure, tandis que quelques autres prétendent donner à l'Etat une forme patriarcale en augmentant ses fonctions au lieu de les diminuer.

Encyclopédie de Meyer :

Littéralement, un système d'organisation sociale; généralement une définition de toutes les doctrines et aspirations qui ont pour but un changement radical de l'ordre social et économique existant maintenant et son remplacement par un ordre nouveau, plus en harmonie avec les désirs de bien-être général et le sentiment de justice que ne l'est l'ordre actuel.

Encyclopédie de Brockhaus :

Le socialisme est un système de coopération ou bien l'ensemble des plans et doctrines ayant pour but la transformation entière de la société bourgeoise et la mise en pratique du principe du travail commun et de l'équitable répartition des biens.

Chamber's Encyclopédie :

Le nom donné à une classe d'opinions qui s'opposent à l'organisation présente de la société et veulent introduire une nouvelle distribution de la propriété et du travail dans laquelle le principe de coopération organisée remplacerait celui de la libre concurrence.

Dictionnaire de la langue française par Littré :

Un système qui offre un plan de réforme sociale, subordonnée aux réformes politiques. Le communisme, le mutualisme, le Saint-Simonisme, le Fouriérisme sont des socialismes.

Dictionnaire de l'Académie Française :

La doctrine de ceux qui désirent un changement des conditions de la société et qui la veulent reconstruire sur des bases tout à fait nouvelles.

Dictionnaire encyclopédique de Cassel et Cᵉ :

Le socialisme scientifique embrasse.

1° *Le collectivisme* : un Etat idéaliste socialiste de la société, dans lequel les fonctions du gouvernement embrasseraient l'organisation de toutes les industries du pays. Dans un Etat collectiviste chacun serait un fonctionnaire de l'Etat et l'Etat un avec le peuple entier.

2° *L'anarchisme* : (une négation du gouvernement et non pas une suppression de l'ordre social) veut garantir la liberté individuelle contre sa violation par l'Etat dans la communauté socialiste. Les anarchistes sont divisés en Mutualistes, qui cherchent à atteindre leur but par des banques d'échange et par la libre concurrence, et en Communistes, qui ont pour devise : chacun selon sa capacité, chacun selon ses besoins.

Nouveau dictionnaire de Paul Larousse :

Système de ceux qui veulent transformer la propriété au moyen d'une association universelle.

Dans le livre de Hamon, paru après que j'avais écrit ce chapitre, sur le socialisme et le Congrès de Londres, on lit : socialisme — système social ou ensemble de systèmes sociaux dans lesquels les moyens de production sont socialisés; donc le caractère du socialisme est la socialisation des moyens de production.

Quand on lit ces diverses définitions, on ne comprend pas du tout pourquoi les anarchistes ne seraient pas des socialistes. La plupart des définitions leur sont applicables aussi. Peu de temps avant le congrès de Londres, le *Labour Leader* publia un article de Malatesta dans lequel celui-ci disait :

« Nous, les communistes ou les collectivistes anarchistes, nous voulons l'abolition de tous les monopòles ; nous désirons l'abolition des classes, la fin de toute domination et exploitation de l'homme par l'homme ; nous voulons que le sol et tous les moyens de production, comme aussi les richesses accumulées par le travail des générations du passé, deviennent la propriété commune de l'humanité par l'expropriation des possesseurs actuels, de manière que les ouvriers puissent obtenir le produit intégral de leur travail, soit par le communisme absolu, soit en recevant chacun selon ses forces. Nous voulons la fraternité, la solidarité et le travail en faveur de tous au lieu de la concurrence. Nous avons prêché cet idéal, nous avons combattu et souffert pour sa réalisation, il y a longtemps, et dans certains pays, par exemple l'Italie et l'Espagne, bien avant la naissance du socialisme parlementaire. Quel homme honnête dira que nous ne sommes pas des socialistes ? »

Et continuant il dit : « On peut démontrer facilement que nous sommes sinon les seuls socialistes, en tous cas les plus logiques et les plus conséquents, parce que nous désirons que chacun ait non seulement part entière de la richesse sociale mais aussi sa part du pouvoir social, c'est-à-dire la faculté de faire aussi bien que les autres sentir son influence dans l'administration des affaires publiques. » Il est absurde de prétendre que les anarchistes qui veulent abolir la propriété individuelle ne sont pas des socialistes. Au contraire, ils ont plus de droit à se nommer ainsi que Liebknecht par exemple qui, dans un article du *Forum*[1], s'est montré simple radical. Un journal anglais n'a-t-il pas dit une fois aussi de M. Liebknecht et de son socialisme, que, s'il vivait en Angleterre, on l'appelerait simplement un radical et non pas un socialiste ? C'est vrai en effet, et chacun nous approuve après avoir lu ce que Liebknecht a dit dans l'article que nous signalons.

« Qu'est-ce que nous demandons ? — écrit-il.

« La liberté absolue de la presse ; la liberté absolue de réunion ; la liberté absolue de religion ; le suffrage universel pour tous les corps représentatifs et pour tous les pouvoirs publics, soit dans l'Etat, soit dans la commune ; une éducation nationale, toutes les écoles ouvertes à tous ; les mêmes facilités à tous pour s'instruire, l'abolition des armées permanentes et la création d'une milice nationale, de sorte que chaque citoyen soit soldat et chaque soldat citoyen ; une cour internationale d'arbitrage entre les nations différentes ; des

1. The Forum Library, vol. I, n° 3, avril 1895.

droits égaux pour les hommes et les femmes, — une législation protectrice de la classe ouvrière (limitation des heures de travail, réglementation sanitaire, etc.) Est-ce que la liberté personnelle, le droit de l'individu peut être garanti d'une manière plus complète que par ce programme ? Est-ce que chaque démocrate honnête trouve quelque chose de mauvais dans ce programme ? Loin de supprimer la liberté personnelle, nous avons le droit de dire que nous sommes le seul parti en Allemagne qui lutte pour les principes de la démocratie. »

Certainement, mais alors on est un parti démocrate, et non un parti démocrate-socialiste. Quand les démocrates peuvent accepter le programme des socialistes, nous disons que les principes socialistes sont escamotés et que ceux qui acceptent ce programme cessent d'être des socialistes pour être des radicaux. Liebknecht n'a-t-il pas dit lui-même qu'il veut la voie légale ? Il continue ainsi : « par notre programme nous avons prouvé que nous aspirons à la transformation *légale* et *constitutionnelle* de la société. Nous sommes des révolutionnaires — sans aucun doute — parce que notre programme veut un changement total et fondamental de notre système social et économique, mais nous sommes aussi des évolutionistes et des réformateurs, ce qui n'est pas une contradiction. Les mesures et les institutions que nous réclamons sont déjà réalisées pour la plupart dans les pays avancés, ou bien leur réalisation est sur le point d'aboutir ; elles sont toutes en harmonie avec les principes de la démocratie et en étant pratiques, elles constituent la meilleure preuve que nous ne sommes pas — comme on nous a dépeints — des hommes sans cerveaux, méconnaissant les faits de la réalité et allant casser leur tête contre les bastions de granit de l'Etat et de la société. »

Et ailleurs, dans une conférence donnée à Berlin, en 1890 il disait : « Quand les délégués des ouvriers au parlement auront la majorité » — quelle naïveté de croire à cette possibilité ! — « le gouvernement sera obligé de consentir à leurs desiderata, et je constate qu'il devra bien leur obéir. »

Il y a vingt ans, on niait qu'il y eût une question sociale et on considérait chaque social-démocrate comme un lépreux; maintenant le gouvernement se nomme socialiste et tous les partis ouvrent un concours pour la solution de la question sociale. On dit que les conditions désirées par nous peuvent être réalisées seulement par les moyens révolutionnaires et sanglants, car les riches ne céderont jamais volontairement les moyens de production qu'ils ont en leur pouvoir. C'est *une grande erreur*. Nos desiderata peuvent être réalisés de la manière la plus pacifique. Nous voulons transformer les conditions sociales actuelles qui sont mauvaises, à l'aide de réformes sages et c'est pourquoi nous sommes le seul parti social réformateur. Nous voulons éviter la révolution violente. »

On voit que ces messieurs ont perdu le caractère révolutionnaire que les socialistes de toutes les écoles ont eu toujours et partout, ils sont devenus seulement des réformateurs persuadés que le temps approche où ils auront le pouvoir et dans leur imagination ils se croient déjà ministres, ambassadeurs, fonctionnaires grassement payés. Leur tactique peut se résumer dans cette formule : ôte-toi de là, que je m'y mette.

On fera bien de comparer ce langage avec celui d'autrefois, on saisira ainsi la différence entre les socialistes révolutionnaires et les modérés d'aujourd'hui qui sont devenus des politiciens aspirant au pouvoir et acceptant la société actuelle. Ecoutons Gabriel Deville, un des théoriciens du parti social-démocrate en France, dans son Aperçu sur le socialisme, introduction à son résumé du capital Karl Marx: « Le suffrage universel voile, au bénéfice de la bourgeoisie, la véritable lutte à entreprendre. On amuse le peuple avec les fadaises politiciennes, on s'efforce de l'intéresser à la modification de tel ou tel rouage de la machine gouvernementale; qu'importe en réalité une modification si le but de la machine est toujours le même, et il sera le même tant qu'il y aura des privilèges économiques à protéger; qu'importe à ceux qu'elle doit toujours broyer un changement de forme dans le mode d'écrasement? Prétendre obtenir par le suffrage universel une réforme sociale, arriver par cet expédient à la destruction de la tyrannie de l'atelier, de la pire des monarchies, de la monarchie patronale; c'est singulièrement s'abuser sur le pouvoir de ce suffrage.

Les faits sont là : qu'on examine les deux pays où le suffrage universel fonctionne depuis longtemps, favorisé dans son exercice par une plénitude de liberté dont nous ne jouissons pas en France. Lorsque la Suisse a voulu échapper à l'invasion cléricale, lorsque les Etats-Unis ont voulu supprimer l'esclavage, ces deux réformes dans ces pays de droit électoral n'ont pu sortir que de l'emploi de la force ; la guerre du Sonderbund et la guerre de sécession sont là pour le prouver. »

Mais quand on est candidat au siège de député, de telles déclarations sont nuisibles au succès, et nous ne sommes pas surpris de voir le candidat Deville abjurer solennellement les erreurs (?) de sa jeunesse. Quant à la petite bourgeoisie, elle lui a pardonné ses violences d'antan, car elle estime qu'un converti vaut mieux que cent autres qui ont besoin de conversion.

« Imaginez un candidat, qui aspire à la Chambre, et

dise franchement aux électeurs : qu'on le déplore ou non, la force est le seul moyen de procéder à la rénovation économique de la société... Les révolutionnaires n'ont pas plus à choisir les armes qu'à décider du jour de la révolution. Ils n'auront à cet égard qu'à se préoccuper d'une chose, de l'efficacité de leurs armes, *sans s'inquiéter de leur nature*. Il leur faudra évidemment, afin de s'assurer les chances de victoire, n'être pas inférieurs à leurs adversaires et, par conséquent, *utiliser toute les ressources que la science met à la portée de ceux qui ont quelque chose à détruire*. Sont mal venus à les blâmer ceux qui les forcent à atteindre leur niveau, qui, dans notre siècle dit civilisé, président aux boucheries humaines, répandent le sang périodiquement, et s'attachent à perfectionner les engins de destruction. »

Est-ce assez clair ?

Les révolutionnaires doivent utiliser toutes les ressources que la science met à la portée de ceux qui ont quelque chose à détruire, cela veut dire que la chimie et en général la science donne aux ouvriers tout ce dont ils ont besoin pour la destruction de la société. C'est un appel formel à la force, à la destruction et, si on voulait juger suivant la loi criminelle, c'est à M. Deville qu'on donnerait une place sur le banc des accusés.

Au temps dont nous parlons, le même Deville ne voulait pas perfectionner, mais supprimer l'Etat « qui n'est que l'organisation de la classe exploitante pour garantir son exploitation et maintenir dans la soumission ses exploités. » Il voyait clairement que « c'est un mauvais système pour détruire quelque chose que de commencer par le fortifier. Et ce serait augmenter la force de résistance de l'Etat que de favoriser l'accaparement par lui des moyens de production, c'est-à-dire de domination. »

Et que font ces messieurs maintenant, sinon fortifier l'Etat et favoriser l'accaparement des moyens de production ?

De même M. Jules Guesde voulait détruire l'Etat. Dans son *Catéchisme socialiste* qu'il abjure solennellement désormais, il demandait d'une façon formelle aux socialistes réformateurs de l'Etat, « s'il est, je ne dis pas nécessaire, mais prudent de confondre sous une même dénomination des buts aussi différents que la liberté, le bien-être de tous et l'exploitation du plus grand nombre par quelques-uns, poursuivis par des moyens aussi différents que le libre concours des volontés et des bras et la coercition en tout et pour tout ? N'est-ce pas prêter inutilement le flanc à nos adversaires, pour qui le socialisme ne poursuit pas l'émancipation de l'être humain dans la personne de chacun des membres de la collectivité, mais la conquête du pouvoir au profit d'une minorité ou d'une majorité d'ambitieux, jaloux de dominer, de régner, d'exploiter à leur tour » ?

Consentira-t-il, maintenant qu'il a pris place dans les rangs de ces ambitieux, à écrire la même chose ? Nous lui disons : voyez votre image dans le miroir du *Catéchisme socialiste* et dites-nous si vous n'êtes pas frappé de la ressemblance entre les ambitieux d'antan et le Guesde d'aujourd'hui ! Dites-nous si vous n'auriez pas de raison pour rougir de vous-même ?

Mais combien le Parti Ouvrier a-t-il dégénéré ! ne lisons-nous pas encore dans le programme du Parti Ouvrier, publié par Guesde et Lafargue : « Le Parti Ouvrier n'espère pas arriver à la solution du problème social par la conquête du pouvoir administratif dans la commune. Il ne croit pas, il n'a jamais cru que, même débarrassée de l'obstacle du pouvoir central, la voie communale puisse conduire à l'émancipation ouvrière et que, à l'aide des majorités municipales socialistes, des réformes sociales soient possibles et des réalisations immédiates ».

Le point de vue a changé et ils le voient bien maintenant. L'influence des chefs du parti social-démocrate allemand a été grande, car c'est en se modelant sur lui que le parti ouvrier français a dévié et il est allé plus loin encore, car la copie dépasse presque toujours l'original.

Est-ce que M. Jaurès n'a pas dit que l'essence du socialisme est d'être politique? Est-ce que M. Rouanet n'a pas déclaré, dans la *Petite République*, que la conquête du pouvoir public est le socialisme? Est-ce qu'on n'a pas adopté au Congrès International Socialiste des travailleurs et des Chambres syndicales ouvrières de Londres (1896) que « la conquête du pouvoir politique est LE MOYEN PAR EXCELLENCE par lequel les travailleurs peuvent arriver à leur émancipation, à l'affranchissement de l'homme et du citoyen, par lequel ils peuvent établir la République socialiste internationale? »

La conquête du pouvoir et encore cette conquête, et toujours cette conquête.

N'est-ce pas tout à fait la même lutte qu'on a vue dans l'ancienne Internationale? Grâce au concours d'un délégué australien, — on voit que la délégation d'Australie joue toujours un grand rôle dans le mouvement socialiste, puisque c'était aussi le délégué d'Australie, le docteur Aveling, qui, au congrès de 1896, neutralisait par son vote toute la délégation britannique, composée de plus de 400 personnes! — Marx l'emportait au congrès de la Haye en 1872, mais sa majorité fut si minime qu'il voulut dominer l'Internationale en renvoyant le conseil général à New-York. Naturellement ce remplacement fut la mort de l'Internationale. L'histoire se répète, a dit le même Marx, une fois comme tragédie, une seconde fois comme farce [1]. Nous voyons maintenant la vérité de cette observation, car en décidant que le prochain congrès se tiendra en Allemagne, on a tué la nouvelle Internationale; en effet, quel révolutionnaire, quel libertaire pourra assister à un congrès en Allemagne? Peut-être verra-t-on là se répéter en grand la scène dont nous avons été témoin à Londres. Il y avait quatre délégués français, les sieurs Jaurès, Millerand, Viviani et Gérault-Richard, qui déclaraient n'avoir pas de mandat, et venaient au congrès en leur qualité de députés socialistes, « ce qui est, disaient-ils, un mandat supérieur à tout autre. » Leur programme électoral leur tenait lieu de mandat. Et parce qu'ils étaient les amis des social-démocrates allemands, leur prétention exorbitante fut approuvée par le congrès avec l'aide de l'Australie, des nations(?) tchèque, hongroise, bohémienne et aussi de la Roumanie, de la Serbie, etc.

Figurez-vous que l'empereur d'Allemagne, Guillaume II, l'homme des surprises, paraisse au congrès prochain, à Berlin, ou ailleurs en Allemagne, et qu'il dise dans la séance de vérification des pouvoirs : je n'ai pas besoin d'un mandat spécial, je suis l'empereur des Allemands et par cela même, je suis le représentant du peuple par excellence, j'ai un mandat supérieur à tout autre, qu'est-ce que les délégués allemands diraient alors? Ils ont créé un antécédent très dangereux, car la logique serait du côté de l'empereur, s'ils combattaient son admission.

A la dernière séance du congrès de la Haye, les quatorze délégués de la minorité déposèrent une déclaration protestant contre les résolutions prises. Cette

1. Le dix-huit Brumaire.

minorité était formée des délégués suivants : 4 Espagnols, 5 Belges, 2 Jurassiens, 2 Hollandais[1], un Américain. Ils partirent pour Saint-Imier en Suisse et y tinrent un congrès anti-autoritaire, dans lequel ils déclarèrent :

1° Que la destruction de tout pouvoir politique était le premier devoir du prolétariat ;

2° Que toute organisation d'un pouvoir politique soi-disant provisoire et révolutionnaire pour amener cette destruction ne pouvait être qu'une tromperie de plus et serait aussi dangereuse pour le prolétariat que tous les gouvernements existant aujourd'hui. »

Avons-nous donné assez d'arguments pour prouver que la lutte entre les autoritaires (école de Marx) et les libertaires (école de Bakounine) d'aujourd'hui est, au point de vue des principes en jeu, exactement la même que celle qui éclata dans l'ancienne Internationale entre Marx et Bakounine eux-mêmes?

Chose curieuse, Jules Guesde, le chef des Marxistes et Paul Brousse, le chef des Possibilistes étaient jadis membres de l'Alliance de la démocratie-socialiste, ils étaient des anarchistes. Guesde fut même suspect aux yeux du Conseil général, c'est-à-dire de Marx et d'Engels. Comme ceux-ci voyaient toujours en leurs adversaires des policiers, Guesde fut traité de policier. Cette même tactique, imposée par Marx et Engels au parti social-démocrate allemand, est suivie maintenant par Guesde vis-à-vis de ses antagonistes qu'il signale d'abord comme anarchistes, ensuite comme policiers [2]. Dans une lettre de Guesde, datée

1. Nous sommes fiers de ce que les Hollandais furent alors comme aujourd'hui avec les libertaires et nous espérons qu'à l'avenir ils seront toujours avec la liberté contre toute oppression et toute autorité.

2. L'alliance de la démocratie socialiste et l'association internationale des travailleurs, p. 51 et 52.

du 22 septembre 1872, celui-ci fulminait contre le Conseil général qui empêchait les ouvriers de s'organiser dans chaque pays, librement, spontanément, d'après leur esprit propre, leurs habitudes particulières, et il disait que les Allemands du conseil les opprimaient et que, hors de l'église orthodoxe anti-autoritaire, il n'y avait point de salut.

Toutefois, le socialisme qui a triomphé au dernier congrès est celui des petits bourgeois, des épiciers, celui qui est signalé déjà par Marx en ces termes dans son *XVIII Brumaire* : « On a émoussé la pointe révolutionnaire des revendications sociales du prolétariat pour leur donner une tournure démocratique. » Les social-démocrates du type allemand ont abandonné avec une rapidité curieuse ce qui était la raison même de leur existence comme socialistes et ils ont adopté le point de vue de la petite bourgeoisie commerçante et paysanne, « qui croit que les conditions *particulières* de son émancipation sont les conditions *générales* sous lesquelles seulement la société moderne peut obtenir sa libération et éviter la lutte de classe. »

Ils font de la politique et voilà tout.

L'ancienne Internationale était une association économique et, dans les statuts de 1886, on lisait que l'émancipation économique était le but principal auquel tout mouvement politique était subordonné. Dans la traduction anglaise de 1867 on a intercalé les mots, « comme moyen » (as a means) après « mouvement politique » sans que cela ait été approuvé par le congrès. Pour défendre l'action politique on en appelait à ces mots, mais on oubliait de dire qu'ils ne se trouvaient pas dans le texte original. Que l'action politique fût le moyen pratique c'était là l'opinion personnelle de Marx, mais non pas celle de l'Internationale.

Le congrès de Londres a voté une résolution dans laquelle on dit que le but du socialisme est la conquête des pouvoirs publics.

Bebel n'a-t-il pas affirmé que quand on aurait conquis les pouvoirs publics, le reste viendrait de soi-même ?

La conséquence logique de cette thèse est qu'on déplace l'émancipation publique comme le but principal, auquel chaque mouvement économique doit être subordonné.

C'est exactement le contraire de la vérité.

Les social-démocrates ont exposé devant le monde entier leur opinion que les conditions économiques peuvent être réglées par les conditions politiques et non que les conditions politiques sont le reflet des conditions économiques.

La voie scientifique est abandonnée par eux, uniquement pour permettre aux politiciens de jouer leur rôle dans les parlements, et si les ouvriers ne sont pas assez intelligents pour prévenir leurs intrigues ils en seront de nouveau les dupes, comme ils l'ont toujours été.

Le congrès de Londres n'a d'ailleurs été ni ouvrier ni socialiste ; les soi-disant socialistes qui veulent réformer la société tout en conservant les cadres existants, ou pour mieux dire les radicaux, sont en train de devenir un parti gouvernemental, tel le Parti Ouvrier en France qui a soutenu le ministère Bourgeois, même quand ce dernier refusait d'abolir les lois criminelles contre les anarchistes, et qui n'a pas protesté quand ce même gouvernement expulsait Kropotkine [1].

1. Cela ne nous étonne pas, car M. Guesde a appelé Kropotkine un « fou, un hurluberlu sans aucune valeur. » Eh bien ! nous croyons que le nom de Kropotkine vivra encore quand celui de M. Guesde sera oublié dans le monde.

Les membres de ce parti ont flagorné les Russes, ainsi le maire de Marseille et d'autres encore.

Sur le terrain économique les ouvriers peuvent marcher tous ensemble malgré les différences d'école.

Sur le terrain politique il y a de grandes divergences d'opinions et naturellement on se sépare.

Il nous semble que quiconque veut l'union des prolétaires doit rester fidèle à l'action économique et que quiconque veut la scission, la division, doit adopter l'action politique ou plutôt parlementaire.

On parle toujours de l'action politique, et cela uniquement parce qu'on n'ose pas dire nettement l'action parlementaire, que visent, en réalité, les social-démocrates. Car nous non plus, antiparlementaires ni anarchistes, ne rejetons l'action politique. Par exemple l'assassinat de l'empereur Alexandre II de Russie fut une action politique, et nous l'avons approuvé en souhaitant qu'une telle action politique se produise partout. Travailler à abolir l'Etat, voilà l'action politique par excellence. C'est pourquoi il est inexact de dire que nous repoussons l'action politique. L'action parlementaire et l'action politique sont deux choses très différentes et, laissant la première aux ambitieux, aux politiciens, nous voulons appliquer la seconde. Chaque effort tenté en vue d'établir une opinion purement politique, a pour résultat de diviser les ouvriers et arrête le progrès de l'organisation économique.

On rêve toujours d'un gouvernement socialiste qu'on imposera au mouvement socialiste international, d'une dictature social-démocrate qui arrêtera tous les mouvements ne rentrant pas dans le cadre du programme étroit de la social-démocratie.

Les hommes ont toujours besoin d'un cauchemar.

Pour la classe capitaliste le cauchemar est le socialisme et pour les social-démocrates c'est l'anarchie. Des gens intelligents perdent la tête quand ils entendent prononcer ce mot affreux. Le Conseil général du Parti ouvrier français n'a-t-il pas eu la brutalité de dire que le chauvinisme et l'anarchie étaient les deux moyens des capitalistes pour entraver le mouvement socialiste? Nous n'avons pas le texte exact, mais l'idée est telle. On va jusqu'à dire, avec Liebknecht et Rouanet, que socialisme et anarchie impliquent deux idées, dont l'une exclut l'autre.

Liebknecht a dit des anarchistes : « Je les connais dans l'ancien continent comme dans le nouveau[1] et, à l'exception des rêveurs et des enthousiastes, je n'ai jamais connu un seul anarchiste, qui ne cherchât à troubler nos affaires, à nous calomnier et à placer des obstacles sur notre route. M. Andrieux, le préfet de police français, n'a-t-il pas écrit cyniquement dans ses Mémoires, qu'il subventionnait les anarchistes parce qu'il pensait que le seul moyen de détruire l'influence du socialisme était de se mêler aux anarchistes afin de désorganiser les ouvriers et de discréditer le mouvement socialiste en le rendant responsable des sottises, des crimes et des folies des soi-disant anarchistes. »

Mais les bourgeois disent-ils autre chose des socialistes? C'est toujours la même chose, les mots seuls sont changés. Si l'on exclut du socialisme les Kropotkine, les Reclus, les Cipriani, les Louise Michel, les Malatesta, on tombe dans le ridicule. Qui donc a le droit de monopoliser le socialisme? n'est-ce pas toujours la folie étatiste qui les saisit?

1. Il a été une fois en Amérique, et cet unique voyage lui donne droit de parler en connaissance de cause d'un monde aussi grand que les Etats-Unis! C'est simplement ridicule.

Les *Fabians* anglais sont plus sincères. Ils disent nettement que leur socialisme *est exclusivement le socialisme d'Etat*. Ils désirent que la nationalisation de l'industrie soit remise aux mains de l'Etat, de même celle du sol et du capital pour laquelle l'Etat offre les institutions les plus capables de l'accomplir dans la commune, la province ou le gouvernement du pays.

Pourquoi les autres ne le disent-ils pas d'une manière aussi claire? Nous saurions alors qu'une scission s'est opérée, élucidant la situation, plaçant d'un côté les Etatistes qui veulent la tutelle providentielle de l'Etat, et de l'autre ceux qui désirent le libre groupement en dehors de l'intervention de l'Etat.

C'est M. George Renard, directeur de la Revue socialiste, qui va maintenant nous dire pourquoi le socialisme est séparé de l'anarchisme [1].

1° « Les anarchistes sont des chercheurs d'absolu, ils rêvent la suppression complète de toute autorité. Les socialistes croient que toute organisation sociale comporte un minimum d'autorité et, tout en désirant une extension indéfinie de la liberté, ils n'espèrent point qu'on arrive jamais à cette liberté illimitée qui ne leur semble possible que pour l'individu isolé. »

Chercheurs d'absolu — où en est la preuve? Il n'existe pas d'absolu et qui l'accepte, est en principe un supranaturaliste. Toujours et partout la même objection, la même accusation : ce que les social-démocrates disent des anarchistes, les libéraux le disent des socialistes et les conservateurs d[illegible] [illegible]ux. Mais c'est là une phrase tout [illegible] [illegible] Quand on déclare à l'anarch[illegible] [illegible] [illegible]ais ir-

1. Revue Soci[illegible] [illegible]96), pag. 4, etc.

réalisable, » l'anarchiste peut répondre : « Il faut alors tâcher d'en approcher. » C'est un éloge que de dire à ces hommes : Votre idéal est beau...

Et d'ailleurs, entre la suppression complète de toute autorité et ce minimum d'autorité, dont parle M. Renard, il y a une différence de degré et non de principe.

Quand on désire un minimum d'autorité, on doit vouloir *à fortiori* la suppression de toute autorité. Est-ce possible ? C'est là une autre question. En tout cas, il n'y a pas entre les deux desiderata opposition de principe. Lorsque les socialistes désirent une « extension indéfinie de la liberté, » la fin de cette extension est la liberté arrivée à sa limite extrême.

Quelle est maintenant cette limite? Nous savons tous que la liberté absolue est une impossibilité, parce que l'absolu lui-même n'existe pas, mais chacun veut la plus grande liberté pour soi-même et, s'il la comprend bien, il la veut aussi pour chaque individu, car il ne peut exister de bonheur parmi les hommes qui ne sont pas libres. Toutefois ce mot crée beaucoup de malentendus. La définition de Spinoza [1], au XVIIe siècle, est celle-ci : « une chose qui existe seulement par sa propre nature et est obligée d'agir uniquement par elle-même, sera appelée *libre*. Elle sera appelée nécessaire ou plutôt dépendante, quand une autre chose l'obligera à exister et à agir d'une façon définie et marquée. »

Qu'est-ce donc qui constitue l'essence de la liberté ? C'est le fait d'agir par soi-même sans obstacles extérieurs. La liberté, c'est l'absence de contrainte et par cela même quelque chose de négatif.

Qui ne veut pas la contrainte désire la liberté, et

1. *Ethique.*

cette liberté ne connaît nulles frontières artificielles, mais seulement les frontières que la nature établit.

Ecoutez ce qu'Albert Parsons, un des martyrs de Chicago, a écrit : « La philosophie de l'anarchie est contenue dans le seul mot liberté ; et cependant ce mot comprend assez pour enfermer tout. Nulle limite pour le progrès humain, pour la pensée, pour le libre examen, n'est fixée p.r l'anarchie ; rien n'est considéré si vrai ou si certain que les découvertes futures ne le puissent démontrer faux ; il n'y a qu'une chose infaillible : « la liberté. » La liberté pour arriver à la vérité, la liberté pour que l'individu se développe, pour vivre naturellement et complètement. Toutes les autres écoles tablent sur des idées cristallisées ; elles conservent enclos dans leurs programmes des principes qu'elles considèrent comme trop sacrés pour être modifiés par des investigations nouvelles. Il y a chez elles toujours une limite, une ligne imaginaire au delà de laquelle l'esprit de recherche n'ose pas pénétrer. La science, elle, est sans pitié et sans respect, parce qu'elle est obligée d'être ainsi ; les découvertes et conclusions d'un jour sont anéanties par les découvertes et conclusions du jour suivant. Mais l'anarchie est pour toutes les formes de la vérité le maître de cérémonies. Elle veut abolir toutes les entraves qui s'opposent au développement naturel de l'être humain ; elle veut écarter toutes les restrictions artificielles qui ne permettent pas de jouir du produit de la terre, de telle façon que le corps puisse être éduqué, et elle veut écarter toutes les bassesses de la superstition qui empêchent l'épanouissement de la vérité, de sorte que l'esprit puisse pleinement et harmonieusement s'élargir. »

Voilà une confiance et une croyance dans la liberté

qui élèvent, et il est meilleur d'avoir un tel idéal, même s'il ne se réalise jamais, que de vivre sans idéal, d'être pratique et opportuniste, d'accepter tous les compromis afin de conquérir dans l'Etat un pouvoir, grâce auquel on peut accomplir les actes mêmes qu'on a toujours désapprouvés lorsqu'ils ont été faits par les autres; en un mot afin de dominer. Toute autorité corrompt l'homme et c'est pour cela que nous devons lutter contre toute autorité.

Quand Renard dit que les socialistes n'espèrent point qu'on arrive jamais à cette liberté illimitée qui ne leur semble atteignable que par l'individu isolé, je pense qu'il a tort, car il me paraît impossible de ne pas espérer conquérir le plus haut degré de liberté, de ne pas croire à son extension indéfinie. Stuart Mill se montre moins sectaire, quand il dit : « Nous savons trop peu ce que l'activité individuelle d'un côté et le socialisme de l'autre, pris tous les deux sous leur aspect le plus parfait, peuvent effectuer pour dire avec quelque certitude lequel de ces systèmes triomphera et donnera à la société humaine sa dernière forme.

Si nous osions faire une hypothèse, nous dirions que la solution dépendra avant tout de la réponse qui sera faite à cette question : lequel des deux systèmes permet le plus grand développement de la liberté humaine et de la spontanéité? Quand les hommes ont pourvu à leur entretien, la liberté est pour eux le besoin le plus fort de tous et, contrairement aux besoins physiques qui deviennent plus modérés et plus faciles à dominer à mesure que la civilisation grandit, ce besoin croît et augmente en force au lieu de s'affaiblir à mesure que les qualités intellectuelles et morales se développent d'une façon plus harmonique. Les institutions sociales, comme aussi la moralité, atteindront la perfection, quand l'indépendance complète et la liberté d'agir seront garanties et quand aucune limite ne leur sera imposée, sinon le devoir de ne pas faire de mal à autrui. Si l'éducation ou bien les institutions sociales conduisaient à sacrifier la liberté d'agir à un plus complet bien-être, ou bien si on renonçait à la liberté pour l'égalité, une des plus précieuses qualités de la nature humaine disparaîtrait. »

Nous préférons la forme prudente du philosophe anglais au jugement trop absolu de Renard.

La différence qu'il fait entre les anarchistes et les socialistes n'est pas fondée, d'une part parce qu'il méconnaît ses adversaires en leur attribuant ce qu'ils ne disent pas, et d'autre part parce qu'il n'y a qu'une question de degré et non une différence de principe dans les doctrines qu'il leur oppose.

N° 2. « Les socialistes répudient énergiquement l'attentat individuel, qui leur paraît inefficace pour supprimer un mal collectif et moins justifié que partout ailleurs dans les pays qui jouissent d'une constitution libérale ou républicaine; ils répudient par dessus tout la bombe stupide et aveugle dont les éclats vont frapper au hasard amis et ennemis, innocents et coupables. »

Ce n'est pas là le caractère essentiel de l'anarchie, mais plutôt une question de tempérament. Il y a des socialistes, qui sont beaucoup plus violents que les anarchistes. On ne peut pas dire que la propagande par le fait soit une théorie essentiellement anarchiste[1].

Qui a fait de l'attentat individuel un principe?

Mais aussi qui ose désapprouver les actes violents dans une société qui est basée sur la violence? La

1. Voir Albert Parsons dans sa *Philosophie de l'Anarchie.*

mort d'un tyran n'est-elle pas un bienfait pour l'humanité? Qu'est la mort d'un tyran, qu'il soit un roi, un ministre, un général, un patron ou un propriétaire et même la mort d'une vingtaine de ces hommes, si on la met en parallèle avec les meurtres qui s'accomplissent quotidiennement dans les fabriques, dans les ateliers, partout? Seulement, on s'accoutume à ces assassinats parce qu'on ne les voit pas, parce que les chiffres des morts d'un champ de bataille sont beaucoup plus éloquents que ceux du champ de l'industrie. En réalité le nombre des victimes de l'industrie est beaucoup plus considérable que celui des victimes des guerres. Comparez ces chiffres tels qu'Elisée Reclus les donne. La mortalité annuelle moyenne parmi les classes aisées est d'un pour soixante. Or la population de l'Europe est d'environ trois cents millions; si l'on prenait pour base la moyenne des classes aisées, la mortalité devrait être de cinq millions. Or, il est en réalité de quinze millions; si nous interprétons ces données nous sommes fondés à conclure que dix millions d'êtres humains sont annuellement tués avant leur heure. Ne peut-on s'écrier : « Race de Caïn, qu'as-tu fait de tes frères?» Si on a ces faits présents à l'esprit, on comprend l'acte individuel — tout comprendre est tout pardonner — et c'est une lâcheté de notre part, que de le désapprouver si nous n'avons pas le courage de le faire nous-mêmes, et c'est par hypocrisie que nous élaborons une doctrine propre à voiler notre lâcheté.

La défense d'Emile Henry est un chef-d'œuvre de logique, qui donne beaucoup à penser.

Voici sa théorie :

Quand un anarchiste fait un attentat, tous les anarchistes sont persécutés en bloc par la société, eh bien! « puisque vous rendez ainsi tout un parti responsable des actes d'un seul homme, et que vous frappez en bloc, nous frappons en bloc. »

Les socialistes n'ont-ils pas dit avec raison, ce n'est pas nous qui fixons les moyens de défense, ce sont nos adversaires ?

Emile Henry continue :

« Il faut que la bourgeoisie comprenne bien que ceux qui ont souffert sont enfin las de leurs souffrances ; ils montrent les dents et frappent d'autant plus brutalement qu'on a été plus brutal envers eux.

Ils n'ont aucun respect de la vie humaine, parce que les bourgeois eux-mêmes n'en ont aucun souci.

Ce n'est pas aux assassins qui ont fait la semaine sanglante et Fourmies, de traiter les autres d'assassins.

Ils n'épargnent ni femmes ni enfants bourgeois, parce que les femmes et les enfants de ceux qu'ils aiment ne sont pas épargnés non plus. Ne sont-ce pas des victimes innocentes, ces enfants qui, dans les faubourgs, se meurent lentement d'anémie parce que le pain est rare à la maison, ces femmes qui, dans vos ateliers, pâlissent et s'épuisent pour gagner quarante sous par jour, heureuses encore quand la misère ne les force pas à se prostituer, ces vieillards dont vous avez fait des machines à produire toute leur vie, et que vous jetez à la voirie et à l'hôpital quand leurs forces sont exténuées ?

Ayez au moins le courage de vos crimes, messieurs les bourgeois, et convenez que nos représailles sont grandement légitimes. »

Ce qu'Emile Henry disait devant le jury, est-il vrai ou non ? Il savait très bien que les foules, les ouvriers pour lesquels il a lutté, ne comprendraient pas son acte, mais cependant il n'hésitait pas, car il était convaincu qu'il donnait sa vie pour une grande idée.

Tous les attentats jusqu'à lui furent des attentats politiques qu'on peut comprendre facilement, il ouvrait l'ère des attentats sociaux, il fut le précurseur de cette théorie, et c'est pour cela que la sympathie pour son acte fut beaucoup moindre.

Il peut s'être trompé, mais il était un homme de cœur, qui souffrait en voyant toutes les misères, toutes les tueries dont la classe ouvrière était l'objet et quand il disait : « La bombe du café Terminus est la réponse à toutes vos violations de la liberté, à vos arrestations, à vos perquisitions, à vos lois sur la presse, à vos expulsions en masse d'étrangers, à vos guillotinades », nous le comprenons et, nous aussi, nous avons en nous ce sentiment de haine dont son cœur fut rempli.

On peut parler de la bombe stupide et aveugle, mais pourquoi pas du fusil et du canon stupide de la classe possédante ?

Nous croyons que la lutte serait facilitée si chaque tyran était frappé directement après son premier acte de tyrannie, si chaque ministre qui trompe le peuple était tué, si chaque juge qui condamne des pauvres, des innocents, était assassiné, si chaque patron, chaque capitaliste était poignardé après un acte d'intolérable tyrannie.

Ces actes individuels répandraient l'horreur, la crainte et on a vu toujours et partout que seulement ces deux choses armeront nos adversaires : la violence ou bien la crainte de la violence. On ne doit jamais oublier que la classe ouvrière est en état de défense. Elle est toujours attaquée et quel est, dans la nature, l'être qui n'essaie pas de se défendre par tous les moyens possibles ?

Cette théorie n'est d'ailleurs pas essentiellement anarchiste ; on l'a professée de tous temps, et il y a des anarchistes qui la désapprouvent : ainsi Tolstoï et son école qui prêchent la résistance passive.

Lisez ce que Grave a écrit dans son livre : *La société mourante et l'anarchie* : « Nous ne sommes pas de ceux qui prêchent les actes de violence, ni de ceux qui mangent du patron et du capitaliste, comme jadis les bourgeois mangeaient du prêtre, ni de ceux qui excitent les individus à faire telle ou telle chose, à accomplir tel ou tel acte. Nous sommes persuadés que les individus ne font que ce qu'ils sont bien décidés par eux-mêmes à faire ; nous croyons que les actes se prêchent par l'exemple et non par l'écrit ou les conseils. C'est pourquoi nous nous bornons à tirer les conséquences de chaque chose, afin que les individus choisissent d'eux-mêmes ce qu'ils veulent faire, car nous n'ignorons pas que les idées bien comprises doivent multiplier, dans leur marche ascendante, les actes de révolte.

C'est pourquoi nous disons : l'attentat individuel peut être utile en certains cas, en certaines circonstances, personne ne peut le nier, mais comme théorie ce n'est point un principe nécessaire de l'anarchie. L'anarchie est une théorie, un principe, et l'exercice des moyens est une question de tactique. Les socialistes révolutionnaires d'autrefois qui n'étaient pas anarchistes, n'ont jamais eu la lâcheté de désapprouver les actes individuels, quoique sachant très bien qu'un attentat de cette sorte ne résout pas la question sociale. On l'a compris toujours comme un acte de revanche légitime, comme une représaille selon le soi-disant droit de guerre qui dit : *à la guerre comme à la guerre!* « Les socialistes n'ont pas la prétention de créer du jour au lendemain une société parfaite ; il leur suffit d'aiguiller la société actuelle sur la voie nouvelle où les hommes doivent s'engager pour devenir plus solidaires et plus libres; il leur suffit de l'aider à faire un pas décisif sur la route où elle chemine d'une façon pénible et si lente. »

Qui donc veut cela? Personne ne soutiendra qu'on peut créer du jour au lendemain une société parfaite. Chacun sait que la société est le résultat d'une évolution accomplie durant des siècles et qu'on ne peut la refaire d'un coup. Le temps des miracles est mythologique. Les anarchistes ne se sont jamais présentés comme des prestidigitateurs. L'œuvre incomplète des âges passés ne peut être transformée instantanément.

Mais ce reproche est le même que les conservateurs font aux socialistes. N'entend-on pas dire: Ah! l'idéal socialiste est bien beau, il est admirable, mais le peuple n'est pas mûr encore pour vivre dans un tel milieu. Et nous répondons alors : est-ce une raison pour ne pas travailler à la réalisation de cet idéal ? Si on veut attendre le moment où chacun sera mûr pour en jouir, on peut attendre jusqu'au plus lointain futur.

Jean Grave le sait aussi bien que Renard. Il dit dans son livre : « Il est malheureusement trop vrai que les idées, qui sont le but de nos aspirations ne sont pas immédiatement réalisables. Trop infime est la minorité qui les a comprises pour qu'elles aient une influence imminente sur les événements et la marche de l'organisation sociale. Mais si tout le monde dit : ce n'est pas possible ! et accepte passivement le joug de la société actuelle, il est évident que l'ordre bourgeois aura encore de longs siècles devant lui. Si les premiers penseurs qui ont combattu l'église et la monarchie pour les idées naturelles et l'indépendance et ont affronté le bûcher et l'échafaud s'étaient dit cela, nous en serions encore aujourd'hui aux conceptions mystiques et au droit du seigneur. C'est parce qu'il y a toujours eu des gens qui n'étaient pas « pratiques », mais qui, uniquement convaincus de la vérité, ont cherché de toutes leurs forces, à la faire pénétrer partout, que l'homme commence à connaître son origine et à se dépêtrer des préjugés d'autorité divine et humaine. »

Le reproche de Renard est donc immérité.

Naturellement quand les circonstances seront plus favorables, les hommes seront meilleurs.

Pourquoi volerait-on si chacun avait assez pour vivre?

La doctrine, d'après laquelle le milieu dans lequel l'homme vit exerce une influence décisive sur sa formation, est adoptée par la science.

Nous sommes des semeurs d'idées et nous avons la conviction que la semence doit croître et donner des fruits. Comme la goutte d'eau s'infiltre, dissout les minéraux, creuse et se fait jour, l'idée pénètre le monde intellectuel. Nous ne voyons pas les fruits, mais quand le temps arrive, ils mûrissent.

On fait souvent une différence entre évolution et révolution, mais scientifiquement cela n'est pas possible. Evolution et révolution ne sont pas des contradictions, ce sont deux anneaux d'une même chaîne. Evolution est le commencement et révolution la fin de la même série d'un long développement.

Quand nous nous appelons des révolutionnaires, ce n'est pas par plaisir mais seulement par la force des choses. La croyance que la lutte des classes peut être supprimée par un acte du parlement, ou que la propriété privée peut être abolie par une loi, est une naïveté si grande que nous ne nous imaginons pas qu'un homme sage la puisse concevoir.

M. Renard donne des exemples.

« La patrie se fondra un jour dans la grande unité humaine, comme les anciennes provinces françaises se sont fondues dans ce qu'on nomme aujourd'hui la France. Les anarchistes s'écrient en conséquence : agissons dès maintenant comme si la patrie n'existait plus. Les socialistes disent au contraire : ne commençons point par démolir la maison modeste et médiocrement bâtie où nous habitons, sous prétexte que nous pourrons avoir plus tard un palais magnifique.

De même il viendra peut-être une époque (et nous ne demandons pas mieux que de l'aider à venir) où la contrainte de la loi sera inutile ponr garantir les faibles contre l'oppression des forts et pour faire régner la justice sur la terre. Agissons donc, reprennent les anarchistes, comme si la loi n'était d'ores et déjà qu'une entrave toujours nuisible ou superflue. Non, répliquent les socialistes, émancipons progressivement l'individu ; mais gardons-nous de prêter aux hommes tels qu'ils sont l'équité, la sagesse, la bonté que pourront avoir les hommes tels qu'ils seront après une longue période éducative. »

De même encore il est permis à la rigueur de concevoir un régime où la production sera devenue assez abondante, où les hommes et les femmes sauront assez limiter leurs désirs pour que chacun puisse « prendre au tas » de quoi satisfaire ses besoins. Et les anarchistes de conclure : à quoi bon dès lors régler la production et la répartition de la richesse sociale? Agissons immédiatement comme si l'on pouvait puiser à pleines mains dans une provision inépuisable. Pardon ! répondent les social-démocrates. Commençons par assurer la vie de la société en assurant au travailleur une rémunération équivalente à son travail ! Pour le reste, nous verrons plus tard.

Quelle est la différence entre les anarchistes et les social-démocrates ?

Que les social-démocrates sont de simples réformateurs, qui veulent transformer la société actuelle selon le socialisme d'Etat.

Il n'y a pas de différence de principe et personne n'en trouvera dans les déductions précédentes.

Il nous semble que Renard n'en a établi aucune. Le socialisme ne peut pas être séparé de l'anarchisme, chaque anarchiste est un socialiste, mais chaque socialiste n'est pas nécessairement un anarchiste. Economiquement on peut être communiste ou socialiste, politiquement on est anarchiste. En ce qui concerne l'organisation politique, les anarchistes communistes demandent l'abolition de l'autorité politique, c'est-à-dire de l'Etat, car ils nient le droit d'une seule classe ou d'un seul individu à dominer une autre classe ou un autre individu. Tolstoï l'a dit d'une manière si parfaite qu'on ne peut rien ajouter à ses paroles. « Dominer, cela veut dire exercer la violence, et exercer la violence cela veut dire faire à autrui ce que l'on ne veut pas qu'autrui vous fasse ; par conséquent dominer veut dire faire à autrui ce qu'on ne voudrait pas qu'autrui vous fasse, cela veut dire lui faire du mal. Se soumettre, cela veut dire qu'on préfère la patience à la violence et, préférer la patience à la violence, cela veut dire qu'on est excellent ou moins mauvais que ceux qui font aux autres ce qu'ils ne voudraient pas qu'on leur fît. Par conséquent ce ne sont pas les meilleurs mais les plus mauvais, qui ont toujours eu le pouvoir et l'ont encore. Il est possible qu'il y ait parmi eux de mauvaises gens qui se soumettent à l'autorité, mais il est impossible que les meilleurs dominent les plus mauvais. »

Il est donc nécessaire pour prévenir une confusion

fâcheuse de remplacer le mot socialisme par social-démocratie.

Quelle est la différence entre les social-démocrates et les anarchistes ? Les social-démocrates sont des socialistes qui ne cherchent pas l'abolition de l'Etat, mais au contraire veulent la centralisation des moyens de production entre les mains du gouvernement dont ils ont besoin pour contrôler l'industrie.

« Anarchie et socialisme se ressemblent comme un œuf à un autre. Ils diffèrent seulement par leur tactique. »

Voilà une opinion tout à fait opposée à celle de Renard, qui prétend que ces deux principes sont en contradiction quoiqu'il les appelle « deux variétés indépendantes », appellation qui nous plaît beaucoup mieux, car elle répond davantage à la vérité. L'espèce est la même, mais ce sont deux variétés de cette même espèce.

Albert Parsons exprimait la même opinion, quand il disait aux jurés : « le socialisme se recrute aujourd'hui sous deux formes dans le mouvement ouvrier du monde. L'une est comprise comme une anarchie, sous un gouvernement politique ou sans autorité, l'autre comme un socialisme d'Etat, ou paternalisme ou contrôle gouvernemental de chaque chose. L'étatiste tâche d'améliorer et d'émanciper les ouvriers par les lois, par la législation. L'étatiste demande le droit de choisir ses propres réglementateurs. Les anarchistes ne veulent avoir ni de réglementateurs ni de législateurs, ils poursuivent le même but par l'abolition des lois, par l'abolition de tout gouvernement, laissant au peuple la liberté d'unir ou de diviser si le caprice ou l'intérêt l'exige ; n'obligeant personne, ne dominant aucun parti. »

C'est la même idée que l'illustre historien Buckle

a développée dans son Histoire de la civilisation, en constatant les deux éléments opposés au progrès de la civilisation humaine. Le premier est l'Eglise qui détermine ce qu'on doit croire ; le second est l'Etat qui détermine ce qu'il faut faire. Et il dit que les seules lois des trois ou quatre siècles passés ont été des lois qui abolissaient d'autres lois [1].

Il serait curieux que nous, qui gémissons sous le joug de lois régulièrement augmentées par les parlements, nous donnions notre appui à un système dans lequel il n'y aurait pas une diminution mais au contraire une augmentation des lois. Il est possible que nous serons obligés de passer par cette route, c'est-à-dire d'en venir par la multiplication des lois à l'abolition des lois, mais cette période sera une *via dolorosa*. Par exemple on demande des lois protectrices du travail et du travailleur, dont une société rationnelle n'a pas besoin. Qui donc, si la nécessité ne l'y obligeait, donnerait ses enfants à l'usine, à l'atelier, véritable holocauste?

Toute loi est despotique et à mesure que nous aurons plus de lois, nous serons moins libres. Dans une assemblée d'hommes vraiment civilisés on n'a pas besoin de règlement d'ordre : quand vous avez la parole je me tais et j'attends le moment où vous aurez fini de parler, et quand il y a deux trois personnes qui veulent monter à la tribune, elles ne se battent pas

1. Dans le livre sur le parlementarisme par Lothar Bücher, tour à tour l'ami de Lassalle et de Bismarck, on trouve une liste des lois promulguées par les parlements anglais depuis Henri III (1225-1272) jusqu'à l'an 1853. Et quand on prend la moyenne annuelle des lois pour chaque siècle on trouve cette série du XIIIe au XIXe siècle : 1, 6, 9, 20, 24, 123, 330. Déjà en 1853 plus de lois que le nombre des jours de travail !. Où cela finira-t-il si on continue dans la voie qu'on a suivie jusqu'à présent ?

mais attendent pour prendre la parole les unes après les autres. Quand on dîne à table d'hôte, on ne voit pas quelqu'un prendre tout, de façon que les autres n'aient rien, on ne se bat pas pour être servi le premier, tout va selon un certain ordre et les convives observent des règles de politesse, que personne n'a dictées. Chacun reçoit assez et la personne qui est servie la dernière aura sa portion comme les autres. Pourquoi oublie-t-on toujours ces exemples qui nous enseignent que dans une société civilisée où il y a abondance, on n'a rien à craindre du désordre ou des querelles? Le nombre des lois est toujours un témoignage du faible degré de civilisation d'une société. La loi est un lien par lequel on fait des esclaves et non des hommes libres. La loi est généralement une atteinte au droit humain, car « loi » et « droit » sont des mots qui n'ont pas du tout même signification.

La plupart des crimes sont commis au nom de la loi, et cependant on veut honorer les lois et on donne aux enfants une éducation basée sur le respect des lois. Le système capitaliste d'aujourd'hui est-il autre chose que le vol légalisé, l'esclavage légalisé, l'assassinat légalisé ?

Quand la social-démocratie nous promet une centralisation, une règlementation avec le contrôle d'en haut, nous craignons un tel Etat. C'est une étrange méthode que d'abolir le pouvoir de l'Etat en commençant par augmenter ses prérogatives. Non, le gouvernement représentatif a rempli son rôle historique : vouloir conserver un tel gouvernement pour une phase économique nouvelle, c'est raccommoder un habit neuf avec de vieux lambeaux. A chaque, phase économique correspond une phase politique et c'est une erreur que de penser pouvoir toucher aux bases de la vie économique actuelle, c'est-à-dire à la propriété individuelle, sans toucher à l'organisation politique. Ce n'est pas en augmentant les pouvoirs de l'Etat, ni en conquérant le pouvoir politique qu'on progresse, on exécute un changement de décors et voilà tout; on progresse en organisant librement tous les services qui sont considérés maintenant comme fonctions de l'Etat.

Kropotkine l'a fort bien exprimé : « les lois sur la propriété ne sont pas faites pour garantir à l'individu ou à la société la jouissance des produits de leur travail. Elles sont faites, au contraire, pour en dérober une partie au producteur et pour assurer à quelques-uns les produits qu'ils ont dérobés, soit aux producteurs, soit à la société entière. Les socialistes ont déjà fait maintes fois l'histoire de la Genèse du capital. Ils ont raconté comment il est né des guerres et du butin, de l'esclavage, du servage, de la fraude et de l'exploitation moderne. Ils ont montré comment il s'est nourri du sang de l'ouvrier et comment il a conquis le monde entier. Ils ont à faire la même histoire concernant la Genèse et le développement de la loi. Faite pour garantir les fruits du pillage, de l'accaparement et de l'exploitation, la loi a suivi les mêmes phases de développement que le capital. »

Et le système parlementaire ne fait qu'enregistrer ce qui, en réalité, existe déjà. De deux choses l'une : ou bien la loi est préalable, et alors, ainsi qu'en Amérique les lois sur le travail, dont les inspecteurs disent que l'application laisse beaucoup à désirer, elle n'est plus appliquée quand les patrons et avec eux la justice ne les veulent pas respecter; ou bien la loi est arriérée, et alors elle n'est plus nécessaire. Ce système est celui des carabiniers d'Offenbach :

Qui, par un malheureux hasard
Arrivent toujours trop tard.

C'est la force qui décide toujours. Au lendemain d'une victoire, le peuple ne manque jamais de présenter une déclaration des droits aussi radicale que possible : tout le monde applaudit, on se croit libre enfin.

Le peuple se satisfait de droits inscrits sur le papier. Le peuple se laissa toujours duper et il est possible qu'il se laisse de nouveau duper par les social-démocrates, qui une fois en place oublieront leurs promesses. C'est pourquoi il faut l'avertir, car un averti en vaut deux. Le peuple est toujours servi beaucoup moins bien que les souverains. Il a ses orateurs, qui ont une grande bouche et de belles paroles ; mais les souverains ont leurs serviteurs, qui parlent moins mais agissent avec les canons et les fusils. Quelques jours après la victoire, et sous prétexte d'ordre légal, la constitution sera moins bien observée : quelques jours encore et, sous prétexte d'ordre administratif, on est gouverné par des règlements de police.

Les souverains et les gouvernants sont comme les feuilles des arbres : ils changent d'opinion quand bon leur semble et, lorsqu'ils craignent de perdre leur trône, ils font comme Liebknecht, ils changent vingt-quatre fois par jour de tactique, et d'opinion.

Voici un exemple curieux.

Avant 1848 il y avait en Hollande un parti qui faisait de l'agitation pour obtenir la révision de la constitution, mais le roi Guillaume II ne la voulait pas et il avait dit une fois : « aussi longtemps que je vivrai, il n'y aura pas de révision de la constitution. » La révolution de février 1848 éclata à Paris et le roi Louis-Philippe fut chassé de France. Cette révolution fit son chemin. A Vienne, à Berlin et dans beaucoup de villes de l'Europe on éprouva l'influence de cette secousse politique; alors le roi Guillaume trembla pour son trône, il eut peur de suivre le même chemin que son collègue Louis-Philippe de France. Qu'arriva-t-il? Ce même roi prit l'initiative d'une révision et parlant aux ambassadeurs étrangers il déclara : Voici un homme qui en un jour de pur conservateur est devenu libéral. Pourquoi? Parce qu'il préférait un trône avec une constitution à la chance de perdre sa royauté.

Si les circonstances changent, on voit souvent les mêmes personnes faire le contraire de ce qu'elles avaient juré.

Ainsi, en 1848, le roi de Prusse Guillaume Frédéric craignait de perdre son trône. Pendant que le peuple était en armes et que la révolte menaçait de triompher, le roi fit toutes les promesses qu'on exigea de lui. Le mot d'ordre fut : si vous consentez à désarmer, je vous donnerai une constitution. Le peuple a toujours trop de confiance, il crut le roi, il déposa les armes, et quand l'effervescence fut passée, le roi restant très bien armé, fut le plus fort et oublia toutes ses promesses. Le peuple ne doit donc jamais désarmer au jour du combat, car un peuple désarmé n'est plus rien, tandis qu'un peuple armé est une force qui inspire du respect même aux adversaires.

Et toujours et partout les princes marchent au despotisme et les peuples à la servitude.

Ce ne sont pas les tyrans qui font les peuples esclaves, mais ce sont les peuples esclaves qui rendent possibles les tyrans.

Un tyran peut-il dominer quand le peuple se sent libre? Non certes, sa puissance ne durerait pas un jour. Un tyran est toujours un peu supérieur à ceux qui l'ont fait tyran. Au lieu de condamner un tyran, il faut condamner encore plus le peuple esclave qui tolère la tyrannie. Mais en dominant on devient de plus en plus mauvais, car l'appétit vient en mangeant.

Les institutions engendrent l'esclavage, et c'est pour cela que nous prêchons l'abolition des institutions. L'Etat est la tyrannie organisée et c'est pourquoi nous voulons la croisade contre l'Etat.

On ne peut dire que l'émancipation de l'humanité viendra par l'émancipation des individus ; mais on ne peut non plus dire qu'elle sortira d'une réorganisation violente de la société, arrivant spontanément, par une sorte de miracle. Sans les individus émancipés, il n'est pas possible de réorganiser et sans une organisation les individus ne peuvent être émancipés. Il y a des connexions remarquables et ce que la nature a uni, nous ne pouvons le désunir.

On dit toujours : sans l'Etat se produirait l'anéantissement de l'organisation actuelle, le désordre complet, le retour à la barbarie. Mais qu'est-ce que l'Etat actuel sinon le vol, la rapine, l'assassinat, la barbarie ? Chaque changement sera un progrès pour la grande masse, si impitoyablement maltraitée maintenant.

Il faut rire quand on entend soutenir que les mauvais domineraient les bons, car ce sont justement les mauvais qui dominent aujourd'hui.

Tolstoï nous dit que le christianisme dans sa vraie signification détruit l'Etat comme tel, et que c'est pour cela qu'on a crucifié le Christ. Et certainement, du jour où le christianisme fut établi comme religion d'Etat, le christianisme fut perdu. Il faut choisir entre l'organisation gouvernementale et le vrai christianisme qui est plus ou moins anarchiste. Qu'est-ce qu'enseigne l'apôtre saint Paul quand il dit que le péché est venu par la loi, et dans l'Epître aux Romains (ch. IV, v. 15) : « Où il n'y a pas de loi, il n'y a pas de péché. » Oui, les ennemis de toute loi et de toute autorité peuvent faire appel à la Bible, qui considère la loi comme un degré inférieur du développement humain.

Un État suppose toujours deux partis dont l'un commande et l'autre obéit ; ce qui est le contraire du christianisme primitif, qui nous enseigne que personne ne doit commander car nous sommes tous des frères.

Il est possible que l'Etat ait été nécessaire à une certaine époque, mais la question est aujourd'hui de savoir si désormais l'Etat est un obstacle au progrès et à la civilisation, oui ou non. Les divers raisonnements sur ce sujet sont curieux. Quand on demande à quelqu'un : Avez-vous personnellement besoin de l'Etat et de ses lois ? on reçoit toujours la même réponse. L'Etat ne m'est pas nécessaire, mais il est nécessaire pour les autres. Chacun défend l'existence de l'Etat, non pour soi-même, mais pour les autres. Cependant ces autres le défendent de la même manière. Donc, personne n'a besoin de l'Etat et cependant il existe et il persiste. Quelle folie !

Les non-résistants en Amérique ont un catéchisme dans lequel ils se montrent en tant que chrétiens les ennemis acharnés de toute autorité, et ils sont aussi conséquents qu'un anarchiste peut l'être.

Ecoutez seulement :

« Est-il permis au chrétien de servir dans l'armée contre les ennemis étrangers ? »

Certainement non, cela n'est pas permis. Lui est-il permis de prendre part à une guerre et même aux préparatifs de cette guerre? Mais il n'ose pas seulement se servir d'armes meurtrières. Il n'ose pas venger une offense, soit qu'il agisse seul, soit en commun avec d'autres.

Donne-t-il volontairement de l'argent pour un gouvernement, soutenu par la violence, grâce à la peine de mort et à l'armée?

Seulement quand l'argent est destiné à une œuvre juste en elle-même et dont le but comme les moyens sont bons.

Ose-t-il payer l'impôt à un semblable gouvernement?

Non, mais s'il n'ose payer les impôts, il n'ose non plus résister au paiement. Les impôts, réglés par le gouvernement, sont payés sans qu'intervienne la volonté des contribuables. On ne peut refuser de les payer sans user de violence, et le chrétien, qui ne doit pas user de violence, doit donner sa propriété.

Un chrétien peut-il être électeur, juge ou fonctionnaire du gouvernement?

Non, car qui prend part aux élections, à la jurisprudence, au gouvernement, prend part à la violence du gouvernement. »

Ces anarchistes chrétiens sont des révolutionnaires par excellence, ils refusent tout; les non-résistants sont très dangereux pour les gouvernements et la doctrine de non-résistance est une terrible menace pour toute autorité. Les membres de la société fondée pour l'établissement de la paix universelle entre les hommes (Boston, 1838) ont pour devise : *ne résistez pas au méchant* (saint Mathieu V : 39). Ils disent sincèrement : « Nous ne reconnaissons qu'un roi et législateur, qu'un juge et chef de l'humanité. » Et Tolstoï a peut-être raison quand il dit : « les socialistes, les communistes, les anarchistes avec leurs bombes, leurs révoltes, leurs révolutions ne sont pas si dangereux pour les gouvernements que ces individus, qui prêchent le refus et se basent sur la doctrine que nous connaissons tous. »

L'exemple individuel exerce une très grande influence sur la masse, et c'est pourquoi les gouvernements punissent sévèrement tout effort de l'individu pour s'émanciper.

Mais les social-démocrates, formés d'après le modèle allemand, prêchent la soumission complète de l'individu à l'autorité de l'Etat. Tcherkessof l'a très bien dit [1] : « les publicistes et les orateurs du parti social démocrate prêchent aux ouvriers que l'industrie n'a aucune signification dans l histoire et dans la société et que tous ceux qui pensent que la liberté individuelle et la satisfaction complète des besoins physiques et moraux de l'individu seront garanties dans la société future, sont des utopistes. » Seulement il y a des accommodements avec les chefs comme avec le ciel et ce même auteur dit aussi d'une façon aussi malicieuse que juste : « Marx et Engels sont les deux exceptions du genre humain. Font aussi exception leurs héritiers, Liebhnecht, Bebel, Auer, Guesde, et autres. L'ouvrier ignorant, le troupeau humain, composé d'insgnifiantes nullités, doivent se soumettre et obéir à tous ces « Übermenschen, » ces êtres surhumains. C'est ce qu'on appelle l'égalité social-démocratique et scientifique. »

Et on ose dire cela après l'admirable étude de John Stuart Mill sur la Liberté! Lisez son chapitre troisième sur « la personnalité comme une des bases du bien public » et vous verrez quelle place prépon-

1. Voyez son intéressante brochure : « Pages d'Histoire socialiste; doctrines et actes de la social-démocratie.

dérante il veut donner à la personnalité, à l'individualité. Et certainement quand on tue l'individualité, on tue tout ce qu'il y a de haut et de caractéristique dans l'homme. En Allemagne tout est dressé militairement, le soldat est l'idéal de chaque Allemand, et voilà la raison pour laquelle le deuxième mot du social-démocrate allemand est : discipline du parti.

La discipline de l'école vient avec la discipline de la maison paternelle, et elle est suivie de la discipline de l'usine et de l'atelier, pour être continuée par la discipline de l'armée et enfin par la discipline du parti. Toujours et partout, la discipline. Ce n'est pas par hasard que le livre de Max Stirner [1] nous vient d'Allemagne, c'est la réaction contre la discipline. Et il y a peu de personnes qui aient compris les idées supérieures de Wilhelm von Humboldt [2], quand il dit que « le but de l'homme ou ce qui est prescrit par les lois éternelles et immuables de la raison, et non pas inspiré par les désirs vains et passagers, doit résider dans le développement le plus harmonieux possible des forces en vue d'un tout complet et cohérent » et que deux choses y sont nécessaires : la liberté et la variété des circonstances, l'union de ces deux forces produisant « la force individuelle et la variété multipliée, » qui peuvent se combiner avec l' « originalité ». La grande difficulté reste toujours de définir les limites de l'autorité de la société sur l'individu.

« Quelle est la limite légitime où la souveraineté de l'individu finit de soi-même et où commence l'autorité de la société ?

1. Der Einzige und sein Eigenthum.

2. Ideen zu einem Versuch die Gränsen der Wirksamkeit des Staate zu bestimmen.

Quelle part de la vie humaine est la propriété de l'individu et quelle la propriété de la société [1] ? »

Voilà une question qui intéresse tous les penseurs et qui est traitée d'une manière magistrale par Mill. En vain vous chercherez une discussion approfondie de ces questions théoriques chez les social-démocrates allemands. Nommez un penseur de valeur après les deux maîtres Marx et Engels. Il semble que le dernier mot de toute sagesse ait été dit par eux et qu'après eux la doctrine se soit cristallisée en un dogme comme dans l'église chrétienne. Les principaux écrivains du parti social-démocrate sont des commentateurs des maîtres, des compilateurs, mais non des penseurs indépendants. Et quelle médiocrité! Ne comprend-on pas qu'une doctrine cristallisee est cou- condamnée à périr de stagnation car la stagnation est le commencement de la mort? Dans les dernières années on n'a fait que rééditer les œuvres de Marx avec de nouvelles préfaces d'Engels ou les œuvres d'Engels lui-même, mais on cherche en vain un livre de valeur, une idée nouvelle dans ce parti qui se prépare à conquérir le pouvoir public.

Mill dit que le devoir de l'éducation est de développer les vertus de l'individu comme celles de la société. Chacun a le plus grand intérêt à amener son propre bien-être et c'est pourquoi chacun demande de la société l'occasion d'user de la vie dans son propre intérêt. Et quand il existe un droit, ce n'est pas celui d'opprimer une autre individualité mais de maintenir la sienne. Qui vient à l'encontre de cette thèse qu'un individu n'est pas responsable de ses actes vis-à-vis de la société quand ses actes ne mettent en cause que ses propres intérêts? Le droit de la

1. *On Liberty*.

société est seulement un droit de défense pour se maintenir.

Prenez par exemple la vaccination obligatoire. C'est une atteinte à la liberté individuelle. L'Etat n'a pas le droit de m'obliger de faire vacciner mes enfants, car contre l'opinion de la science officielle que la vaccination est un préservatif de la variole, il y a l'opinion de beaucoup de médécins qui nient les avantages de la vaccination et, pis encore, qui craignent les conséquences de cette inoculation, par laquelle beaucoup de maladies sont répandues. Plus tard on rira de cette contrainte soi-disant scientifique, et on parlera de la tyrannie qui obligeait chacun à se soumettre à cette opération. On met un emplâtre sur la plaie au lieu de s'attaquer à la cause, et l'on se satisfait ainsi.

Mais comme Mill le dit très bien : « le principe de la liberté ne peut pas exiger qu'on ait la liberté de n'être plus libre : ce n'est pas exercer sa liberté que d'avoir la permission de l'aliéner. » C'est pourquoi on ne doit jamais accepter la doctrine d'après laquelle on peut prendre des engagements irrévocables.

Et que nous promet-on dans une société social-démocrate ? Jules Guesde a prononcé à la Chambre française un discours dans lequel il esquisse un tableau qui n'a rien d'enchanteur. Il explique que l'antagonisme des intérêts ne sera pas extirpé radicalement. Même la loi de l'offre et de la demande fonctionnera quand même; seulement, au lieu de s'appliquer au tarif des salaires, elle s'appliquera au travail agréable ou non.

De même, dans son chapitre IV n° 10, sur le socialisme et la liberté [1], Kautsky prétend que : « la production socialiste n'est pas compatible avec la liberté complète du travail, c'est-à-dire avec la liberté de travailler quand, où et comment on l'entendra. Il est vrai que, sous le régime du capitalisme, l'ouvrier jouit encore de la liberté jusqu'à un certain degré. S'il ne se plaît pas dans un atelier, il peut chercher du travail ailleurs. Dans la société socialiste (lisez : social-démocratique) tous les moyens de production seront concentrés par l'Etat et ce dernier sera le seul entrepreneur ; il n'y aura pas de choix. L'OUVRIER DE NOS JOURS JOUIT DE PLUS DE LIBERTÉ QU'IL N'EN AURA DANS LA SOCIÉTÉ SOCIALISTE » (lisez : social-démocratique [2].) C'est nous qui soulignons.

Mais, fidèle à ses maîtres il dit que « ce n'est pas la social-démocratie qui infirme le droit de choisir le travail et le temps, mais le développement même de la production; le seul changement sera « qu'au lieu d'être soit sous la dépendance d'un capitaliste, dont les intérêts sont opposés aux siens, l'ouvrier se trouvera sous la dépendance d'une société, dont il sera lui-même un membre, d'une société de camarades ayant les mêmes droits, comme les mêmes intérêts. » Cela veut dire que dans la société social-démocratique la production créera l'esclavage. On change de maître, voilà tout.

Un autre, Sidney Webb, nous dit que « rêver d'un atelier autonome dans l'avenir, d'une production sans règles ni discipline... n'est pas du socialisme. »

Mais quelles étranges idées se forgent dans les têtes dogmatiques des chefs de la social-démocratie. Ecoutez Kautsky, ce théoricien du parti allemand :

1. Das Erfurter Programm in seinem grundsätzlichen Theil (Le programme d'Erfurt et ses bases).

2. Le socialisme véritable et le faux socialisme.

« toutes les formes de salaires : rétribution à l'heure ou aux pièces ; primes spéciales pour un travail au-dessus de la rétribution générale, salaires différents pour les genres différents de travail... toutes ces formes du salariat contemporain, un peu modifiées, seront parfaitement praticables dans une société socialiste. » Et ailleurs : « la rétribution des produits dans une société socialiste (lisez social-démocratique) n'aura lieu dans l'avenir que d'après des formes qui seront le développement de celles qu'on pratique actuellement. »

Donc un état social-démocratique avec le système du salariat. Mais est-ce que le salariat n'est pas la base du capitalisme ? On prêchait l'abolition du salariat et ici on sanctionne ce système. C'est ainsi qu'on dénature les bases du socialisme ; et les élèves de Marx et d'Engels, qui proclamaient la formule : « de chacun selon ses forces, à chacun selon ses besoins », sont devenus de simples radicaux, des démocrates bourgeois, ayant perdu leurs idées socialistes.

Avec ce système nous aurons le triomphe du quatrième Etat, ce qui créera directement un cinquième Etat ayant à soutenir la même lutte cruelle contre les individus arrivés au pouvoir avec son aide. L'aristocratie ouvrière et la petite bourgeoisie seront les tyrans de l'avenir, et la liberté sera supprimée entièrement. L'œuvre libératrice pour laquelle la nouvelle ère s'ouvrira, sera le massacre des anarchistes, comme le député Chauvin l'a prédit et comme d'autres l'ont préconisé.

Guesde dit même : « que ce n'est pas lui qui a inventé la réquisition, qu'elle se trouve dans les codes bourgeois et que si lui et ses amis sont obligés d'y avoir recours, ils ne feront QU'EMPRUNTER UN DES ROUAGES DE LA SOCIÉTÉ ACTUELLE. »

Belle perspective !

Rien ou presque rien ne serait donc changé au système actuel et les ouvriers travaillent de nouveau à se donner des tyrans. Pauvre peuple, tu seras donc éternellement esclave !

Mais « combien aisément et doucement on glisse une fois sur la pente », comme Engels l'a si bien dit !

Il n'y a pas d'autre alternative que le socialisme d'Etat et le socialisme libertaire.

Lorsqu'on dit au congrès de Berlin (1892) : « la social-démocratie est révolutionnaire dans son essence et le socialisme d'Etat conservateur ; la social-démocratie et le socialisme d'Etat sont des antithèses irréconciliables », on a joué avec des mots.

Qu'est-ce que le socialisme d'Etat ?

Liebknecht dit que les socialistes d'Etat veulent introduire le socialisme dans l'Etat actuel, c'est-à-dire cherchent la quadrature du cercle ; un socialisme qui ne serait pas le socialisme dans un Etat adversaire du socialisme. Mais qu'est-ce que les social-démocrates désirent? N'est-ce pas le même Liebknecht qui parlait d'un « enracinement dans la société socialiste » (hineinwachsen) ?

Le socialisme d'Etat dans la compréhension générale est l'Etat régulateur de l'industrie, de l'agriculture, de tout. On veut faire de l'industrie un fonctionnement d'Etat, et au lieu des patrons capitalistes on aúra l'Etat. Quand l'Etat actuel aura annexé l'industrie, il restera ce qu'il est. Mais avec le suffrage universel, lorsqu'en 1898, année de salut, les social-démocrates allemands auront la majorité, comme Engels et Bebel l'ont prédit, alors il est évident qu'on pourra transformer l'Etat à volonté, et le socialisme qu'on introduira alors sera le socialisme d'Etat.

Liebknecht appelle le socialisme d'Etat d'aujourd'hui le capitalisme d'Etat, mais il y a une confusion terrible dans les mots. Nous demandons ceci : quand la majorité du parlement sera socialiste et qu'on aura mis telle ou telle branche de l'industrie entre les mains de l'Etat, sera-ce là le socialisme d'Etat, oui ou non ?

Nous disons : oui, certainement.

Au Congrès de Berlin, Liebknecht disait dans sa résolution : « Le soi-disant socialisme d'Etat, en ce qui concerne la transformation de l'industrie et sa remise à l'Etat avec des dispositions fiscales, veut mettre l'Etat à la place des capitalistes et lui donner le pouvoir d'imposer au peuple ouvrier le double joug de l'exploitation économique et de l'esclavage politique. »

Mais c'est justement ce que nous disons de la social-démocratie. Examinons ces desiderata.

Si l'Etat réglait toutes les branches de l'administration, on serait obligé d'obéir, car autrement on ne pourrait trouver de travail ailleurs.

Et de même que la dépendance économique, la dépendance politique serait plus dure ; l'esclavage économique amènerait l'esclavage politique ; et à son tour l'esclavage politique influerait sur l'esclavage économique, le rendant plus dur et plus rigoureux.

Quand Liebknecht dit cela, il comprend très bien le danger et ne change pas la question en l'escamotant par un habile jeu de mots. Le capitalisme d'Etat comme il l'appelle sera le socialisme d'Etat, du moment que les socialistes seront devenus le gouvernement et encourra les mêmes reproches que ceux que l'on formule contre l'Etat actuel. On est esclave et non pas libre, et un esclave de l'Etat, monarchique ou socialiste, est un esclave. Nous qui voulons l'abolition de tout esclavage, nous combattons la social-démocratie qui est le socialisme d'Etat de l'avenir. Ce que Liebknecht dit de l'Etat des Jésuites du Paraguay est applicable à l'Etat social-démocratique selon la conception des soi-disant marxistes : « dans cet Etat modèle toutes les industries furent la propriété de l'Etat, c'est-à-dire des Jésuites. Tout était organisé et dressé militairement ; les indigènes étaient alimentés d'une manière suffisante ; ils travaillaient sous un contrôle sévère, comme forçats au bagne et ne jouissaient pas de la liberté ; en un mot l'Etat était la caserne et le workhouse — l'idéal du socialisme d'Etat — le fouet commun et la mangeoire commune. Naturellement il n'y avait pas d'alimentation spirituelle — l'éducation était l'éducation pour l'esclavage. »

Tel est aussi l'idéal des social-démocrates !

Grand merci pour une telle perspective !

Et cependant en distinguant bien, il arrive à dire : « Le socialisme veut et doit détruire la société capitaliste ; il veut arracher le monopole des moyens de production des mains d'une classe et faire passer ces moyens aux mains de la communauté ; il veut transformer le mode de production de fond en comble, le rendre socialiste, de sorte que l'exploitation ne soit plus possible et que l'égalité politique et économique et sociale la plus complète règne parmi les hommes. Tout ce qu'on comprend maintenant sous le nom de socialisme d'Etat et dont nous nous occupons, n'a rien de commun avec le socialisme. » Liebknecht nomme cela le *capitalisme* d'Etat et il nomme le socialisme le vrai socialisme d'Etat. Nous sommes alors d'accord, mais n'oublions pas que l'esclavage ne sera pas aboli, même quand les social-démocrates seront nos maîtres et nous ne voulons pas de maîtres du tout.

On dit souvent qu'on affaiblit l'Etat au lieu de le fortifier en étendant la législation ouvrière, et bien loin de fortifier l'Etat bourgeois, on le sape. Mais ceux qui disent cela diffèrent beaucoup de Frédéric Engels, qui, dans l'Appendice de son célèbre livre : *les classes ouvrières en Angleterre*, écrit : « la législation des fabriques, autrefois la terreur des patrons, non seulement fut observée par eux avec plaisir mais ils l'étendent plus ou moins sur la totalité des industries. Les syndicats, nommés l'œuvre du diable il n'y a pas longtemps, sont cajolés maintenant par les patrons et protégés comme des institutions justes et un moyen énergique pour répandre les saines doctrines économiques parmi les travailleurs.

On abolissait les plus odieuses des lois, celles qui privent le travailleur de droits égaux à ceux du patron. L'abolition du cens dans les élections fut introduite par la loi ainsi que le suffrage secret, etc., etc. Et il continue : « l'influence de cette domination fut considérable au début. Le commerce florissait formidablement et s'étendait même en Angleterre. Que fut la position de la classe ouvrière pendant cette période ?

Une amélioration même pour la grande masse suivait temporairement, cet essor. Mais, depuis l'invasion des sans-travail, elle est revenue à son ancienne position.

L'Etat n'est pas aujourd'hui moins puissant, il l'est plus qu'auparavant. Et après avoir constaté que deux partis de la classe ouvrière, les mieux protégés, ont profité de cette amélioration d'une manière permanente, c'est-à-dire les ouvriers des fabriques et les ouvriers syndiqués, il dit : *mais en ce qui regarde la grande masse des ouvriers, les conditions de misère et d'insécurité dans lesquelles ils se trouvent maintenant sont aussi mauvaises que jamais, si elles ne sont pires.*

Non, on n'affaiblit pas l'Etat en augmentant ses

fonctions, on n'abolit pas l'Etat en étendant son pouvoir. Donc, partout où le gouvernement bourgeois sera le régulateur des branches différentes de l'industrie, du commerce, de l'agriculture, il ne fera qu'augmenter et fortifier son pouvoir sur la vie d'une partie des citoyens et les ouvriers resteront les anciens esclaves, et pour eux il sera tout à fait indifférent qu'ils soient les esclaves des capitalistes ou bien les esclaves de l'Etat.

L'Etat conserve le caractère hiérarchique, et c'est là le mal.

La question décisive est de savoir qui doit régler les conditions de travail. Si c'est le gouvernement de l'Etat, des provinces ou des communes, selon le modèle des postes par exemple, nous aurons le socialisme d'Etat, même si le suffrage universel est adopté. Si ce sont les ouvriers eux-mêmes qui règlent les conditions de travail selon leur gré, ce sera tout autre chose; mais nous avons entendu dire par Sidney Webb, que « rêver sans l'avouer d'un atelier autonome, d'une production sans règles ni discipline... que cela n'est pas du socialisme. »

Au contraire, nous disons que quiconque est d'avis que le prolétariat peut arriver au pouvoir par le suffrage universel et qu'il peut se servir de l'Etat pour organiser une nouvelle société, dans laquelle l'Etat lui-même sera supprimé, est un naïf, un utopiste. Imaginer que l'Etat disparaisse par le fait... des serviteurs de l'Etat !

Le capital se rendra-t-il volontairement ? L'expérience de l'histoire est là pour prouver le contraire, car jamais une classe ne se supprimera volontairement. Chaque individu, chaque groupe lutte pour l'existence, c'est la loi de la nature, qui fait du droit de défense et de résistance, le plus sacré de tous les droits.

Le socialisme veut l'expropriation des exploiteurs. Eh bien, peut-on penser que les patrons, les marchands, les propriétaires, en un mot les capitalistes dont la propriété privée sera transformée en propriété sociale ou commune, céderont jamais volontairement. Non, ils se défendront par tous les moyens possibles plutôt que de perdre leur position prépondérante. On les soumettra seulement par la violence.

Tout pouvoir a en soi un germe de corruption, et c'est pourquoi il faut lutter non seulement contre le pouvoir d'aujourd'hui mais aussi contre celui de l'avenir. Stuart Mill a très bien dit : « le pouvoir corrompt l'homme. C'est la tradition du monde entier, basée sur l'expérience générale ».

Et parce que nous connaissons l'influence pernicieuse que l'autorité a sur le caractère de l'individu, il faut lutter contre l'autorité. Guillaume de Greef a formulé tout le programme de l'avenir d'une manière aussi claire que nette en ces mots : Liberté, instruction et bien-être pour tous ; « le principe, aujourd'hui, n'est plus contestable : la société n'a que des organes et des fonctions ; elle ne doit plus avoir de maîtres. » Et pourquoi l'homme, doué de plus de raison que les autres êtres dans la nature, ne serait-il pas capable de vivre dans une société sans autorité, lorsqu'on voit les fourmis et les abeilles former de telles sociétés ? Dans son Evolution politique, Letourneau nous dit : « Au point de vue sociologique, ce qui est particulièrement intéressant dans les républiques des fourmis et des abeilles, c'est le parfait maintien de l'ordre social avec une anarchie complète. Nul gouvernement ; personne n'obéit à personne, et cependant tout le monde s'acquitte de ses devoirs civiques avec un zèle infatigable ; l'égoïsme semble inconnu : il est remplacé par un large amour social. »

Nous n'allons pas examiner ici s'il est vrai que la propriété privée est une modalité particulière de l'autorité et si l'autorité est la source de tous les maux dans la société, comme le pense Sébastien Faure ; ou bien si la propriété privée est la cause de l'autorité, car nous sommes d'avis que l'une et l'autre de ces propositions sont sérieuses, qu'on peut soutenir les deux thèses, car elles se tiennent. Peut-être est-ce la question de l'œuf et de la poule ; qui des deux est venu le premier ? Mais en tout cas il n'est pas vrai de dire avec Faure que le socialisme autoritaire voit dans le principe de propriété individuelle la cause première de la structure sociale, et que le libertaire la découvre dans le principe d'autorité. Car s'il est vrai que la propriété individuelle donne le pouvoir, l'autorité — le maître du sol l'est aussi des personnes qui vivent sur le sol, le maître de la fabrique, de l'atelier est maître aussi des hommes qui y travaillent — il est vrai aussi que l'autorité sanctionne à son tour la propriété individuelle.

Tout gouvernement de l'homme par l'homme est le commencement de l'esclavage et quiconque veut mettre fin à l'esclavage doit lutter contre le gouvernement sous toutes ses formes.

Dans sa brochure *L'anarchie, sa philosophie, son idéal*, Kropotkine s'exprime ainsi : « C'est pourquoi l'anarchie, lorsqu'elle travaille à démolir l'autorité sous tous ses aspects, lorsqu'elle demande l'abrogation des lois et l'abolition du mécanisme qui sert à les imposer, lorsqu'elle refuse toute organisation hiérarchique et prêche la libre entente, travaille en même temps à maintenir et à élargir le noyau précieux des coutumes de sociabilité sans lesquelles aucune société humaine ou animale ne saurait exister. Seulement au lieu de demander le maintien de ces coutumes sociables à *l'autorité de quelques-uns*, elle le demande *à l'action continue de tous*.

Les institutions et les coutumes communistes s'imposent à la société, non seulement comme une solution des difficultés économiques, mais aussi pour maintenir et développer les coutumes sociables qui mettent les hommes en contact les uns avec les autres, établissant entre eux des rapports qui font de l'intérêt de chacun l'intérêt de tous, et les unissent, au lieu de les diviser. »

Tout le développement de l'humanité va dans la direction de la liberté et quand les socialistes, (c'est-à-dire les social-démocrates) veulent, avec Renard, un minimum d'autorité et une extension indéfinie de la liberté, ils sont perdus, car il n'y a plus entre eux et les anarchistes de différence de principes, mais seulement une différence de plus ou de moins.

L'idéal pour tous est l'élimination complète du principe d'autorité, l'affirmation intégrale du principe de liberté.

Si cet idéal est oui ou non réalisable, c'est une autre question, mais mieux vaut un idéal superbe, élevé, même s'il est irréalisable, que l'absence de tout idéal.

Que chacun se demande ce qu'il désire et aura pour réponse : « Vivre en pleine liberté sans être entravé par des obstacles extérieurs ; déployer ses forces, ses qualités, ses dispositions naturelles. » Eh bien ! ce que vous demandez pour vous-même, il faut le donner aux autres, car les autres désirent ce que vous désirez. Donc il nous faut des conditions par lesquelles chaque individu puisse vivre en pleine liberté, puisse déployer ses forces. Quand on veut cela pour soi-même et qu'on ne l'accorde pas aux autres, on crée un privilège.

Voilà tout ce qu'on demande : de l'air franc et libre pour respirer.

Et si l'observation ne nous trompe pas, nous voyons que tout le développement humain est une évolution dans le sens de la liberté.

La social-démocratie qui est et devient de plus en plus un socialisme d'Etat est un obstacle à la liberté, car au lieu d'augmenter la liberté, elle crée de nouveaux liens. Elle est de plus dangereuse parce qu'elle se montre sous le masque de la liberté. Les Etatistes sont les ennemis de la liberté et quand on veut unir le socialisme à la liberté, il faut accepter le socialisme libertaire dont le but est toujours d'unir la liberté au bien-être de tous.

La plupart ne croient pas à la liberté et c'est pourquoi ils rejettent toujours sur elle la responsabilité des excès, s'il s'en produit dans un mouvement révolutionnaire. Nous croyons au contraire que les excès sont la conséquence du vieux système de limitation de la liberté.

Ayez confiance dans la liberté, qui triomphera un jour. Il est vrai que même les hommes de science ont peur de cette terrible géante, cette fille des dieux antiques, dont personne ne pourra calculer la puissance le jour où elle se lèvera dans toute sa force. Tous la contemplent avec terreur en prédisant de terribles jours au monde, si jamais elle rompt ses liens, tous, excepté ses quelques rares amants appartenant principalement aux classes pauvres.

Et cette petite troupe, troupe aussi de martyrs ou victimes, travaille incessamment à sa délivrance, desserrant tantôt de ci, tantôt de là un anneau, certaine que l'heure venue, la liberté secouera toutes ses chaînes et se dressera en face du monde, pour se donner à tous ceux qui l'attendent.

Le triomphe viendra, mais pour cela il nous faut une foi absolue dans la liberté, seule atmosphère dans laquelle l'égalité et la fraternité se meuvent librement.

V

UN REVIREMENT DANS LES IDÉES MORALES

UN REVIREMENT
DANS LES IDÉES MORALES

Que de difficultés à surmonter lorsqu'on veut se défaire des idées conçues dans la jeunesse! Même en se croyant libre de beaucoup de préjugés, toujours on retrouve en soi un manque de raisonnement et on se bute à des conceptions surannées. Et tout en n'ayant, en théorie, aucune accusation à formuler, on éprouve certainement, en pratique, une sorte de répugnance envers ceux qui agissent en complète opposition avec les us et coutumes.

C'est surtout le cas dans le domaine de la morale.

Qu'est-ce qu'agir selon la morale?

Se conformer aux prescriptions des mœurs.

C'est-à-dire qu'on est moral lorsqu'on vit et agit de telle façon que la majorité approuve.

Est-ce que cette morale-là est bonne?

Peut-on la défendre par la raison?

Voilà la question.

Il y a une tyrannie de la morale et comme nous sommes adversaires de toute tyrannie, nous devons également examiner celle-ci et la combattre.

17.

Multatuli, dans ses *Idées*, fait, à ce sujet, quelques justes remarques. Il a parfaitement raison lorsqu'il prétend que le degré de liberté dépend bien plus de la morale que des *lois*. Que de peine l'on éprouve à faire exécuter une loi qui est en contradiction avec la morale ?

« Aucun législateur, fût-il le chef d'une armée dix fois plus nombreuse que les habitants mêmes d'un pays, n'oserait imposer ce que la morale prescrit aujourd'hui. Et, d'un autre côté, nous nous conformons à une morale que nous n'accepterions pas si elle était prescrite par un législateur, quelque puissant qu'il fût. »

Examinez notre manière de vivre et bientôt vous serez convaincu de la vérité de ces paroles :

« Un malfaiteur est puni de *quelques* années de prison ;... la morale y ajoute : le mépris durant *toute* la vie.

« La loi parle d'habitants,... la morale, de sujets.

« La loi dit : le Roi,... la morale : Sa Majesté.

« La loi laisse le choix du vêtement,... la morale impose *tel* vêtement.

« La loi protège le mariage dans ses conséquences *civiles*,... la morale fait du mariage un lien religieux, moral, c'est-à-dire très *im*moral.

« La loi, tout injuste qu'elle est envers la femme, la considère comme étant mineure ou sous curatelle,... la morale rend la femme esclave.

« La loi accepte l'enfant naturel,... la morale tourmente, persécute, insulte l'enfant qui vient au monde sans passe-port.

« La loi concède certains droits à la mère non mariée, plus même qu'à la femme mariée,... la morale repousse cette mère, la punit, la maudit.

« La loi, en fait d'éducation, concède *portion* légitime et égale aux *enfants*,... la morale fait distinction entre garçons et filles pour l'éducation et l'instruction.

« La loi ne reconnaît et ne fait payer que des contributions fixées *de telle* manière, avec *telles* stipulations,... la morale fait payer des impôts à la vanité, la stupidité, le fanatisme, l'habitude, la fraude.

« La loi traite la femme en mineure. mais n'empêche pas — directement, du moins — son développement intellectuel,... la morale force la femme à rester ignorante et même, quand elle ne l'est pas, à le paraître.

« La loi opprime de temps en temps,... la morale, toujours.

« Aussi stupide que soit une loi, il y a des mœurs plus stupides.

« Aussi cruelle que soit une loi, il y a des mœurs plus brutales. »

Et il donne encore à méditer les idées suivantes :

« Quelle est la loi qui ordonne de négliger l'éducation de vos filles? Quelle est la loi qui fait de vos femmes des ménagères sans gages? C'est la morale.

« Quelle est la loi qui prescrit d'envoyer vos enfants à l'école et d'achever leur éducation en payant l'écolage? C'est la morale.

« Quelle est la loi qui vous force à laisser chloroformer votre descendance par le magister Pédant? C'est la morale.

« Qui vous défend de donner de la *jouissance* à votre famille? Qui vous charge de la tourmenter avec l'église, les sermons, le catéchisme et une masse d'exercices spirituels dont elle n'a que faire parce que tout cela n'existe pas? C'est la morale.

« Qui vous dit d'imposer aux autres une religion

que vous-même ne pratiquez plus depuis longtemps? C'est la morale.

« Qui défend à la femme de s'occuper des intérêts de votre maison (également *ses* intérêts) ainsi que des intérêts de *ses* enfants? C'est la morale.

« Qui vous dit de chasser votre fille lorsqu'elle devient mère d'un enfant, le fruit de l'amour, de l'inconscience,... fût-ce même le fruit du désir et de l'étourderie ? C'est la morale.

Qui enfin considère un faible et lâche : « C'est l'habitude » comme une excuse valable d'avoir violé les lois les plus élevées et saintes du bon sens? C'est la morale. »

Tout cela prouve que la morale nous empêche souvent d'être moral. Comparez également, sur la question, le beau développement que Multatuli fait dans son *Etude libre*.

Il est impossible de décrire l'immense tyrannie de la morale sur l'humanité. Dès le berceau on empêche l'enfant de se mouvoir librement, et les parents intelligents ont une lutte ardente à soutenir contre les sages-femmes, les instituteurs, les catéchistes, les prêtres, etc., pour empêcher que la nature de leurs enfants ne soit détournée dès le bas âge.

Les jeunes filles y sont plus exposées encore que les garçons ; bien que, dans les dernières années, les idées se soient quelque peu modifiées, le principe d'une éducation de jeune fille convenable reste d'en faire « la surveillante de l'armoire à linge et une machine brevetée pour entretenir le fonctionnement régulier du respectable sexe masculin ».

Là même où publiquement on a émis le vœu d'égalité dans l'éducation des garçons et des filles, on réagit secrètement contre cette tendance. Il existe, par exemple, des écoles moyennes où garçons et filles restent séparés, et, quoique des écoles communes fussent préférables, nous trouvons injuste dans tous les cas que l'instruction donnée dans les écoles de garçons soit plus complète que celle des filles, comme cela se fait en pratique. Pour s'en convaincre, on n'a qu'à comparer les deux programmes d'enseignement. Après les cinq années réglementaires d'études, la jeune fille est absolument incapable de passer l'examen de sortie prescrit pour les garçons. C'est une injustice envers les jeunes filles, car les deux programmes sont réputés être égaux et ne le sont pas en réalité.

Un nouveau système social amène une autre morale et si nous nous butons maintes fois à des idées morales qui sont la conséquence de cette nouvelle conception, c'est parce que nous n'avons pas encore su nous défaire complètement de l'ancienne opinion; trop souvent nous remettons une pièce à la robe usée. Ceci ne peut ni ne doit étonner personne; nous, les vieux, nous avons rencontré plus de difficultés que les jeunes, car nous dûmes commencer par désapprendre avant d'apprendre. Beaucoup n'ont pas su accomplir cette rude tâche jusqu'à la fin et ont dû s'arrêter en chemin.

Il faut qu'une révolution se produise dans les règles morales, et premièrement dans nos idées. Nous devons abandonner radicalement l'ancienne morale qui part d'une thèse erronée et instaurer la raison comme guide unique pour contrôler et juger nos actes. Constatons en même temps la duplicité de ceux qui sont au pouvoir et se servent de deux poids et de deux mesures, suivant que leur intérêt l'exige.

Nous en donnerons quelques exemples, tout en suppliant le lecteur de ne pas s'offenser, mais de se demander si ce que nous avançons est en opposition avec la raison car, pour nous, n'est immoral que ce qui est irraisonnable. N'oublions pas que nous ne donnons ici aucunement les bases d'une nouvelle morale ; nous voulons seulement prouver le jugement hypocrite du monde.

Nos lois pénales, nos mœurs, tout est basé sur le principe de la propriété privée, mais la masse ne se demande jamais si ce principe est juste et s'il pourrait soutenir n'importe quelle discussion contre la logique et le bon sens.

Nous considérons même les transgresseurs de ces lois comme des malfaiteurs, et peut-être ne sont-ils autre chose que les pionniers d'une société meilleure, moins funeste que la nôtre.

Visitez les prisons, faites une enquête et que trouverez-vous ?

Les neuf dixièmes des malfaiteurs enfermés derrière des portes verrouillées ont fauté (si cela s'appelle fauter) par misère ; leur crime consiste en leur pauvreté et en ce qu'ils ont préféré tendre la main et prendre le nécessaire plutôt que de mourir de faim, obcurément, tranquillement, sans protester. Ils ont attaqué le droit sacro-saint de la propriété, ils n'ont pas voulu se soumettre à un régime d'ordre qu'ils n'ont pas créé et auquel ils refusent de se conformer.

Le professeur Albert Lange a écrit quelques mots qui sont dignes d'être portés, sur les ailes du vent, jusqu'aux confins de la terre. Les voici : Il n'y a pas à attendre qu'un homme se soumette à un régime d'ordre à la création duquel il n'a pas collaboré, ordre qui ne lui donne aucune participation aux productions et jouissances de la société et lui prend même les moyens de se les procurer par son travail dans une partie quelconque du monde, aussi peu qu'on puisse attendre qu'un homme dont la tête est mise à prix tienne le moindre compte de ceux qui le persécutent. La société doit comprendre que ces déshérités, qui sortent de son sein, s'inspireront du droit du plus fort; s'ils sont nombreux, ils renverseront le régime existant et en érigeront un autre sur les ruines, sans se préoccuper s'il est meilleur ou pire. La société ne peut faire excuser la perpétuation de son droit qu'en s'efforçant continuellement de l'appliquer à tous les besoins, en supprimant les causes qui font manquer à tout droit d'atteindre son but, et même, en cas de besoin, en donnant au droit existant une base nouvelle.

Qu'on essaie seulement de renverser cette thèse et l'on s'apercevra qu'elle est irréfutable.

C'est ainsi qu'on est forcé moralement d'accepter un régime d'ordre qui force à souffrir de la faim, de la misère, à avoir des soucis, des tourments.

Quelqu'un a faim : la loi de la nature lui dit qu'il doit satisfaire aux besoins de son estomac. Il voit de la nourriture qui convient à ces besoins, la prend, est arrêté et mis en prison.

Au cas où son esprit n'est pas encore faussé par la morale, qu'on tâche d'expliquer à cet homme qu'il a mal agi, qu'il a commis une mauvaise action, qu'il est un malfaiteur,... il ne le comprendra pas.

On parle de voleurs ; mais qu'est-ce qu'un voleur ?

C'est celui qui vole.

Oui, mais cela ne me donne guère d'explication. Que signifie voler ?

C'est prendre ce qui ne vous appartient pas.

Nous n'y sommes pas encore, car ici se place la question : Qu'est-ce qui m'appartient?

Et que faut-il répliquer à cette question ?

Qu'est-ce qui nous revient comme êtres humains ?

Nourriture, vêtement, habitation, développement, loisirs, en un mot toutes les conditions qui garantissent notre existence.

Est-il voleur celui qui, ne possédant pas ces conditions, se les approprie?

C'est absurde de le soutenir.

Et pourtant nos lois, notre morale le qualifient de voleur.

Le contraire est vrai. Les voleurs sont ceux qui empêchent les autres d'acquérir les conditions de l'existence; et ce ne sont pas seulement des voleurs, mais des assassins de leurs semblables; car prendre à quelqu'un les conditions qui assurent son existence, c'est lui prendre la vie.

Les meilleurs des précurseurs, ceux qui ont le plus d'autorité, nous apprennent la même chose.

Nous lisons de Jésus (Evangile selon Marc, chap. II, vers. 23-24) :

« Et il arriva, un jour de sabbat que, traversant un champ de blé, ses disciples cueillirent des épis. Et les Pharisiens lui dirent : Regardez : pourquoi font-ils, le jour du sabbat, ce qui est défendu ? Et il répondit : N'avez-vous jamais lu ce que fit David lorsqu'il était dans le besoin et avait faim, lui et ceux qui étaient avec lui ? Il entra dans la maison de Dieu, du temps du grand prêtre Abiathar, mangea le pain des offrandes et en donna également à ceux qui étaient avec lui, quoiqu'il ne fût permis qu'aux prêtres d'en manger ? »

Quel est le sous-entendu de ce récit ?

Qu'il existe des lois, mais qu'il se présente des circonstances qui permettent de passer au-dessus de ces règlements. La loi prescrivait que personne, hormis les prêtres, ne pouvait manger du pain des offrandes, mais quand David et les siens eurent faim, ils transgressèrent ces arrêts. C'est-à-dire : Au-dessus des règles auxquelles on doit se conformer, il y a la loi de la conservation de soi-même et, selon Jésus, on peut enfreindre toute prescription lorsqu'on a faim. Et plus clairement : Celui qui a faim n'a pas à se préoccuper des décrets existants; pour lui il n'y a qu'un seul besoin, celui d'apaiser sa faim, et il lui est permis de le faire, même lorsque les lois le lui défendent.

Du reste, nous lisons dans le livre des Proverbes (chap. 6, v. 30) : « On ne doit pas mépriser le voleur qui vole pour apaiser sa faim. »

Luther, le grand réformateur auquel on érige des statues, explique de la manière suivante le dixième commandement : « Tu ne voleras pas » [1] :

« Je sais bien quels droits précis l'on peut édicter, mais la nécessité supprime tout, même un droit ; car entre nécessité et non-nécessité il y a une différence énorme qui fait changer l'aspect des circonstances et des personnes. Ce qui est juste s'il n'y a pas nécessité, est injuste en cas de nécessité. Ainsi est voleur celui qui, sans nécessité, prend un pain chez le boulanger ; mais il a raison lorsque c'est la faim qui le pousse à cette action, car alors on est obligé de le lui donner. »

C'est-à-dire que celui qui a faim a le droit de pourvoir aux besoins de son estomac, enfreignant toutes les lois existantes [2].

1. LUTHER, *Grand Catéchisme*, t. X, de ses *Œuvres complètes*.

2. Les catholiques appliquent également le même principe, lorsque c'est au profit de leur boutique.

Marotte, vicaire général de l'évêque de Verdun (1874), dit : page 181 de son *Cours complet d'instruction chrétienne à l'u-*

La loi de la conservation de soi-même est au-dessus de toutes autres lois.

C'était également l'opinion de Frédéric (surnommé à tort le Grand), le roi-philosophe bien connu, lorsqu'il écrivait à d'Alembert, dans une lettre datée du 3 avril 1770 :

« Lorsqu'un ménage est dépourvu de toutes ressources et se trouve dans l'état misérable que vous esquissez, je n'hésiterais pas à déclarer que pour lui le vol est autorisé ;

sage des écoles chrétiennes, ouvrage publié avec l'approbation des évêques.

Est-il permis de commettre une mauvaise action ou de s'en réjouir, quel que soit le profit qu'elle rapporte ?

Il n'est jamais permis de commettre une mauvaise action ou de s'en réjouir à cause du profit qu'elle rapporte. Mais il est permis de se réjouir à cause d'un profit, même s'il provient d'une mauvaise action. Par exemple, un fils peut, avec plaisir, hériter de son père mort assassiné.

Est-on toujours coupable de vol lorsqu'on prend le bien d'autrui ? Non. Car le cas peut se présenter que celui dont on s'approprie le bien n'a pas le droit de protester, ce qui arrive, par exemple, lorsque celui qui prend le bien d'autrui se trouve dans une profonde misère, et qu'il se contente de prendre seulement le nécessaire pour se sauver ou qu'il prend secrètement à son prochain, à titre de restitution, ce que celui-ci lui doit réellement et qu'il ne peut obtenir d'une autre manière.

Et à la page 276 :

Peut-on être exempté quelquefois de l'obligation de restituer la chose volée ? Oui.

Quelles sont les raisons qui permettent de ne pas faire cette restitution ?

Ces raisons sont : 1° Impuissance physique, c'est-à-dire que le débiteur ne possède rien ou se trouve dans un état de profonde misère ; 2° impuissance morale, c'est-à-dire que le débiteur ne peut pas restituer sans perdre sa position acquise, sans se ruiner ou entraîner sa famille dans la misère, sans s'exposer au danger de perdre sa bonne réputation.

» 1° Parce que ce ménage n'a rencontré partout que des refus au lieu de secours.

» 2° Parce que ce serait un plus grand crime d'occasionner la mort de l'homme et celle de sa femme et de ses enfants que de prendre à quelqu'un le superflu.

» 3° Parce que leur dessein de voler est bon et que l'acte lui-même devient une nécessité inévitable.

» J'ai même la conviction qu'on ne trouverait aucun tribunal qui, en pareille occurrence, n'acquitterait un voleur, si la vérité des circonstances était constatée. Les liens de la société sont basés sur des services réciproques ; mais lorsque cette société se compose d'hommes sans pitié, toute obligation est rompue et on revient à l'état primitif, où le droit du plus fort prime tout. »

On ne pourrait le dire plus clairement.

Et pourtant tous les tribunaux continuent de nos jours à condamner en pareilles circonstances.

Le tant exalté cardinal Manning a dit : « La nécessité ne connaît pas de loi et l'homme qui a faim a un droit naturel sur *une partie* du pain de son voisin. »

C'est toujours la même thèse, et nous constatons que tous, en théorie, sont d'accord : Si vous demandez du travail et qu'on le refuse, vous demanderez du pain ; si on vous refuse du travail et du pain, eh bien ! vous avez le droit de prendre du pain.

Car, il y a un droit qui s'élève au-dessus de tous les autres : c'est le droit à la vie. — Primum vivere (vivre d'abord) est un vieux précepte.

Et pourtant, partout notre droit pénal est en contradiction flagrante avec ce précepte ; la morale condamne l'homme qui, poussé par la faim, vole.

Nous avons l'intime conviction que la propriété privée est la cause du plus grand nombre, sinon de tous les délits ; et pourtant nous sommes forcés d'inculquer de bonne heure à nos enfants le principe de la propriété privée. Laissez grandir l'enfant simplement et naturellement, il prendra selon son goût et ses besoins, sans s'occuper quel est le possesseur de la chose prise.

C'est nous-mêmes qui leur donnons et attisons artificiellement l'idée de « dérober », de « voler ». » C'est *ta* poupée ; cela n'est pas *à toi*, c'est à un autre enfant ; ne touche pas ça, cela ne *t'appartient* pas », voilà ce que l'enfant entend continuellement. Plus tard, à l'école, l'instituteur développera encore cette conception de la propriété privée. Chaque enfant a son propre pupitre, reçoit sa propre plume, son propre cahier. Lorsque l'enfant prend un objet appartenant à un de ses camarades, il est puni, même si ce camarade en a plus qu'il ne lui en faut.

Tous nous inculquons à nos enfants cette conception de la propriété privée et, ce qui est plus grave, *nous y sommes forcés* en considération de l'enfant, car, si nous le laissions suivre sa nature, il aurait bientôt affaire à la police et serait envoyé par un juge intelligent (?) dans une école de correction pour y être corrompu à jamais.

Pour se donner un brevet de bonne conduite, la société a séparé les diverses conceptions d'une manière arbitraire qui a pour conséquence que, dans l'une ou l'autre classe, on approuve ce qui partout ailleurs serait désapprouvé. Ainsi l'honneur militaire exige que le soldat provoque en duel son insulteur et cherche à le tuer. Considérons, par exemple, le commerce. Ce n'est autre chose qu'une immense fraude. Franklin a dit cette grande vérité : « Le commerce, c'est la fraude ; la guerre c'est le meurtre. » Que veut dire commerce ? C'est vendre 5, 6 francs ou plus un objet qui n'en vaut que 3, et acheter un objet qui vaut 3 francs, par exemple, à un prix beaucoup plus bas, en profitant de toutes sortes de circonstances. *Als twee ruilen, moet er een huilen* (de l'acheteur et du vendeur, un des deux est trompé), dit le proverbe populaire ; ce qui prouve que, dans le commerce, il y en a toujours un qui est trompé, c'est-à-dire qu'il y a également un trompeur. Une bande de voleurs qui ont l'un envers l'autre quelque considération n'en reste pas moins une bande de voleurs. C'est ainsi que cela se passe dans le commerce. Mais lorqu'on ne se soumet pas à ces habitudes, peut-on être qualifié directement du nom de coquin, de trompeur, etc.

Il me fut toujours impossible de voir une différence entre l'ordinaire duperie et le commerce. Le commerce n'est qu'une duperie en grand. Celui qui dispose de grands capitaux n'admet pas les flibustiers et, en faisant beaucoup de bruit, il tâche d'attirer l'attention sur eux comme voleurs, afin de détourner cette attention de lui-même.

Tolstoï a dit du marchand : « Tout son commerce est basé sur une suite de tromperies ; il spécule sur l'ignorance ou la misère ; il achète les marchandises au-dessous de leur valeur et les vend au-dessus. On serait enclin à croire que l'homme, dont toute l'activité repose sur ce qu'il considère lui-même comme tromperie, devrait rougir de sa profession et n'oserait se dire chrétien ou libéral tant qu'il continue à exercer son commerce. »

Parlant du fabricant, il dit « que c'est un homme dont tout le revenu se compose des salaires retenus aux ouvriers et dont la profession est basée sur un travail forcé et extravagant qui ruine des générations entières ».

D'un employé civil, religieux ou militaire il dit « qu'il sert l'Etat pour satisfaire son ambition, ou, ce qui arrive le plus souvent, pour jouir d'appointements que le peuple travailleur paye, s'il ne vole pas directement l'argent au trésor, ce qui arrive rarement; pourtant il se considère et est considéré par ses pairs comme le membre le plus utile et le plus vertueux de la société ».

Il dit d'un juge, d'un procureur « qui sait que, d'après son verdict ou son réquisitoire, des centaines, des milliers de malheureux, arrachés à leur famille, sont enfermés en prison ou envoyés au bagne, perdent la raison, se suicident en se coupant les veines, se laissent mourir de faim », il dit que ce juge et ce procureur « sont tellement dominés par l'hypocrisie, qu'eux-mêmes, leurs confrères, leurs enfants, leur famille sont convaincus qu'il leur est possible en même temps d'être très bons et très sensibles ».

En effet, le monde est rempli d'hypocrisie et la plupart des hommes en sont tellement pénétrés que plus rien ne peut exciter leur indignation : tout au plus se contentent-ils de rire d'une manière outrageante.

Aujourd'hui, maint commerçant solide et honnête(!) s'applique à combattre la flibusterie commerciale; mais en quoi leur commerce en diffère-t-il?

Dernièrement le journal *Dagblad van Zuid-Holland en 's Gravenhage* contenait une correspondance londonienne dans laquelle l'auteur brisait une lance contre la flibusterie: « Le capital du flibustier commercial est son impudence; son matériel consiste en papier à lettres avec de ronflants en-tête joliment imprimés, un porte-plume et quelques plumes. L'impudence ne lui coûte rien, car elle est probablement un héritage paternel; quant au papier et aux plumes, il les obtient à crédit par l'entremise d'un collègue qui lui offre généreusement de « l'établir » comme « commerçant pour effets volés ».

Combien de maisons de commerce, aujourd'hui respectables et respectées, doivent leur prospérité à de fausses nouvelles, des filouteries, des chiffres falsifiés? Nathan Rothschild, par exemple, a commencé l'amoncellement de l'immense fortune de sa maison en portant directement à Londres la fausse nouvelle de la défaite des puissances alliées à Waterloo. Immédiatement les rentes de ces Etats baissèrent dans une proportion extraordinaire, tandis que Rothschild fit acheter sous main, par ses agents, les titres en baisse. Une fois la vérité connue, il frappa son grand coup et, grâce à sa flibusterie, « gagna » des millions.

Examinez l'une après l'autre les grandes fortunes et vous rencontrerez maint fait équivalent.

Le crédit constitue-t-il dans notre société un bien ou un mal? Nous pensons que c'est un mal; et pourtant, comment le commerce existerait-il sans crédit? Par conséquent la base est mauvaise. Que font les flibustiers? Ils sapent le crédit, c'est-à-dire qu'ils exécutent une besogne méritoire.

Je ne prends nullement le flibustier sous ma protection; j'ai même une aversion innée pour la flibusterie, préjugé, probablement, mais je mets le flibustier au niveau du commerçant, dont l' « honnêteté » et la « bonne foi » sont pour moi sans valeur.

Voici un échantillon d'honnêteté commerciale, qui me fut raconté au cours d'une conversation avec un grand commerçant unanimement respecté. Il faisait, entre autres, le commerce de l'indigo et avait vendu à une maison étrangère, sur échantillon, un indigo de deuxième qualité. Le client refusa la marchandise parce qu'elle n'était pas conforme à l'échantillon.

Ceci était inexact. Mais mon commerçant connaissait son monde et savait que le directeur de la firme en question n'était pas grand connaisseur de l'article. Que fit-il? Il changea l'échantillon et vendit à cette firme, comme marchandise de première qualité, la marchandise refusée. Outre son courtage, il réalisa du coup un bénéfice de 30,000 florins. Le commerçant me raconta la chose comme une prouesse, une action dont il se glorifiait. Je le blâmai et cela donna lieu à un échange de vues qui m'apprit sous quel jour mon commerçant envisageait l'honnêteté. A ma demande de ce qu'il comprenait par honnêteté, il me répondit : Supposez que vous ne faites pas le commerce de l'indigo et que vous me demandiez de vous en procurer; eh bien, si dans ce cas je ne fournis pas de bonne marchandise, je ne suis pas honnête, car vous n'êtes pas de la partie et c'est un service d'ami que je vous rends ; mais lorsque quelqu'un fait le commerce de l'indigo, il croit s'y connaître et n'a qu'à ouvrir les yeux.

Voilà comment cet homme concevait l'honnêteté. Cela prouve que dans le commerce également il y a des conceptions d'honnêteté ; seulement, elles diffèrent beaucoup les unes des autres.

Luther a dit très justement : « L'usurier s'exprime ainsi : Mon cher, comme il est d'usage actuellement, je rends un grand service à mon prochain en lui prêtant cent florins à cinq, six, dix pour cent d'intérêt et il me remercie de ce prêt comme d'un bienfait extraordinaire. Ne puis-je accepter cet intérêt sans remords, la conscience tranquille? Comment peut-on considérer un bienfait comme de l'usure? Et je réponds : Ne vous occupez pas de ceux qui ergotent, tenez-vous-en au texte : On ne prendra ni plus ni mieux pour le prêt. Prendre mieux ou plus, c'est de l'usure et non un service rendu, c'est faire du préjudice à son prochain, comme si on le volait. » Et il ajoute : « Tout ce que l'on considère comme service et bienfait ne constitue pas un bienfait ou un service rendu : l'homme et la femme adultères se rendent réciproquement service et agrément; un guerrier rend un grand service à un assassin ou incendiaire en l'aidant à voler en pleine rue, combattre les habitants et conquérir le pays. »

Et quelle que soit la dénomination que l'on applique à la chose, elle reste la même... Le « commerçant en marchandises » ne sera content que s'il « gagne » 40 à 50 %, le commerçant en argent est considéré comme un usurier s'il demande 10 %. Pourquoi ? Le sucre et le café diffèrent-ils, comme marchandise, de l'argent et de l'or ? Jamais on n'a su fixer les limites du bénéfice acceptable, c'est-à-dire la rente et l'usure. Tout bénéfice est en réalité un vol et que ce soit 1 ou 50 %, le principe reste intact. La possibilité de payer un bénéfice prouve que, d'une manière ou d'une autre, on a volé sur le travail ; car, si le travail avait reçu le salaire lui revenant, il ne resterait plus rien pour payer un bénéfice.

Toutes les lois contre l'usure furent et sont inefficaces, car toujours on a su éviter leurs effets. Il n'existe aucun argument pour défendre l'honnêteté du commerce et condamner la flibusterie ; entre les deux il y a qu'une différence relative. Le commerce actuel n'est en réalité que de la flibusterie.

Je crois même que les flibustiers jouent un certain rôle dans la démolition de la société actuelle, car ils aident à supprimer le crédit et fournissent par là un moyen de rendre instable et impossible la propriété privée.

Le faux-monnayage est puni de peines excessivement dures. Pourquoi ? Parce que les Etats veulent conserver le monopole du faux-monnayage. En réalité, tous les Etats fabriquent actuellement de la fausse monnaie, sans parler des rois de jadis qui, tous, étaient de faux-monnayeurs.

Que font les gouvernements ?

Ils frappent des pièces de monnaie indiquant une valeur de 5 francs et pourtant la valeur réelle est d'un peu moins de la moitié. La pièce n'a pas sa valeur et nous sommes forcés quand même de l'accepter pour la valeur qu'elle mentionne. Qu'un particulier agisse comme le gouvernement, qu'il achète de l'argent et le convertisse en argent monnayé, de manière à bénéficier de la moitié, il sera poursuivi comme faux monnayeur.

Un journal hebdomadaire, *De Amsterdammer*, publia l'année passée une gravure assez curieuse, représentant le ministre de la justice assis à une table ; à l'avant-plan, se débattant entre les mains de deux policiers un économiste réputé, M. Pierson, ministre des finances.

Voici la légende de la gravure :

M. Pierson. — Laissez-moi, je suis le représentant de l'Etat néerlandais.

Les policiers. — Ta, ta, ta ! Ce gaillard se trouve à la tête d'une bande qui émet des florins ne valant que 47 cents.

L'enfant apprend de bonne heure qu'il doit à ses parents obéissance et amour. Un des commandements de l'Eglise dit : Respectez votre père et votre mère. Mais quel commandement oblige les parents à respecter leurs enfants ? A juste titre Multatuli a appelé ce commandement une règle inventée pour les besoins des parents dont la mentalité est déséquilibrée et qui sont trop paresseux ou n'ont pas assez de cœur pour mériter d'être aimés. Il dit très justement : « Mes enfants, vous ne me devrez aucune reconnaissance pour ce que je fis après votre naissance ni même pour celle-ci. L'amour trouve sa récompense en soi. » Je ne puis exiger de l'amour « pour un acte que j'ai posé sans penser aucunement à vous, parce que j'ai fait un acte avant que vous fussiez au monde ». Pourquoi les enfants doivent-ils être reconnaissants envers leurs parents puisque, pour la grande majorité, la vie n'est qu'une série ininterrompue de peines et de misères ?

Combien les relations entre l'homme et la femme sont fausses ; combien de préjugés persistent dans le domaine sexuel. Max Nordau a intitulé une de ses œuvres : *Les Mensonges de la société*. Il y traite du mensonge religieux, du mensonge monarchico-aristocratique, du mensonge politique, du mensonge économique et du mensonge du mariage.

C'est, en réalité, un livre très instructif, susceptible d'être complété à l'infini ; car notre société est tellement imprégnée du mensonge, que tous nous sommes forcés de mentir. Qu'on essaie seulement d'être vrai, sous tous les rapports et envers tous, on n'y réussira pas, ne fût-ce qu'un seul jour, dans une société mensongère comme la nôtre.

Et tous ceux, hommes et femmes, qui ont entrepris, dans tous les domaines, la lutte contre le mensonge, le préjugé et l'hypocrisie, sont considérés comme des fous, des déséquilibrés ou des neurasthétiques, dont on admire les œuvres, mais dont on combat à outrance les principes.

Tolstoï, dans le *Royaume de Dieu est en vous*, plaidoyer éloquent contre le militarisme, dans lequel, au nom du Christ, il condamne la société chrétienne, considère que les hommes sont enchaînés dans un cercle de fer et de force, dont ils ne parviennent pas à se délivrer. Cette influence sur l'humanité est due à quatre causes qui se complètent :

1° La peur ;

2° La corruption ;

3° L'hypnotisation du peuple ;

4° Le militarisme, grâce auquel les gouvernements détiennent le pouvoir.

Tous les hommes à peu près ont la conviction que leurs actes sont mauvais ; très peu osent remonter le courant ou braver l'opinion publique. C'est justement cette contradiction qui existe entre la conviction et les actes qui donne au monde son masque d'hypocrisie.

La majorité des hommes sont ou prétendent être de vrais chrétiens, et l'un après l'autre ils battent en brèche les principes du Christ, ou du moins ce qui est considéré comme étant de lui.

Comparez à la réalité la loi des dix commandements ! Quel contraste !

« Dieu en vain tu ne prendras », ce qui, en d'autres mots, signifie : Tu ne jureras pas ; ce commandement a été rendu plus compréhensible encore par les paroles du Christ : Que ton « oui » soit oui et ton « non » non ; autrement, c'est mal. Celui qui refuse de prêter serment est bafoué et voit nombre de relations se détourner de lui.

« Tes père et mère honoreras », dit le commandement. Nous en avons dit quelques mots précédemment.

« Les dimanches tu garderas », — et les ouvriers sont condamnés à un travail excessif, qui ne laisse à la majorité d'entre eux aucun jour de repos. S'ils demandent à leurs patrons l'introduction de ce principe, ils sont renvoyés.

« Homicide point ne feras », — et tous les peuples chrétiens sont armés jusqu'aux dents pour s'entre-tuer. Malheur à celui qui refuse de s'exercer dans l'art de tuer, on lui rendra la vie impossible. Les prêtres de l'église même bénissent les armes et les drapeaux avant la bataille.

« L'œuvre de chair ne désireras qu'en mariage seulement », — et les rapports matrimoniaux sont tels qu'on peut affirmer sans crainte qu'il y a deux sortes de prostitution : la prostitution extra-conjugale et la prostitution intra-conjugale, car le mariage a été avili à une prostitution légale. Dans le mariage, lorsque l'argent prend la place de l'amour, il est inévitable que la prostitution en forme le complément.

« Tu ne voleras pas », — et nous vivons dans une société à laquelle s'applique parfaitement ce que Burmeister dit des Brésiliens : « Chacun fait ce qu'il croit pouvoir faire impunément, trompe, vole, exploite son prochain autant que possible, assuré qu'il est que les autres en agissent de même envers lui. »

« Point de faux serment ne feras », — et chaque jour nous voyons les hommes s'entre-nuire par de faux serments.

C'est une lutte générale de tous contre tous et où l'on ne craint pas de faire appel aux moyens les plus vils.

« Bien d'autrui ne désireras », — et cela dans une société où, par la misère des uns, les appétits des autres prennent de dangereuses proportions, de manière que chacun est exposé aux convoitises de son prochain.

Toutes les morales prescrivent quantité de commandements ou plutôt d'interdictions. Il est impossible d'établir ainsi une base convenant à une morale saine nous permettant de penser, de chercher et d'agir en conséquence de nos pensées et de nos aspirations. La morale indépendante sera donc tout autre que celle qu'on a prêchée jusqu'à ce jour.

Et pourtant tous ces commandements sont littéralement foulés aux pieds, car la bouche les prêche et en réalité on ne les exécute pas. Tout homme pensant doit être frappé par l'immensité de l'abîme qui existe entre l'idéal et la réalité. Prenez le précepte chrétien « Faites aux autres ce que vous voudriez qu'on vous fît » et faites-en la base d'une société socialiste. Pourtant les adversaires les plus acharnés des socialistes sont justement les chrétiens, (mais ils n'ont de chrétien que le nom, afin de pouvoir mieux renier la doctrine).

Notre organisation sociale entière est basée sur l'hypocrisie, soutenue et maintenue par la force.

L'homme intelligent peut-il approuver pareille société ?

Tout, absolument tout, devra être changé lorsque la société aura brisé les chaînes économiques qui l'enserrent.

L'art lui-même n'est que de l'adresse. Et il n'en peut être autrement, car ce ne sont pas de nobles aspirations qui poussent l'artiste à créer, mais l'esprit de lucre. Et l'artiste, s'il ne veut pas mourir de faim, doit plier son talent au goût (bon ou mauvais) des Mécènes qui, pour la plupart, sont des parvenus millionnaires.

La science n'est qu'un amas de connaissances comprimées dans la gaîne des notions académiques. Combien peu parmi les pionniers de la science occupent une chaire dans nos universités! A juste titre Busken Huet a dit: « Les murs des chambres sénatoriales de nos académies sont couverts de portraits de savants de moyenne valeur. Les portraits des vrais pionniers manquent. »

Une révision de chaque branche de la science s'impose et nous trouverions beaucoup à changer si jamais une révolution nous délivrait du joug qui pèse si lourdement sur la société. Au commencement, on ne saura peut-être pas bien par où commencer. Tout un nettoyage devra se faire dans nos bibliothèques, remplies de livres sans valeur ni vérité, qui ont été écrits, non pour l'avancement de la science, mais pour plaire à ceux qui détiennent le pouvoir et leur fournir ainsi des arguments avocassiers, derrière lesquels ils se cachent et font semblant de défendre le droit et la société.

J'ai été impressionné par la phrase suivante, recueillie dans la *Morale sans obligation ni sanction*, le beau livre du philosophe Guyau : « Nous n'avons pas assez de nous-mêmes ; nous avons plus de pleurs qu'il n'en faut pour notre propre souffrance, plus de joie qu'il n'est juste d'en avoir pour notre propre existence. » Ces paroles ne contiennent-elles pas la base de la morale ? Car, bon gré, mal gré, on doit marcher et, si l'on n'avance pas, on est entraîné par les autres. « On ressent le *besoin* d'aider les autres, de donner également un coup d'épaule pour faire avancer le char que l'humanité traîne si péniblement. » Ce même besoin, que l'on retrouve chez tous les animaux sociaux, a son plus grand développement chez l'homme, qui ferme, du reste, la série des animaux sociaux.

Qu'à cette œuvre chacun travaille, dans la mesure de ses forces, et, ne se confine pas, par préjugé, dans un cercle étroit ; que chacun ouvre les yeux sur le vaste monde qui nous entoure, ne condamnant pas, mais expliquant les actes d'autrui, quelque différents qu'ils soient des nôtres. Alors, un jour, on pourra nous appliquer les belles paroles de Longfellow:

Laisse une empreinte
Dans le sable du temps,
Peut-être un jour,
Rendra-t-elle le courage à celui
Qui est ballotté par les flots de la vie
Ou jeté sur la côte.

FIN

TABLE

Imprimerie Générale de Chatillon-sur-Seine. — A. Pichat.

www.ingramcontent.com/pod-product-compliance
Ingram Content Group UK Ltd.
Pitfield, Milton Keynes, MK11 3LW, UK
UKHW020103200726
13856UKWH00002B/352